Celia A. Estupiñán Rivero

Las habilidades sociales en la infancia: evaluación y tratamiento

Las habilidades sociales en la infancia: evaluación y tratamiento

Larry Michelson
Western Psychiatric Institute and Clinic
University of Pittsburgh School of Medicine
Pittsburgh, Pennsylvania

Don P. Sugai
University of Massachusetts Medical Center
Worcester, Massachusetts

Randy P. Wood
Camarillo State Hospital
Camarillo, California, and
UCLA School of Medicine

y

Alan E. Kazdin
Western Psychiatric Institute and Clinic
University of Pittsburgh School of Medicine
Pittsburgh, Pennsylvania

Traducción de Eulàlia Andreu
Revisión de Ana Martínez

martínez roca
libros universitarios y profesionales

Biblioteca de psicología, psiquiatría y salud
Serie PRÁCTICA

colección dirigida por

RAMON BAYÉS
JOSEP TORO

Título original: *Social Skills Assessment and Training with Children,* Plenum Press, Nueva York

Gran Via, 774, 7.º, 08013 Barcelona
ISBN 84-270-1131-8
Depósito legal: B. 26.844-1987
Impreso por Diagràfic, Constitució, 19, 08014 Barcelona

Impreso en España — Printed in Spain

Ellin y Karen

A mis padres, Anna y Gilbert, y a mis abuelos

En recuerdo a mi madre, Sibyl Wood,
y a mi abuela, Lora Franz

Nicole y Michelle

Índice

PRÓLOGO

El propósito de este libro es proporcionar a los lectores suficiente conocimiento sobre la evaluación y enseñanza de las habilidades sociales para que puedan llevar a cabo y evaluar por sí mismos programas de habilidades sociales. El incremento del interés por promover las habilidades sociales infantiles ha venido dado, en parte, por los avances en la investigación que han demostrado la importancia de la competencia social infantil para la adaptación, tanto en la infancia como en la vida adulta. Existe una necesidad creciente de métodos de evaluación y enseñanza que puedan ser utilizados por diversos grupos de profesionales y paraprofesionales. Este libro está destinado a los trabajadores de la salud mental, maestros, educadores, clínicos y personal al cuidado de los niños. El libro hace una revisión a fondo de la literatura con el fin de informar a los lectores de los hallazgos relevantes acerca de las habilidades sociales y proporcionar una discusión a partir de las conclusiones y técnicas de evaluación actuales. Igualmente, se exponen los procedimientos globales de la enseñanza de las habilidades sociales. También se proporcionan al lector 16 módulos de enseñanza pormenorizada, cada uno de los cuales consta de un fundamento teórico, instrucciones, guiones y deberes. Estos módulos están diseñados de modo que permitan la ejecución efectiva de programas de enseñanza de las habilidades sociales. Ademas, suministran un formato estructurado y diseñado de forma programada que conlleva flexibilidad clínica para su aplicación en niños, tanto de forma individualizada como en grupo.

Estos módulos van seguidos por una sección de aspectos clínicos en la que se señalan los posibles obstáculos para una enseñanza eficaz. A continuación de los principales apartados se ha incluido en el libro un apéndice. Se trata de una descripción, paso a paso, de cómo llevar a cabo una evaluación. Se proporcionan cuestionarios, sistemas de evaluación conductual, métodos sociométricos y técnicas afines, así como instrucciones de cómo utilizarlas. Este apartado debería ser de utilidad para aquellos lectores que, o bien no han efectuado evaluaciones con anterioridad, o bien han encontrado dificultades en tener estas escalas y sistemas de puntuación.

Así pues, el principal objetivo de este libro es ayudar a los educadores para que puedan llevar a cabo programas de habilidades sociales eficaces y sistemáticos. Con anterioridad, a los profesionales interesados en la enseñanza de las habilidades sociales les había resultado difícil obtener material detallado y útil para la clínica. Con la finalidad de satisfacer la demanda de información escrita sobre este tema, los autores han combinado e integrado las aplicaciones clínicas y los hallazgos en la investigación, así como un programa eficaz para promover los comportamientos prosociales de los niños.

El programa que vamos a describir ha sido validado empíricamente en diversas investigaciones (Michelson, Mannarino, Marchione, Stern, Figueroa y Beck, 1983; Michelson y Wood, 1980; Sugai, 1979). Estos estudios respaldan la posible utilidad del programa de habilidades sociales en diversas poblaciones infantiles. Si bien ningún programa de habilidades sociales puede remediar todos los déficits de habilidades sociales en todos los niños, los autores creen que el presente programa es relativamente fácil de llevar a cabo y eficaz. Sin embargo, se anima a los lectores para que realicen las modificaciones oportunas en el programa si alguno de los módulos estuviese contraindicado o fuese innecesario para una población determinada. Asimismo, pese a que los módulos de enseñanza tienen objetivos generales, puede que no reflejen exactamente las deficiencias específicas manifestadas por cada niño. En ese caso, los educadores tienen que tomar las oportunas decisiones clínicas y de enseñanza, con el fin de maximizar el posible beneficio para cada niño. Mientras la investigación actual apoya las técnicas y estrategias que describimos, incumbe a todos los profesionales estar al corriente de los progresos en este campo e incorporar aproximaciones más eficaces cuando éstas se hayan desarrollado. También hay que tener en cuenta que no sólo son importantes las técnicas, sino que para los educadores también es vital asegurar que los contenidos que se enseñan sean socialmente válidos, estén de actualidad y sean apoyados por el ambiente del niño, compañeros, padres y adultos. Además, se espera que las estrategias terapéuticas puedan ser utilizadas, no sólo para remediar las deficiencias de habilidades sociales existentes, sino también para prevenir *futuras disfunciones sociales y sus múltiples efectos secundarios negativos a través de la difusión del programa en el plan de estudios «afectivo-social» de todos los colegiales. Lo ideal sería que este área crítica del desarrollo del niño fuese enseñada sistemáticamente en todas las escuelas como una parte normal y habitual del proceso educativo.*

LARRY MICHELSON
DON P. SUGAI
RANDY P. WOOD
ALAN E. KAZDIN

Agradecimientos

Un libro como éste requiere mucha gente capacitada, de la ayuda de los amigos y de recursos que, aunque frecuentemente ocultos, resultan vitales. En primer lugar, nos gustaría expresar nuestro más profundo agradecimiento a Karen Marchione, que dirigió incontables sesiones de enseñanza de las habilidades sociales, y cuya inteligencia, sensibilidad y pericia clínica ayudaron a mejorar el contenido de este libro. Nuestra gratitud se extiende afectuosamente a Sharon Foster, que, con su sólida, incisiva y detallada revisión del borrador, contribuyó en gran medida en la forma final del libro. Asimismo, nos gustaría expresar nuestro agradecimiento tan merecido a Lollie Phillip, Nora Benedict, Lyle Mendive, Liz Wood, Danuta Bukatko, Anthony Mannarino, John Flynn, Mike Stern, Paul Martin, Michael Palmer, Edward Simco y Michel Hersen. Nuestro agradecimiento también incluye a nuestros estudiantes, porque gracias a sus esfuerzos y preguntas este libro se hizo realidad. Nos sentimos muy reconocidos para con Eliot Werner, editor jefe de la Plenum Publishing Corporation, por su apoyo y aliento. También expresamos nuestro agradecimiento a la Academic Press y a la Association for Advancement of Behavior Therapy por permitirnos reimprimir datos. Finalmente, desearíamos expresar nuestra admiración y reconocimiento a los muchos pioneros en este campo, cuyos tempranos esfuerzos ayudaron a pavimentar el camino proverbial que acabamos de recorrer.

Capítulo 1

Habilidades sociales y desarrollo del niño

El desarrollo de las habilidades sociales en los niños está recibiendo una enorme atención clínica y de investigación. De hecho, más del 75% de todos los artículos científicos en este campo han aparecido en la última década (Michelson y Wood, 1980). Las razones de este repentino aumento del interés por las habilidades sociales infantiles se deben a varios factores. En primer lugar, las investigaciones retrospectivas han encontrado constantemente relaciones sólidas entre la competencia social en la infancia y el posterior funcionamiento social, académico y psicológico. En segundo lugar, si bien las instituciones académicas han sido consideradas como los principales agentes de la socialización del niño, pocos o ningún programa de enseñanza de habilidades sociales se han establecido formalmente. Sin embargo, los educadores han empezado a reconocer la importancia crítica de las habilidades sociales y de los comportamientos interpersonales, a los que consideran requisitos para una buena adaptación en la vida. De esta forma, se ha producido una creciente demanda de estrategias más sistemáticas y efectivas para la aplicación de programas de enseñanza de las habilidades sociales en niños. En tercer lugar, en las escuelas, los niños muestran una amplia variedad de comportamientos desagradables y maladaptativos. Estos comportamientos no sólo son nocivos para los adultos del medio ambiente del niño, sino que también tienen un efecto negativo en el desarrollo de unas buenas relaciones con los compañeros y de un rendimiento escolar satisfactorio. El reconocimiento de estos factores ha llevado a la búsqueda de unas estrategias terapéuticas y preventivas efectivas, entre las que la enseñanza de las habilidades sociales se considera una importante y viable aproximación.

Por desgracia, sólo a lo largo de los últimos años se ha realizado un esfuerzo coordinado para desarrollar programas de enseñanza de las habilidades sociales que pudieran satisfacer las necesidades de los niños, padres y escuelas. A pesar del extendido reconocimiento de estas necesidades, se han difundido pocos programas de enseñanza globales. Por lo tanto, este programa proporciona una aproximación paso a paso, única y con base cientifica para la evaluación y desarrollo de las habilidades sociales infantiles.

Importancia de las habilidades sociales infantiles

El comportamiento interpersonal de un niño juega un papel vital en la adquisición de reforzamientos sociales, culturales y económicos. Los niños que carecen de los apropiados comportamientos sociales experimentan aislamiento social, rechazo y, en conjunto, menos felicidad. La competencia social tiene una importancia crítica tanto en el funcionamiento presente como en el desarrollo futuro del niño. Las habilidades sociales no sólo son importantes por lo que se refiere a las relaciones con los compañeros, sino que también permiten que el niño asimile los papeles y normas sociales. Según Hops (1976):

> La habilidad para iniciar y mantener una interacción social positiva con los demás es considerada por muchos como una consecusión esencial del desarrollo. Las interacciones sociales proporcionan a los niños la oportunidad de aprender y efectuar habilidades sociales que puedan influir de forma crítica en su posterior adaptación social, emocional y académica. (p. 1)

Por tanto, el objetivo principal del presente capítulo consiste en definir los factores intelectuales, madurativos y del desarrollo relativos a las habilidades sociales, y poner de relieve la importancia de la competencia social.

Definiciones y conceptos de las habilidades sociales

Para poder tener una comprensión básica del término *habilidades sociales* es preciso considerar una serie de conceptos y definiciones sobre el comportamiento social, la asertividad y la competencia social. La compleja naturaleza de las habilidades sociales ha dado lugar a numerosas definiciones. Generalmente, las habilidades sociales son consideradas como un conjunto de comportamientos interpersonales complejos. Cuando estas habilidades son apropiadas o «buenas», la resultante es una mayor satisfacción personal e interpersonal, tanto a corto como a largo plazo. El término *habilidad* se utiliza para indicar que la competencia social no es un rasgo de la personalidad, sino más bien un conjunto de comportamientos aprendidos y adquiridos. Por ejemplo, Rinn Markle (1979) afirman:

> La expresión «habilidades sociales» es definida aquí como un repertorio de comportamientos verbales y no verbales a través de los cuales los niños incluyen en las respuestas de otros individuos (por ejemplo, compañeros, padres, hermanos y maestros) en el contexto interpersonal. Este repertorio actúa como un mecanismo a través del cual los niños inciden en su medio ambiente obteniendo, suprimiendo o evitando consecuencias deseadas y no deseadas en la esfera social... En la medida en que tienen éxito para obtener las consecuencias deseadas y evitar o escapar de las no deseadas sin causar dolor a los demás, se considera que tienen «habilidades sociales» (p. 108).

La definición de Libet y Lewinsohn (1973) de la habilidad social es más general, hablan de ella como de la capacidad para comportarse de una forma que es recompensada y de no comportarse de forma que uno sea castigado o ignorado por los demás. Combs y Slaby (1977) definen las habilidades sociales como «la capacidad para interactuar con los demás en un contexto social dado de un modo determinado que es aceptado o valorado socialmente y, al mismo tiempo, personalmente beneficioso, mutuamente beneficioso, o principalmente beneficioso para los demás» (p. 162).

Desde una perspectiva diferente, centrada principalmente en el «resultado cualitativo» del comportamiento social, Trower (1979) manifiesta que «el individuo tiene objetivos o fines que busca para obtener recompensas. La consecución del objetivo depende de la pericia del comportamiento, lo cual implica un ciclo continuo de control y modificación de la actuación a la luz de la experiencia. El fracaso en la habilidad es definido como una interrupción o un deterioro en algún punto del ciclo... conduciendo a resultados negativos» (p. 4).

Sin embargo, estas definiciones resultan excesivamente generales, con un amplio campo de aplicación; para los investigadores que subrayan la especificidad situacional de las habilidades sociales, estas definiciones son ambiguas. Además, algunos investigadores han proporcionado definiciones operacionales específicas de las habilidades sociales sólo para ajustar los parámetros de un marco, población, respuesta o interacción social particulares (véase Cartledge y Milburn, 1978; Lesbock y Salzberg, 1978; Michelson, DiLorenzo, Calpin y Ollendick, 1982; Trower, Bryant y Argyle, 1978; Wolpe, 1973).

De este modo, definir las habilidades sociales se ha convertido en una cuestión de valoración en sí misma. Aunque todavía no se ha concebido una definición de las habilidades sociales que sea generalmente aceptada, presentamos nuestra propia definición operacional, de la que los siguientes componentes son considerados esenciales para la comprensión de las habilidades sociales.

1. Las habilidades sociales se adquieren, principalmente, a través del aprendizaje (por ejemplo, mediante la observación, la imitación, el ensayo y la información).
2. Las habilidades sociales incluyen comportamientos verbales y no verbales, específicos y discretos.
3. Las habilidades sociales suponen iniciativas y respuestas efectivas y apropiadas.
4. Las habilidades sociales acrecientan el reforzamiento social (por ejemplo, las respuestas positivas del propio medio social).
5. Las habilidades sociales son recíprocas por naturaleza y suponen una correspondencia efectiva y apropiada (por ejemplo, la reciprocidad y coordinación de comportamientos específicos).
6. La práctica de las habilidades sociales está influida por las características del medio (por ejemplo, especificidad situacional). Es decir, factores tales como la edad, el sexo y el estatus del receptor afectan la conducta social del sujeto.
7. Los déficits y excesos de la conducta social pueden ser especificados y objetivados a fin de intervenir.

Además de estos componentes definitorios de las habilidades sociales, es preciso que se considere la direccionalidad de los déficits para la conceptualización de la competencia social. Esto incluye tanto al retraimiento social como a la agresión.

Hay que tener en cuenta que, si bien muchos autores distinguen entre los términos *habilidades sociales, competencia social* y *asertividad*, en esta revisión, y en los siguientes capítulos, estos términos se utilizarán como sinónimos. Del mismo modo, términos tales como *retraimiento social* y *pasividad* serán utilizados de forma genérica.

Retraimiento social

Los investigadores han descrito al niño no asertivo, socialmente retraído, como un niño aislado, tímido, pasivo y letárgico. El comportamiento pasivo quebranta los propios derechos del sujeto al fracasar en la expresión de sus propios sentimientos, necesidades y opiniones. Las respuestas pasivas pueden evocar sentimientos de insuficiencia, depresión e incompetencia. Hace más de tres décadas, Salter (1949) señaló que la gente no asertiva tendía a padecer trastornos psicosomáticos y psicofisiológicos.

Los investigadores sugieren que los niños no asertivos mantienen sus déficits de habilidades sociales en la vida adulta. En un estudio longitudinal en el que se examinaba la estabilidad de las características infantiles, Kagan y Moss (1962) encontraron que «el retraimiento pasivo ante situaciones estresantes, la dependencia de la familia, la falta de respuestas coléricas, las dificultades en las habilidades intelectuales y la ansiedad en las interacciones sociales estaba estrechamente relacionado con unas disposiciones conductuales similares en años posteriores a los escolares» (p. 277). El retraimiento social infantil puede representar también una grave amenaza tanto para el funcionamiento presente como para el funcionamiento futuro, por cuanto ha sido asociado con diversos grados de psicopatología infantil. Los niños no asertivos pueden permitir que los demás amenacen sus propios deseos, sentimientos y pensamientos personales, lo cual les lleva a adoptar una actitud de pedir disculpas, de pasar inadvertidos. Asimismo, el niño no asertivo, debido a la ansiedad relacionada con la interacción interpersonal, puede encontrar las situaciones sociales aversivas.

Chittenden (1942) aportó más explicaciones sobre la importancia de la asertividad y las habilidades sociales infantiles.

> El niño pequeño entra en su grupo social desprovisto del repertorio de respuestas que necesita para permitirle implicarse, con éxito, en un intercambio social. Sus tentativas para influir en el comportamiento de los demás y sus respuestas a las tentativas de los demás para influirle son toscas. Debe aprender, en gran parte por ensayo y error y con la ayuda más o menos fortuita de personas con experiencia, cuáles de estas tentativas y respuestas tienen probabilidades de resultar aceptadas entre los compañeros y cuáles supondrán rechazo. Si este período de aprendizaje está marcado por muchos fracasos y unos cuantos éxitos fortuitos, esto puede ocasionar una pérdida de interés por parte del niño para iniciar contactos sociales, acompañada por un aumento de su sumisión a las tentativas de otras personas para influirle, o puede repercutir en un uso más frecuente de la fuerza en su intento por lograr el éxito. Ninguno de estos posibles resultados, si son extremos, contribuyen a la integración del niño en su grupo social. Consecuentemente, cuanto antes se construya un fondo de conocimientos sociales utilizables y desarrolle actitudes que indiquen una consciencia creciente de los otros individuos y de sus necesidades y deseos, antes establecerá relaciones con esos individuos (p. 1).

La relación entre la competencia social y la interacción con los compañeros puede tener graves consecuencias para el niño pasivo. Puesto que la interacción con los compañeros es recíproca, los niños retraídos también evocan menos respuestas sociales positivas en los demás, cuyo resultado es un bajo nivel de contacto social. En un estudio con 457 preescolares, Greenwood, Walker, Todd y Hops (1977) demostraron que la interacción con los compañeros era recíproca en una proporción del 0,97, demostrando una clara relación entre el comportamiento y la posterior interacción social positiva. Además, Hartup,

Glazer y Charlesworth (1967) encontraron que los niños populares eran socialmente más gratificantes para sus compañeros que los niños menos populares. De esta forma, los niños retraídos pueden gozar de menor popularidad que sus compañeros con habilidades sociales. Con frecuencia, los efectos secundarios de un comportamiento socialmente retraído han sido documentados. La popularidad ha sido asociada con el éxito escolar (Hartup, 1970), con el desarrollo cognitivo y emocional y, en los últimos años, con el retraimiento social (Waldrop y Halverson, 1975). Gottman, Gonso y Rasmussen (1975) revisaron varios estudios en los que se establecía una estrecha relación entre la popularidad con los compañeros y el posterior funcionamiento en la vida adulta. Los niños poco populares, medidos a través de técnicas sociométricas (véase «Aspectos de la evaluación», en el capítulo 2), también están desproporcionalmente representados entre las personas que tienen futuros contactos con la asistencia psiquiátrica (Cowen, Pederson, Babigian, Izzo y Trost, 1973).

En resumen, el comportamiento social pasivo se ha correlacionado con una diversidad de procesos maladaptativos. Hitos relativos al desarrollo, interpersonales e intelectuales pueden ser frustrados y demorados, dando lugar a unos trastornos más globales. De forma similar, los niños que manifiestan unos deficitarios repertorios sociales pueden correr el riesgo de, en la vida adulta, presentar psicopatología.

Agresión social

En el otro extremo de la panorámica de los déficits sociales se encuentran los niños con excesos conductuales. De ellos se ha dicho que son típicamente agresivos, no cooperativos y que manifiestan un comportamiento dirigido al exterior (*acting-out*). Estos niños también fracasan al intentar demostrar las habilidades sociales necesarias para llevar a cabo interacciones sociales efectivas y apropiadas. Los niños agresivos se comportan de una forma que resulta desagradable para los demás individuos de su medio social. Quay (1972) y Patterson, Reid, Jones y Conger (1975) identificaron muchas de las características que describen este trastorno, entre las que se incluyen la violencia verbal y física, las burlas, provocaciones, peleas, discusiones sobre conflictos ya resueltos y violar o ignorar los derechos de los demás.

El comportamiento agresivo, que hace uso de la fuerza física, psicológica o emocional, conduce a la violación de los derechos y sentimientos de los demás (Lange y Jakubowski, 1976). Generalmente, el niño agresivo utiliza tácticas que son efectivas pero rara vez apropiadas. Se comporta de forma que desaprueba a los demás, lo que conduce a la humillación, a la baja autoestima y a una actitud a la defensiva por parte del receptor. Alberti y Emmons (1974) afirman:

> Generalmente, el comportamiento agresivo da como resultado una «degradación» del receptor. Le han sido negados sus derechos, se siente herido, a la defensiva y humillado. Naturalmente, no ha alcanzado sus objetivos en la interacción. Si bien la persona agresiva puede lograr su objetivo, también puede generar odio y frustración, que más tarde repercutirán en él a modo de venganza (p. 11).

Este tipo de comportamiento social puede generar muchos efectos negativos para el niño agresivo. Según Patterson y cols. (1975):

> El proceso de socialización parece estar gravemente dificultado para muchos niños agresivos. Su adaptación conductual es, frecuentemente, inmadura y no parece que

hayan aprendido las habilidades sociales clave necesarias para iniciar y mantener relaciones sociales positivas con los demás. Con frecuencia, los compañeros rechazan, evitan y/o castigan a los niños agresivos y, de este modo, los excluyen de las experiencias de aprendizaje positivo con los demás. También es bastante habitual que los niños socialmente negativos/agresivos presenten dificultades escolares, obteniendo unos niveles más bajos que los de sus compañeros de clase (p. 4).

Además, los niños agresivos tienden a adquirir los aprendizajes escolares en una menor proporción en comparación con los niños no agresivos.

La agresividad en la interacción social conduce a la contraagresión de los compañeros, así como a unas proporciones más elevadas de rechazo social en el medio. El mensaje que el individuo agresivo comunica al receptor evoca sentimientos de inutilidad, cólera y frustración. La persona que se comporta de forma agresiva puede, inicialmente, alcanzar unos fines particulares, pero con el tiempo pagará un precio por la violación de los derechos y sentimientos de los demás. A la larga, la pérdida de los amigos, el reducido contacto interpersonal y los sentimientos de culpa pueden pesar mucho más que los posibles beneficios de la agresividad. Además, sin tratamiento, parece que los niños agresivos tienen una adaptación poco satisfactoria en la vida adulta (Robbins, 1966). Los niños agresivos no sólo son menos populares entre sus compañeros (Winder y Rau, 1962), sino que también manifiestan una mayor incidencia de fracaso escolar (Schindler, 1941), alcoholismo en la vida adulta, comportamiento antisocial y trastornos psiquiátricos (Morris, 1956). (Para revisiones y discusiones sobre la importancia de las habilidades sociales, véase Kohn, 1977; Kohn y Rosman, 1972a; y Lange y Jakubowski, 1976.)

En resumen, tanto el niño agresivo como el niño pasivo manifiestan trastornos conductuales relacionados con su incapacidad para actuar de forma efectiva y apropiada en su medio social. La felicidad presente y futura de estos dos tipos de niños puede depender, en gran medida, de que se ponga remedio a sus déficits en las habilidades sociales.

Habilidades sociales y funcionamiento adaptativo

La investigación sugiere que con la edad no mejora la falta de competencia social de muchos niños. Los déficits en habilidades sociales se han relacionado con una baja autoestima (Percell, Berwick y Beigel, 1974), con un locus de control externo (Nowicki y Strickland, 1971) y con la depresión (Lazarus, 1968; Wolpe, 1971, 1973). Puesto que parece que los déficits en habilidades sociales contribuyen a un pobre reforzamiento social positivo, varios investigadores han considerado la escasez de reforzamiento social en las situaciones interpersonales como un antecedente de la depresión (Frey, 1976; Lazarus, 1971; Lewinsohn, 1975; Wolpe, 1971). Si el repertorio social de un niño es reforzado pocas veces, muchos comportamientos importantes pueden resultar suprimidos o extinguidos. No debe sorprendernos, pues, que la investigación sugiera que las deficiencias conductuales no remediadas puedan prolongarse o incluso exagerarse en la vida adulta.

Kohn y Rosman (1972) investigaron la relación entre el funcionamiento social y emocional preescolar y el posterior rendimiento escolar y éxito intelectual. Los comportamientos asertivos en los niños preescolares fueron asociados con una buena disposición escolar y el éxito intelectual en los años posteriores. Los resultados «sugieren que el niño que es curioso, despierto y asertivo aprenderá más de su medio ambiente, y el niño que es pasivo, apático y retraído aprenderá, como mínimo, menos sobre su medio ambiente, dado su contacto disminuido...» (p. 450). Estos hallazgos concuerdan con los de Kagan y Moss (1962), quienes señalaron que la independencia emocional de los padres y maestros, la asertividad y la curiosidad son fidedignos predictores del futuro éxito intelectual. Dorman (1973) también encontró que los niveles de afirmación en los niños pequeños están relacionados con el rendimiento intelectual. El análisis de los ítems del *Standford-Binet Intelligence Test* (Test de Inteligencia Standford-Binet) reveló un rendimiento superior de los niños con habilidades sociales en áreas tales como comprensión, razonamiento verbal y pruebas de discriminación.

La maladaptación social infantil se ha relacionado con una variedad de futuros problemas, que incluyen la maladaptación escolar (Grounland y Anderson, 1963), el abandono de la escuela (Ullman, 1957), la delincuencia (Roff, Sells y Golden, 1972), expulsión del servicio militar por «mala conducta» (Roff, 1961), y problemas de salud mental en la vida adulta (Cowen y cols., 1973; Roff, 1961). Y a la inversa, la competencia social en la infancia está relacionada con unos logros escolares superiores (Harper, 1976; Laughlin, 1954; Muma, 1965, 1968; Porterfield y Schlichting, 1961), y con una adecuada adaptación interpersonal posterior en la vida (Barclay, 1966; Brown, 1954; Guinourd y Rychlak, 1962). Según Kohn (1977), un deterioro en la etapa preescolar de las habilidades sociales está relacionado con posteriores trastornos emocionales en el cuarto curso. La adaptación socio-emocional augura el futuro funcionamiento psicológico.

Cowen y cols. (1973) llevaron a cabo un seguimiento de niños de edades comprendidas entre los 11 y 13 años identificados como «vulnerables» para determinar si presentaban tasas de trastornos psiquiátricos desproporcionadas en comparación con niños controles. Los análisis retrospectivos de los tests de los niños de tercer curso con trastornos psiquiátricos sugirieron que eran menos populares y estaban evaluados de forma más negativa por sus compañeros. Los autores comunicaron que «dada una batería de evaluación global, que incluía el rendimiento intelectual, el criterio del maestro y datos de un autoinforme, las estimaciones de los compañeros, de 8 a 9 años de edad, fueron las que mejor predijeron las dificultades psiquiátricas posteriores (p. 455). Estos resultados sugieren la trascendencia de la competencia social e interacción con los compañeros con respecto al desarrollo futuro.

Relaciones con los compañeros

La aceptación de los compañeros y la popularidad parecen jugar un papel importante en la socialización infantil. Las habilidades sociales proporcionan a los niños un medio a través del cual pueden dar y recibir recompensas sociales positivas, las cuales, a su vez, conducen a un incremento de la implicación social, generando más interacciones positivas. La importancia de las habilidades sociales para conseguir la aceptación de los compañeros ha sido bien documentada. Las habilidades sociales se han relacionado con un incremento de las percepciones de cordialidad, la aceptación de los compañeros y la participación social (Marshall y McCandless, 1957). Por el contrario, el rechazo de los compañeros se ha asociado a la agresión (Dunnington, 1957; Hartup y cols., 1967; Moore, 1967) y la manifestación de un comportamiento social negativo (Kohn, 1977). Hartup y cols. (1967) hallaron que la capacidad de los niños para actuar de una forma social positiva estaba directamente relacionada con el hecho de ser aceptado o caer bien a los propios compañeros.

Charlesworth y Hartup (1967) y Kohn (1977) informan que los compañeros que manifiestan comportamientos prosociales más positivos reciben, a cambio, de sus compañeros, estos comportamientos a unas proporciones más elevadas. Además, estos niños se ven recompensados por sus compañeros por su comportamiento prosocial, creando, por tanto, un ciclo positivo de interacción social, aceptación entre los compañeros y competencia social. De forma similar, Gottman y cols. (1975) investigaron la relación entre las interacciones entre compañeros, las habilidades sociales y la popularidad. De esta investigación se dedujo que los niños populares tenían una capacidad superior para tomar parte e iniciar una interacción positiva con los compañeros, eran superiores en el conocimiento sobre ciertas habilidades sociales y en sus habilidades para la comunicación referencial (habilidad para asumir la perspectiva del que escucha). La habilidad del niño para emitir y evocar un comportamiento social positivo en sus compañeros parece ser un factor crucial para su aceptación y popularidad. Además, otros factores identificados con las habilidades sociales y las relaciones con los compañeros incluyen adoptar la perspectiva del otro (Reardon, Hersen, Bellack y Foley, 1979), la identificación y clasificación de emociones (Izard, 1971), y la comunicación correcta y apropiada (Asher y Parke, 1975).

En resumen, parece que los niños populares refuerzan socialmente a sus compañeros con mayor frecuencia que los niños poco populares, y reciben, a cambio, mayor cantidad de respuestas sociales positivas, tanto de los compañeros como de los maestros. Este ciclo positivo se perpetúa durante la adolescencia y, posiblemente, en la vida adulta, creando un ambiente interpersonal recíproco durante toda la vida. Además, parece que los niños que muestran habilidades sociales positivas funcionan mejor en los sectores escolar, social y emocional. Por el contrario, los niños socialmente deficientes generan y, por lo tanto, reciben, menos interacciones sociales positivas de su medio social. Esto puede tener, como efecto inmediato, aislamiento, agresión, frustración y retraimiento. Este fenómeno puede provocar una reducción aún mayor de la proporción de reforzamientos evocados y emitidos durante la adolescencia y vida adulta, y afectar negativamente en la habilidad del individuo para funcionar de forma adaptativa en su medio social.

Rendimiento escolar

Las habilidades sociales juegan un papel esencial en la compleja estructura de la interacción interpersonal. Puesto que están relacionadas con muchos aspectos del funcionamiento, no es sorprendente que los investigadores hayan encontrado relaciones significativas entre competencia social, creatividad, rendimiento escolar y desarrollo cognitivo (Dorman, 1973; Feldhusen, Thurston y Benning, 1973; Payne, Halpin, Ellett y Dale, 1975). Kim, Anderson y Bashaw (1968) hallaron correlaciones significativas entre medidas estandarizadas de rendimiento y el comportamiento social de los niños. Myers, Atwell y Orbet (1968) llevaron a cabo un estudio longitudinal en el que estudiantes de tercer y sexto curso fueron identificados bien como con un comportamiento social apropiado o alterado. Cinco años más tarde, se recogieron las puntuaciones conseguidas por estos estudiantes. Tras controlar la variable inteligencia, los autores encontraron diferencias significativas entre los dos grupos, sobresaliendo los niños competentes socialmente sobre los estudiantes con trastornos a este nivel.

Las habilidades sociales no sólo afectan a las relaciones con los compañeros, sino que también pueden tener importantes efectos en la atención positiva y reforzamiento del maestro hacia el niño. Varios estudios han demostrado experimentalmente el efecto del comportamiento social del estudiante en las posteriores interacciones maestro-estudiante (Graubard, Rosenberg y Miller, 1971; Klein, 1971; Noble y Nolan, 1974). En una excelente demostración de este fenómeno, Noble y Nolan (1974), dieron instrucciones (fuera de clase) a siete niños de cómo efectuar el contacto ocular, socilitar ayuda, hacer cumplidos y mostrar habilidades sociales afines. Los niños incrementaron significativamente la cantidad de reforzamiento social positivo recibido de sus maestros. Así pues, las habilidades sociales de los niños afectan a la forma en que son percibidos y contestados por sus maestros, por sus compañeros, padres y otras personas significativas para ellos (véase Cartledge y Milburn, 1978; Greenwood, Walker, Todd y Hops, 1977; Harper, 1976).

Variables relacionadas

Las medidas de la competencia social proporcionan información sobre los comportamientos sociales del repertorio de una persona, pero no describen otras variables que pueden influir en el mantenimiento y gravedad de los déficits de habilidades interpersonales. Variables tales como el *locus de control* (medida en que una persona percibe que las contingencias están controladas por ella misma o por los demás), *indefensión* (expectativas negativas de cambio en el futuro) e *irracionalidad* (creencias arraigadas que pueden o no estar basadas racionalmente) pueden proporcionar una información adicional sobre el pronóstico, así como sobre las posibilidades de corrección de los déficits existentes. Por ejemplo, dos niños que sean igualmente deficientes en habilidades sociales pueden ser muy diferentes en lo que se refiere a su flexibilidad para aprender nuevas conductas. Un niño puede creer que el control de las contingencias depende de los demás, puede pensar que las desgracias más insignificantes son catastróficas y esperar que en el futuro ocurra lo peor, mientras que otro niño puede que perciba que tiene algún control sobre sus propias contingencias, que no reaccione con excesiva alarma ante los contratiempos y que vea su repertorio de comportamientos actuales como una condición temporal. El primer niño se resiste más al cambio, posee unos sistemas de creencias rígidos y es pesimista respecto al futuro. Estos factores pueden contribuir a que sus patrones de conducta sean problemáticos y también interferir en mayor grado en sus tentativas para adquirir conductas adaptativas.

Rotter (1966) describió las dimensiones del locus de control interno y externo del siguiente modo:

> Si la persona percibe que un suceso es contingente a su propio comportamiento, a esta creencia la denominamos de control interno... Cuando el sujeto percibe que un reforzamiento sigue a alguna acción propia y, aún así, no es enteramente contingente a su acción o no está relacionado con ella, y está fuera del control personal, entonces se trata de una creencia de control externo (p. 1).

Nowicki y Strickland (1971) adaptaron una medida del locus de control para los niños e identificaron varios correlatos conductuales de respuestas internas y externas. Se ha demostrado que el locus de control interno correlaciona con medidas generales de asertividad, rendimiento escolar, compromiso social, retraso de la gratificación, control del estrés y capacidad para llevar a cabo una acción social (Houston, 1971; Nowicki y Roundtree, 1971; Nowicki y Strickland, 1971; Rotter, 1966; Rotter y Mulry, 1965). Por regla general, cuanto mayor es la creencia de control interno de un niño (por ejemplo, que la forma en que se comporta influye en su ambiente), también son mayores sus probabilidades de ser asertivo y de desarrollar además un repertorio socialmente efectivo y apropiado.

En cuanto al locus de control externo, se ha demostrado que está relacionado con los conceptos de indefensión y desesperanza (Beck, Weissman, Lester y Trexler, 1974; Hiroto, 1974; Procuik, Breen y Lussier, 1976). Por cuanto estos conceptos se basan en la percepción por parte del individuo de la independencia entre su comportamiento y sus contingencias, resultan similares. El fracaso para controlar el propio ambiente interpersonal puede conducir a una posible depresión, retraimiento social o extinción de las respuestas sociales adaptativas (Frey, 1976; Lazarus, 1976; Wolpe, 1971). Los niños que han desarrollado más repertorios conductuales desadaptativos que asertivos pueden llegar a ser susceptibles a la indefensión y la depresión (Dweck, 1972; Seligman, 1975). Además, los que perciben su estado de indefensión como «desesperado» pueden tener menos probabilidades de cambiar su comportamiento hacia una forma más adaptativa. La expectativa de que los sucesos son incontrolables perjudica aún más a la previsión de pocos cambios en el futuro (Beck y cols., 1974).

Otra variable relacionada con la competencia social, la desesperanza y el comportamiento desadaptativo es el desarrollo de creencias irracionales (Dorworth, 1973). Ellis (1971) propone que las creencias irracionales están recíprocamente implicadas en las conductas maladaptadas. Por ejemplo, una persona que siente la necesidad de «ser amada por todo el mundo» o para la que «las desgracias más insignificantes son desastrosas» se comportará en consonancia con tales creencias irracionales. Lo que es aún más importante, un niño que haya desarrollado un sistema de creencias irracionales se puede comportar de una forma maladaptativa, utilizando respuestas pasivas o bien agresivas. Los niños que tienen muchas creencias irracionales probablemente serán menos asertivos que los niños con unas creencias más racionales. Los sistemas de creencias irracionales pueden interferir en el aprendizaje de comportamientos nuevos y más apropiados, y pueden incrementar la resistencia al cambio hacia respuestas más adaptativas (Dorworth, 1973).

Otras variables de interés incluyen el sexo y el CI, y su relación con la competencia social. Los investigadores han descrito las conductas relativas al papel sexual y tipos de falta de asertividad, representando a las hembras como pasivas y un porcentaje distinto de varones como agresivos. Se ha demostrado que la interacción de los maestros con sus alumnos con respecto a la distribución de muestras de aprobación hacia los varones y las hembras difiere significativamente (Meyer y Thompson, 1956). Efectivamente, en un reciente estudio basado en maestros de escuelas primarias se señaló que el tipo de alumno que más gustaba era la niña pasiva y sumisa (Helton y Oakland, 1977).

La inteligencia y las habilidades sociales también están relacionadas. Los niños que rápidamente aprenden y se adaptan, empiezan a desarrollar unos repertorios interpersonales efectivos para alcanzar sus objetivos, lo cual puede verse reflejado en el rendimiento escolar (Crandall, Katkorsky y Crandall, 1965; McGhee y Crandall, 1968) o en el comportamiento social (Thornton y Jacobs, 1972). Sin embargo, puede darse el caso que el sistema de escuela pública fomente la pasividad, la cual compite, entonces, con el desarrollo de la asertividad en los niños inteligentes (Helton y Oakland, 1977).

No debiera sorprender la relación entre la inteligencia y la asertividad. Probablemente, la inteligencia ayuda a la adquisición de habilidades asertivas; esto, a su vez, permite una mayor interacción con el medio y oportunidades de aprendizaje, las cuales se hallan incluidas en las definiciones sobre la inteligencia. Las consideraciones prácticas sobre la inteligencia y asertividad conciernen a aquellos niños que tienen una inteligencia deficiente, una asertividad deficiente o ambas deficiencias a la vez. Por ejemplo, ¿quedará suprimido el «crecimiento» de la inteligencia por una carencia de habilidades asertivas? Para clarificar esta cuestión es preciso llevar a cabo una investigación adicional, y quizá ésta subrayará las ventajas, en sentido educativo-académico, de la adquisición de habilidades sociales.

Se ha investigado más detalladamente la relación entre inteligencia y locus de control. Se determinó que, en una población de escuelas secundarias, el CI era una de las principales variables del locus de control (Nowicki y Roundtree, 1971). Una escala de evaluación de las creencias infantiles de que el propio niño, y no los demás, es responsable de sus éxitos y fracasos intelectuales-escolares, demostró que el CI estaba relacionado con la percepción de locus de control en poblaciones de escuelas primarias (Crandall, Katkovsky y Crandall, 1965). En general, la investigación sugiere que los individuos que perciben un control interno de su comportamiento son más inteligentes (Chance, 1965; Coleman, Campbell, Hobson, McPartland, Wood, Weinfeld y York, 1966; McGhee y Crandall, 1968; Reimanis, 1970).

En relación con esta área de investigación, recientemente ha habido un creciente interés por los efectos perjudiciales de la desesperanza en relación con el rendimiento escolar (por ejemplo, Dweck, 1972; Dweck y Repucci, 1973; Seligman, Maier y Solomon, 1967, 1969). A pesar de que no existe ninguna investigación concluyente, parece ser que los individuos que perciben su situación como desesperada tienen menos probabilidades de intentar hacer un esfuerzo académico. Por lo que respecta a las implicaciones de la indefensión/desesperanza aprendidas en la educación, Alba y Álvarez (1977) subrayan que las experiencias de controlabilidad e incontrolabilidad en el trabajo escolar, especialmente en los primeros cursos, pueden ser un factor importante en el futuro desarrollo escolar. Es posible que estos factores puedan influir o mediar en la adquisición y puesta en práctica de las habilidades sociales. Sin embargo, dada la naturaleza correlacional de la mayoría de los estudios, no pueden deducirse definitivas conclusiones de causa-efecto. Efectivamente, estos factores pueden representar a los componentes de un «proceso cognitivo-mediador mayor» que aún no ha sido definido. En cualquier caso, dada la naturaleza indicativa, más que concluyente, de estos hallazgos, la intervención en niños dirigida a reducir la «desesperanza» o «el locus de control interno» parecería prematura. Como se discute en el capítulo 3, se ha demostrado repetidamente que la enseñanza de habilidades sociales conduce a una mejoría de estas otras dimensiones cognitivas del funcionamiento. Sin embargo, es preciso investigar más para determinar las interrelaciones entre la asertividad, locus de control, desesperanza, irracionalidad, sexo y CI en los niños, y sus efectos en el desarrollo y mantenimiento de repertorios sociales efectivos y apropiados.

Resumen

Es preciso que advirtamos nuestras reservas respecto a la investigación citada en este capítulo. En gran parte, estos esfuerzos están basados en estudios de correlación. Se limitan a sugerir relaciones y asociaciones entre las habilidades sociales y el funcionamiento futuro; no las demuestran. A pesar de la ambigüedad causal en muchos de estos estudios, éstos son, sin embargo, bastante sugestivos, dados sus resultados consistentes y sus cifras absolutas. Al parecer, la relación entre la competencia social y la adaptación en la vida es intensa y compleja a la vez. Este cuerpo acumulativo de conocimientos, visto desde una perspectiva interdisciplinaria, apoya la hipótesis de que las habilidades sociales infantiles están estrechamente relacionadas con la adaptación social presente y futura. Así pues, parece que existen sólidas razones científicas que apoyan la necesidad de una enseñanza preventiva y terapéutica de las habilidades sociales infantiles.

Capítulo 2
Evaluación de las habilidades sociales

Los procedimientos de valoración que evalúan la efectividad de la enseñanza son componentes importantes de cualquier programa de enseñanza de las habilidades sociales. Por desgracia, muchos programas de habilidades sociales no utilizan un marco global, basado empíricamente, con el que evaluar su eficacia y, por lo tanto, se desconoce si los comportamientos sociales fueron modificados para mejorar. Además, muchas estrategias de evaluación son deficientes en la identificación de déficits y excesos de habilidades sociales específicos. Es por ello que varios de los aspectos teóricos, metodológicos y clínicos pertenecientes a la evaluación de las habilidades sociales infantiles requieren una mayor elaboración. En el presente capítulo se describen los propósitos funcionales de la evaluación y se proporciona una revisión explícita de las técnicas y estrategias de evaluación, con sus ventajas y sus limitaciones.

Inicialmente, la evaluación puede determinar el actual conocimiento de los componentes de las habilidades sociales y medir la calidad del también actual comportamiento social de los niños. El proceso de identificación y especificación de áreas sociales problemáticas también permite la evaluación posterior del progreso de un niño durante el programa. Estos datos suministran una información (*feedback*) indispensable para los educadores a través de la «criba» e identificación de niños específicos, o de déficits o excesos sociales específicos. Los niños que tienen unas habilidades sociales deficientes serán, generalmente, valorados o puntuarán muy bajo en los instrumentos y medidas de evaluación. Para un individuo, o para un grupo de niños, puede que el objetivo de la evaluación sea un comportamiento social específico (por ejemplo, manifestar quejas). Algunos niños pueden tener tendencia a ser problemáticos debido a su pobre comportamiento en comparación con otros niños, o a su interferencia con la capacidad del niño para interactuar con éxito con el medio social. Entonces, los comportamientos específicos de estos niños pueden ser «objetivados» para la enseñanza. Las comparaciones pre y postenseñanza proporcionan una medida de la efectividad de la intervención e indican qué habilidades sociales han mejorado y dónde persisten los déficits.

Aspectos de la evaluación

Modalidades de evaluación

Para medir los deficits de habilidades sociales y los comportamientos en exceso se han creado varios tipos de instrumentos y estrategias de evaluación (véase Hops y Greenwood, 1980; Kent y Foster, 1979; Michelson, Foster y Ritchey, 1981; Michelson y Wood, 1980a; Van Hasselt, Hersen, Bellack y Whitehill, 1979). Principalmente, tres modalidades diferentes han sido las utilizadas para evaluar las habilidades sociales: la observación conductual, los informes de otras personas y las medidas de autoinforme. Generalmente, la observación conductual implica la observación actual de comportamientos sociales definidos en situaciones naturales o en situaciones simuladas, tales como en los tests de *role-play*. Los informes de otras personas requieren de agentes sociales del medio ambiente social del niño, tales como los maestros, los compañeros y los padres, para evaluar, describir o valorar el comportamiento social. Además, las medidas sociométricas, tales como las valoraciones y propuestas de los compañeros, son técnicas de informe de otras personas que indican el estatus social general. Los instrumentos de autoinforme, tales como los cuestionarios, las escalas e inventarios de lápiz y papel confían en la valoración, evaluación o descripción de cada niño de su propio comportamiento social. Como es obvio, los aspectos metodológicos y prácticos relacionados con cada una de las modalidades de evaluación influirán en la selección de la estrategia de evaluación. En los apartados siguientes se discuten varios aspectos generales de gran importancia para la selección y utilización de los procedimientos de evaluación de las habilidades sociales.

Validez social

La evaluación debiera reflejar y ser de interés al medio ambiente social del niño (Clark, Caldwell y Christian, 1980; Wolf, 1978). Un recurso de evaluación necesita identificar los comportamientos objetivos que destacan clínicamente y que son considerados importantes por la «comunidad reforzadora» del niño, tales como los compañeros y los adultos. La *validez social*, tanto en el procedimiento de evaluación como en el de enseñanza, significa, básicamente, que los comportamientos que han sido seleccionados como «comportamientos objetivo» son auténticamente importantes en el medio ambiente social del niño. Por ejemplo, si el comportamiento «mirar a la otra persona durante la conversación (contacto ocular)» es importante para la gente con la que el niño habla, entonces sería socialmente válido incluir esto como comportamiento objetivo en la evaluación y enseñanza.

El hecho de seleccionar un comportamiento que puede que no sea importante para el medio ambiente del niño (por ejemplo, dar la mano para saludar a los demás) supondría centrar la evaluación y la enseñanza en habilidades sociales cuya relevancia es mínima, o ninguna, para las interacciones sociales *reales* del niño. De hecho, algunos comportamientos sociales pueden no gustar a los otros niños y, si se utilizan, se pueden traducir en consecuencias negativas o aversivas. De esta forma, la evaluación no válida socialmente puede hacer que se objetiven comportamientos relativamente triviales. Así pues, tanto en la evaluación como en la enseñanza de las habilidades sociales se debiera considerar la *importancia social,* la *efectividad*, y la *utilidad funcional* de los comportamientos seleccionados cuando se están determinando los comportamientos objetivo a tratar (Kazdin, 1977; Wolf, 1978).

Practicabilidad

Cada tipo de estrategia de evaluación requiere de distintas cantidades de tiempo, personal preparado, material, administración, puntuación y análisis. Es importante determinar si existen recursos suficientes para completar con éxito una estrategia de evaluación particular o una combinación de estrategias. Elegir una estrategia de evaluación que sea poco práctica generalmente provoca problemas técnicos, datos incorrectos o incompletos y una reducción global de la calidad del programa de evaluación. Por lo tanto, antes de incorporar una estrategia de evaluación, es importante realizar un minucioso análisis de los requisitos prácticos para determinar tanto la factibilidad como la utilidad.

Información de la evaluación

La interpretación correcta de los resultados de la evaluación depende de las técnicas de evaluación que han sido utilizadas. Algunas técnicas de evaluación miden principalmente el conocimiento de las habilidades sociales (por ejemplo, el autoinforme), mientras que otras miden la ejecución actual de las habilidades sociales (por ejemplo, la observación de la conducta). Algunas medidas sólo explotan áreas restringidas de habilidades, mientras que otras van dirigidas a una gran serie o campo de comportamientos sociales. Las limitaciones en la *cantidad* o *tipo* de información que una técnica de evaluación puede proporcionar deberían tenerse muy en cuenta, tanto en la selección como en la interpretación.

Cualidades psicométricas

Generalmente, la exactitud y la fiabilidad de una medida de evaluación se describen en términos de «cualidades psicométricas». A través del análisis estadístico de una medida de evaluación se puede presentar la información, teniendo en cuenta cualidades psicométricas tan importantes como la validez externa y la fiabilidad.

La validez externa describe cuán bien mide el instrumento de evaluación cómo se comportaría en realidad el niño en el medio ambiente natural. Se desea que el instrumento de evaluación tenga una elevada validez externa, ya que ello indica que la información recogida es correcta y refleja honradamente el modo de comportarse del niño la mayor parte del tiempo. Por ejemplo, si las puntuaciones de un niño en un cuestionario de autoinforme indicaran que tiene unas habilidades sociales muy buenas en todas las áreas, pero el comportamiento usual del niño es, en realidad, muy inapropiado, entonces se consideraría que el cuestionario de autoinforme tiene una validez externa *baja*. Un método para determinar la validez externa consiste en correlacionar dos medidas diferentes, tales como el autoinforme y las valoraciones del maestro. A este procedimiento se le llama *validez concurrente*. La validez concurrente puede oscilar de .00 (sin validez concurrente) a 1.00 (validez perfecta); la mayoría de las puntuaciones de las evaluaciones de las habilidades sociales se sitúan entre .30 (moderadamente baja) y .80 (moderadamente alta). En general, cuanto más elevada sea la estimación de la validez, más correcta o «sincera» será la medida de evaluación.

La fiabilidad se puede referir a la repetición de los resultados de la evaluación a lo largo de sucesivas exploraciones (fiabilidad test-retest) y a la constancia con que los componentes del recurso de evaluación miden el mismo constructo (consistencia interna). La fiabilidad, que es tan importante como la validez externa, indica si una medida de evaluación puede dar constantemente los mismos resultados. Si una medida no es constante, entonces no está claro si cualquier cambio en las puntuaciones es, en verdad, debido a los cambios en el comportamiento del niño o si sólo indica una fluctuación debida a la variabilidad y poca fiabilidad de la evaluación. Además, si una escala no cumple unos criterios mínimos de fiabilidad, no puede ser válida.

En resumen, teniendo en cuenta las propiedades psicométricas, la validez social, la factibilidad y la información de la evaluación, se puede/n seleccionar la/s técnica/s más apropiada/s para un determinado programa de enseñanza de las habilidades sociales. Si se presta atención a estos aspectos, muy posiblemente se evitarán los principales peligros, con lo que debiera aumentar la efectividad global del programa de enseñanza. La consideración oportuna de estos aspectos ayudará a asegurar que el proceso de evaluación sea funcional y correcto. (Para una revisión de estos aspectos, véase Anastasi, 1982.)

En los siguientes apartados se describen las técnicas de observación conductual, de informe de otras personas y de autoinforme. Aunque brevemente, se discutirán ejemplos y puntos relevantes de la investigación, así como las ventajas y limitaciones de cada técnica de evaluación. En el Apéndice se presenta una muestra completa de cada técnica, junto con la administración, puntuación e interpretación de la información pormenorizada. Además, para adquirir un conocimiento del manejo de las distintas estrategias de evaluación en lo referente a la información que puede obtenerse y a las limitaciones implicadas, con el programa de enseñanza pueden seleccionarse técnicas específicas y utilizarlas de forma apropiada.

Observación conductual

La observación directa es uno de los métodos de evaluación del comportamiento social que se utiliza con más frecuencia. Las dos estrategias utilizadas para medir el comportamiento interpersonal en los niños son la *observación natural* y la *observación análoga.*

Observación natural

Se considera que la observación y valoración directa de las interacciones sociales de un niño en el medio ambiente natural es un método ideal para evaluar correctamente las habilidades sociales (Eisler, 1976; Nay, 1977). La información obtenida a través de la observación natural se puede utilizar para identificar niños que manifiestan un comportamiento social inapropiado y para evaluar los efectos de la intervención de la enseñanza y tratamiento.

Generalmente, la observación natural se lleva a cabo con uno o más observadores que registran la frecuencia, duración y/o calidad de los comportamientos objetivo especificados. Los comportamientos objetivo se «definen conductualmente» con una descripción clara y fácil de observar, para permitir una observación fiable y correcta. Por ejemplo, el «contacto ocular» puede considerarse como un componente de la «conversación con los demás», y podría definirse conductualmente como «mirar a la otra persona durante la conversación por lo menos el 60% del tiempo». Con esta definición conductual, observadores preparados podrían registrar la frecuencia del contacto ocular a lo largo de varias conversaciones.

Los procedimientos de observación habitualmente se llevan a cabo en lugares como las aulas y espacios de juego. Los observadores intentan situarse discretamente en emplazamientos adecuados, donde no interfieran o influyan excesivamente en las interacciones, pero que puedan registrar correctamente la frecuencia y calidad de los comportamientos objetivo. La observación con participación es un proceso alternativo en el que el observador forma parte de la situación (por ejemplo, enseñar en una clase), interactúa con los niños y registra las observaciones del comportamiento social.

Descripción de las medidas. Se han realizado observaciones del comportamiento social a diferentes niveles de desarrollo (Greenwood, Walker, Todd y Hops, 1978; Meighan y Birr, 1979; O'Connor, 1969) y en varias situaciones y actividades (Allen, Chinsky, Larsen, Lockman y Selinger, 1976; Bryan, 1974; Dorman, 1973). La especificidad situacional y las características idiosincrásicas del comportamiento social hacen que, generalmente los investigadores tengan que crear códigos y formatos de observación originales con arreglo a las conductas objetivo de interés y a los parámetros de la situación, actividad o estímulos implicados (véase Charlesworth y Hartup, 1967; Reid, 1978). Es por eso por lo que los códigos de observación existentes muestran una variación considerable tanto en los comportamientos observados como en los niveles de complejidad de los sistemas de observación utilizados (Van Hasselt y cols., 1979).

Por ejemplo, los estudios sobre niños aislados socialmente (véase Allen, Hart, Buell, Harris y Wolf, 1964; Buell, Stoddard, Harris y Baer, 1968) han utilizado definiciones operacionales de proximidad hacia los demás, jugar con los demás e interacciones con los compañeros o maestros. Además, Buell y cols. (1968) utilizaron un procedimiento de muestreo del tiempo con intervalos de 10 segundos y calcularon el porcentaje de intervalos en que se exhibía una conducta determinada. Strain, Shores y Kerr (1976) y Strain (1977) utilizaron un sistema de observación para evaluar las interacciones de dos personas. El sistema de codificación incluía dos clases de comportamiento generales, «motor-gestual» y «vocal-verbal», junto con sus características topográficas positivas y negativas. Algunas de sus definiciones conductuales consistieron en «iniciativas de conducta», que incluían respuestas emitidas tres segundos antes o después de la conducta del otro niño, y en conductas «de respuesta», que incluían las conductas producidas dentro de un período de tres segundos después de la conducta motor-gestual o vocal-verbal del otro niño.

Se han desarrollado sistemas de codificación bastante elaborados para registrar las interacciones entre los niños y sus compañeros, maestros y padres (véase Durlak y Mannarino, 1977; Wahler, 1975). Por ejemplo, un sistema de observación contenía 19 categorías de respuestas que abarcaban cinco clases generales de comportamientos: autista, de trabajo, de juego, de sumisión-oposición y social. Este extenso sistema de observación se utilizó principalmente para evaluar el comportamiento en clase de niños con deficiencias en la relación social, pero también puede ser adecuado para utilizarlo en casa o en el marco experimental. (En el Apéndice, en la «Escala de observación de las habilidades sociales» de la Muestra A, se ofrece un ejemplo de un sistema de observación. Se proporciona completa información relativa a los procedimientos de observación, puntuación e interpretación de los resultados.)

Ventajas y limitaciones. Con respecto a los métodos de observación natural, existen muchos problemas metodológicos, que incluyen el sesgo de la expectativa entre observadores, la reactividad del observador (Romanczyk, Kent, Diament y O'Leary, 1973), la «tendencia» consensual (O'Leary y Kent, 1973), la complejidad del sistema (Mash y McElwee, 1974) y el conocimiento de la fiabilidad de la evaluación (Kent, Kanowitz, O'Leary y Cheiken, 1977). Foster y Ritchey (1979) han llevado a cabo una excelente revisión de estos aspectos.

En la revisión de Walls, Werner, Bacon y Zane (1977) de 118 escalas conductuales relativas a las habilidades sociales y la socialización, sólo 25 (21%) proporcionaban alguna información sobre la fiabilidad y/o validez del instrumento. La discusión detallada de Cone (1977), en relación a la fiabilidad y validez en la evaluación conductual, señala los siguientes problemas en los procedimientos de la observación natural: cálculo, reactividad y variables que afectan al grado de acuerdo entre observadores (véase Johnson y Bolstad, 1973); distinción entre el acuerdo entre observadores y la precisión del observador (Gewirtz y Gewirtz, 1969); interpretaciones y corrección de la baja fiabilidad interobservadores, generalidad del ítem (o situación), y posibilidad de generalización. (Para una revisión de la literatura sobre la evaluación, véase Foster y Ritchey, 1979; Kazdin, 1977; Kent y Foster, 1979; Michelson, Foster y Ritchey, 1981; Michelson y Wood, 1980b.)

La practicabilidad es una variable importante cuando se está considerando el uso de la observación natural. El procedimiento requiere de observadores preparados a fin de alcanzar un nivel aceptable de fiabilidad interobservadores (acuerdo entre observadores), de la definición de conductas específicas, de períodos de tiempo de observación para cada sujeto, de materiales diversos tales como escalas y cronómetros, y de un inventario detallado de los observadores y sujetos. Si es posible satisfacer estos requisitos, se puede obtener una información valiosa para la identificación de los déficits en habilidades sociales. Esto también facilitará el establecimiento de un nivel basal previo al inicio del programa y la evaluación continua del mismo.

Algunas veces, los sistemas de observación varían en el nivel de información que pueden proporcionar. A pesar del énfasis puesto en la definición, en términos muy claros, de conductas determinadas, algunos sistemas de observación contienen sólo conductas muy simples que pueden no ser muy importantes o no estar suficientemente detalladas para contener suficiente información. Por ejemplo, es fácil observar y medir de forma fiable si un niño «habla con otro niño», pero puede que lo importante sea el contenido de la frase dicha al otro niño. Es precisamente aquí donde la mayoría de los sistemas de observación fracasan, ya que, con frecuencia, es bastante difícil conseguir que los observadores estén de acuerdo sobre si la frase era un «cumplido», un «comentario sarcástico» o tan sólo una frase neutra. Por lo tanto, es importante considerar qué nivel de información es necesario y cuán exactas y fiables deben ser las observaciones si se tiene que seleccionar el apropiado sistema de observación.

La validez social debiera jugar un importante papel al evaluar cualquier sistema de observación que va a ser utilizado en la evaluación de las habilidades sociales infantiles. Es arriesgado asegurar que los comportamientos medidos son importantes y significativos en el medio ambiente social del niño. Un sistema de observación muy detallado, con unas definiciones conductuales claras y precisas, sería esencialmente inútil si sólo objetivara conductas tales como «número de parpadeos», «avance del pie izquierdo mientras habla» y otras por el estilo. Las interacciones sociales requieren de complejos sistemas de observación para medir las variables socialmente relevantes.

Dado que en un sistema de observación se pueden proporcionar los factores de factibilidad, tipo de información y validez social de forma adecuada, este método tiene, sobre los otros procedimientos de evaluación, la gran ventaja de poseer, generalmente, un elevado grado de validez externa. Los comportamientos observados a través de la observación natural reflejan de forma bastante fidedigna el comportamiento social habitual del niño. Si las observaciones se efectúan en muchas y diferentes situaciones sociales, y en distintos momentos a lo largo del día durante un período de varios días o semanas, puede realizarse una valoración correcta de los déficits y habilidades sociales del niño.

Observación en situaciones artificiales

Los tests de *role-play* o las situaciones simuladas miden las respuestas sociales específicas en marcos artificiales poniendo de manifiesto las situaciones interpersonales que resultan problemáticas en el momento de la evaluación. En los procedimientos de *role-play* generalmente se le presentan al sujeto las situaciones a través de un vídeo, un narrador o un modelo en persona. Entonces, un colaborador presenta una situación invitando al sujeto a responder. La respuesta del niño se juzga y valora más tarde según muchos componenes verbales y no verbales con el fin de establecer el nivel de habilidades sociales.

La evaluación en situaciones simuladas es particularmente útil cuando el niño presenta dificultades en situaciones que ocurren raramente, es decir, cuando se puede obtener poca información sobre la pericia de la habilidad social del niño en aquellas áreas a través de la observación natural. Por ejemplo, si el comportamiento objetivo fuese «responder a la crítica de los demás» y la situación ocurriera pocas veces, entonces la observación natural supondría mucho tiempo, puesto que los observadores deberían esperar a que el niño se encontrara en una situación en la que sus compañeros se mostrasen críticos. El *role-play* o las situaciones artificiales incorporarían automáticamente este componente a través de un compañero-colaborador que hiciera críticas al niño a fin de que se pudiera hacer una observación de sus reacciones.

En situaciones artificiales, la observación permite evaluar de forma estandarizada todas las áreas de las habilidades sociales. Todos los niños son expuestos a las mismas instigaciones y compañeros de *role-play*, permitiendo así las comparaciones de sus respuestas.

Descripción de las medidas. Después de que Rehm y Marston (1968) crearan el primer test de *role-play* para emplearlo en investigación, esta estrategia de evaluación se ha convertido en un componente de la evaluación análoga de las habilidades sociales. El formato básico de los tests de *role-play* consiste en presentar al sujeto la descripción de una viñeta interpersonal a la que debe dar una respuesta. Por ejemplo:

Narrador: Estás mirando tu programa favorito de televisión y alguien va hacia el televisor y cambia de canal. La persona dice: «Cambio de canal porque el programa que estás mirando me aburre».

Respuesta del niño:__________________________________.

Después de que el niño responda, se le presenta la siguiente situación, y así sucesivamente. Un colaborador plantea la situación proporcionando el antecedente de la respuesta del sujeto. Entonces, se registra la respuesta del sujeto y se evalúan varios componentes verbales y no verbales. (En la Muestra B del Apéndice se ofrece un ejemplo completo de los procedimientos necesarios para efectuar una evaluación de las habilidades sociales infantiles con el *role-play*.)

Bornstein, Bellack y Hersen (1977) crearon el *Behavioral Assertiveness Test for Children* (Test de comportamiento asertivo para niños) (BAT-C), que era una modificación de un test similar para adultos (Eisler, Hersen, Miller y Blanchard, 1975). El BAT-C está compuesto de escenas que simulan los encuentros interpersonales infantiles típicos. Éste y otros tests similares han sido utilizados en muchos estudios de caso único y de grupo para establecer los niveles pretratamiento de las habilidades sociales, así como para evaluar el resultado terapéutico (Beck, Forehand, Wells y Quante, 1978; Bornstein, Bellack y Hersen, 1980; Ollendick y Hersen, 1980. (En la Muestra B del Apéndice, cuadros 5 y 6, se ofrecen las escenas y definiciones de las conductas utilizadas en el BAT-C.)

Reardon, Hersen, Bellack y Foley (1979) crearon y evaluaron el *Behavioral Assertiveness Test for Boys* (Test de comportamiento asertivo para chicos) (BAT-B), ideado para recabar respuestas asertivas tanto positivas como negativas de varones jóvenes. Del conjunto original de 50 escenas, se seleccionaron a través de las valoraciones de los maestros 10 escenas positivas y 10 negativas para componer el BAT-B. A continuación, se describen ejemplos de una escena positiva (narrador 1) y una negativa (narrador 2):

Narrador 1: Haces un dibujo en la clase de arte y el chico que está a tu lado dice...
Instigación: ¡Oh, está muy bien!

Narrador 2: Imagina que estás en casa viendo tu programa favorito de televisión con un amigo. Éste se levanta...
Instigación: Vamos a ver este otro programa.

Las respuestas del niño a cada una de las 20 escenas se valoran según componentes verbales y no verbales (véase Eisler, Hersen, Miller y Blanchard, 1973). Estos componentes comprenden: 1) proporción entre el contacto ocular y la duración de la respuesta; 2) sonrisas; 3) duración de la respuesta; 4) número de palabras; 5) latencia de la respuesta; 6) efecto causado; 7) proporción entre los trastornos de lenguaje y la duración de la respuesta; 8) gestos; 9) conformidad; 10) requerimientos de un cambio de conducta; 11) atención; 12) comportamiento positivo espontáneo; 13) agradecimiento; y 14) valoración global de asertividad.

Reardon y cols. (1979) evaluaron a 60 niños de escuelas primarias desde el tercero hasta el octavo curso. Los niños fueron evaluados según su capacidad para interpretar un papel, a través de un autoinforme sobre su asertividad y las valoraciones de los maestros. Los resultados de esta investigación indicaron que los niños de elevada y baja asertividad diferían en varias dimensiones de respuesta, relacionadas tanto con la edad como con el tipo de escena (es decir, positiva o negativa). La habilidad asertiva se relacionó con la capacidad para interpretar un papel. Los maestros tendían a considerar a los niños asertivos como más sociables y sensibles interpersonalmente que los no asertivos. Es interesante observar que no se hallaron correlaciones significativas entre las valoraciones globales de los maestros sobre la asertividad y las evaluaciones del autoinforme o del *role-play*.

Michelson, DiLorenzo, Calpin y Ollendick (1982) investigaron los determinantes situacionales del BAT-C en 30 niños con trastornos psiquiátricos hospitalizados. Se revisó especialmente el BAT-C para utilizarlo con niños en situación de ingreso hospitalario. Consistía en un total de 48 escenas interpersonales, la mitad presentadas por un adulto varón y la mitad por una mujer. Los investigadores pretendían identificar algunos de los componentes conductuales de asertividad en cuatro situaciones interpersonales: requerir un cambio de conducta, ofrecer ayuda, hacer y aceptar cumplidos. Un segundo propósito del estudio consistía en determinar el efecto que el sexo de la persona que realiza la instigación tiene en las escenas de *role-play* del BAT-C.

Los resultados indicaron que las escenas negativas evocan un comportamiento interpersonal muy diferente al de las escenas positivas. Las respuestas de los niños a las escenas negativas se caracterizan por un incremento del contacto ocular, unas respuestas más largas y un mayor uso de frases que implican emoción.

Sin embargo, según la valoración de los adultos, los niños no respondieron de forma diferente ante las escenas positivas y negativas en la entonación de la voz o en la asertividad global. Además, los resultados indicaron que el sexo del instigador jugaba un papel significativo en las respuestas del niño. Los niños hablaban más y con una entonación de voz más apropiada ante los instigadores masculinos que ante los femeninos. También obtuvieron unas puntuaciones globales de asertividad más elevadas con los instigadores masculinos que con los femeninos. Las puntuaciones de asertividad más elevadas en respuesta a los varones se observaron tanto en las escenas positivas como en las negativas.

Otro método de evaluación de las habilidades sociales ideado para obtener datos seminaturales de forma eficaz y estandarizada, es el uso de un guión preparado. Este método consiste en crear una situación desconocida por el niño (similar a un programa «en directo»), presentándose al niño ciertos estímulos (por ejemplo, preguntas de los colaboradores) que evocan respuestas sociales. Las respuestas del niño pueden ser observadas y puntuadas para determinar los déficits en habilidades sociales.

Wood, Michelson y Flynn (1978) desarrollaron una entrevista preparada, el ***Children's Behavioral Scenario*** (Guión conductual para niños) (CBS), ideada para recabar respuestas asertivas o no asertivas. Un colaborador adulto entrenado entrevistaba a cada niño con preguntas, comentarios, cumplidos y peticiones que representaban algunos de los aspectos de la asertividad. Por ejemplo, a un niño se le hacía una «petición poco razonable», tal como «Me gustaría que, durante los próximos seis meses dedicases todo tu tiempo de recreo a recoger los papeles del suelo de la escuela». Se observaba discretamente la respuesta del niño y se clasificaba como asertiva, agresiva o pasiva. También se diseñaron aspectos de la habitación experimental para que evocaran respuestas asertivas o no asertivas. Por ejemplo, se colocó un pequeño montón de libros en la única silla disponible para que el niño se sentara, y se registraron las apropiadas peticiones del niño para quitar los libros. Las comparaciones del CBS con una medida de autoinforme sobre el comportamiento asertivo y con las valoraciones del maestro mostraron correlaciones estadísticas significativas, aunque moderadas, entre las tres medidas. (En la Muestra C del Apéndice A se proporciona un ejemplo de los procedimientos de administración de la entrevista, guiones y formato de codificación de las respuestas implicados en la realización del CBS.)

Ventajas y limitaciones. Las ventajas de los tests de *role-play* incluyen: 1) flexibilidad en la presentación de un amplio abanico de situaciones potencialmente relevantes que no pueden reproducirse fácilmente en el medio ambiente natural o en el marco clínico; 2) control sobre los lugares, personas y ambientes presentados al niño; y 3) exactitud en el control y medición de los componentes de las habilidades sociales puntuales, tales como la maduración del contacto ocular, la latencia y duración de la respuesta verbal, la longitud de las expresiones, los aspectos cualitativos de la respuesta y las dimensiones no verbales de las habilidades sociales.

Bellack (1979) señala de modo convincente varias limitaciones en la utilización de los tests de *role-play*. Incluidos dentro de estos peligros, se encuentran los problemas de una validez externa adecuada debido a las obvias diferencias entre los tests de *role-play* y las interacciones sociales naturales.

> Los tests de *role-play* están altamente estructurados, exigen facilidad para efectuar respuestas rápidas y breves, y confían en la capacidad del sujeto para rápidamente asumir papeles en una sucesión de interacciones diversas... Por el contrario, las interacciones naturales sólo requieren la representación de un papel, en el que el sujeto queda gradualmente implicado debido a la naturaleza prolongada de la interacción. Estas interacciones también están menos estructuradas y ponen mayor énfasis en la capacidad

para mantener una conversación que en la capacidad para emitir una o dos respuestas discretas (p. 91)

La discusión sobre si los tests de *role-play* están limitados en estos aspectos ha obtenido apoyo a la luz de los recientes hallazgos con adultos. Recientemente, Bellack, Hersen y Lamparski (1979), y Bellack, Hersen y Turner (1978) hallaron poca correspondencia entre un test de *role-play* y una interacción natural que utilizaban situaciones idénticas para instigar los mismos componentes específicos de habilidades sociales.

Otras cuestiones relacionadas tienen que ver con el hecho de si los tests de *role-play* sólo muestran el «conocimiento» de respuestas sociales apropiadas y no de respuestas que el niño emplea a diario. Estas cuestiones implican que si se utiliza un test de *role-play* para establecer los efectos de la enseñanza de las habilidades sociales, también debieran incluirse otras medidas del comportamiento del niño en el medio natural. Por otra parte, se puede decir que la enseñanza ha obtenido «éxito» cuando lo que ha hecho ha sido enseñar a los niños a «actuar» o «interpretar el *role-play*» más que a cambiar sus repertorios conductuales (Beck y cols., 1978).

Existen otras limitaciones psicométricas (véase Cone, 1977) en la utilización de los tests de *role-play* que incluyen la ausencia de datos concernientes a la fiabilidad test-retest; la falta de información en relación a los datos normativos (por ejemplo, cuál es la respuesta normal); el hecho de que las situaciones creadas para los tests de *role-play* hayan sido ideadas más en base a afrontar la validez (por ejemplo, lo que parece razonable a la gente que crea las escenas de *role-play*) que en base a principios científicos; y la brevedad del formato interaccional de los tests de *role-play*, el cual puede ser demasiado restrictivo, irreal o generador de ansiedad, reduciendo así las oportunidades del niño para poner en práctica lo mejor de su capacidad.

Otra limitación de la evaluación a través del *role-play* se refiere a la existencia de la gran variedad de técnicas de *role-play* disponibles. Las diferentes escenas, sexo y edad de los instigadores o colaboradores, y el uso del vídeo *versus* al medio en vivo pueden influir en la respuesta del niño, sesgando potencialmente la información obtenida a través del procedimiento. La calidad y cantidad de elaboración y descripción de escenas (generalmente descritas por un narrador) también puede variar sustancialmente, suscitando inquietudes similares. Por desgracia, hasta el momento, la investigación sistemática que se ha realizado para resolver estas cuestiones ha sido más bien escasa.

Como en los otros métodos de evaluación de las habilidades sociales infantiles, se debiera intentar que los tests de *role-play* fueran socialmente tan válidos como fuera posible. Parece que la mayoría de los tests de *role-play* reflejan el ambiente social por medio de la presentación de situaciones que involucran a adultos y niños, que probablemente ocurrirían en la rutina diaria. Sin embargo, la mayoría de los investigadores no han determinado empíricamente que todas las escenas en sus tests de *role-play* sean válidas socialmente, por lo que no existe garantía de que las escenas representen «trozos de la vida tal como es» o que las escenas y las respuestas requeridas se refieran a áreas importantes para el niño, desde el punto de vista social, del comportamiento. Algunas de las situaciones de *role-play* escogidas para un test puede que rara vez ocurran en la vida de un niño en particular o puede que midan un aspecto del comportamiento social que sea relativamente poco importante para todos los otros miembros del medio social del niño. Un método más apropiado para desarrollar un test de *role-play* ha consistido en utilizar el «modelo analítico de conducta» (véase Goldfried y d'Zurilla, 1969). En este modelo se subraya la validez social como factor principal en la elaboración del test. Y con él, se seleccionan las escenas, situaciones y respuestas en base a si reflejan correctamente el medio social del niño y a si tratan las áreas importantes del comportamiento social de un niño en particular o de un grupo de niños.

Los nuevos esfuerzos de la investigación, que incluyen la validez social en la elaboración de los tests de *role-play*, junto con mejoras en los datos psicométricos con respecto a la validez externa y fiabilidad, deberían incrementar la capacidad de los tests de *role-play* para medir las habilidades sociales infantiles de forma precisa. Sin embargo, llegado a este punto, existen pruebas suficientes, procedentes de la investigación con poblaciones de adultos y poblaciones infantiles, para justificar la precaución en la interpretación de los datos de las evaluaciones de *role-play* y para aconsejar que su uso sea complementado con otras medidas de las habilidades sociales.

Es necesario realizar una breve advertencia respecto al uso precavido de la técnica de la entrevista preparada (por ejemplo, el «Guión conductual para niños»). Además de enfrentarse a muchos de los mismos problemas señalados anteriormente para los tests de *role-play*, las escenas preparadas conllevan aspectos éticos en relación a la investigación con niños. Dado que este método implica cierto engaño al niño (por ejemplo, uso de una escena de «cámara espontánea»), debe seguir ciertas pautas éticas, tales como asegurar que la experiencia no dañará al niño (por ejemplo, causar excesivo estrés, ansiedad...). Se recomienda firmemente que, con posterioridad, se lleven a cabo sesiones de «información» con los niños para explicar y discutir la técnica utilizada y dar respuesta a las preguntas o inquietudes que puedan tener sobre la experiencia; y que se obtenga la aprobación explícita de los padres/tutores para utilizar este tipo de abordaje de evaluación.

Informes de otras personas

Las valoraciones e informes de los compañeros, maestros, padres y personal que son miembros significativos del medio social del niño pueden proporcionar una información útil para la evaluación de las habilidades sociales. La información obtenida de las personas que interactúan regularmente con el niño refleja, por lo general, su opinión sobre lo apropiado del comportamiento social del niño. Por lo tanto, estas personas están en condiciones de indicar qué habilidades sociales son deficientes en unas determinadas situaciones. Estos criterios son útiles para identificar a los niños socialmente incompetentes e impopulares, y seleccionarlos para la enseñanza de las habilidades sociales. Además, como agentes sociales (miembros del medio social del niño) pueden proporcionar una información válida socialmente en lo referente a la efectividad y generalización de la enseñanza (Wolf, 1978). Las evaluaciones de los informes de otras personas comprenden, principalmente, los informes del maestro y las valoraciones y cuestionarios sociométricos (por ejemplo, estatus entre los compañeros). Estos informes y valoraciones pueden también completarse con los de otros agentes sociales, tales como los padres, vecinos y compañeros.

Informes y valoraciones del maestro

Frecuentemente, los informes y valoraciones de los maestros se utilizan en la referencia inicial de los niños problema. Los niños que, en las escalas de valoración de los maestros, son considerados socialmente deficientes, pueden ser seleccionados para una evaluación posterior en varias situaciones (tal como la observación natural). A pesar de la controversia existente en cuanto a la validez externa y corrección de las valoraciones del maestro (por ejemplo, sin preparación, algunos maestros pueden estar predispuestos y proporcionar valoraciones incorrectas sobre el niño), tales procedimientos pueden resultar, a la vez, prácticos y socialmente válidos, dadas las muchas oportunidades que tienen los maestros para observar a los niños.

Descripción de las medidas. Los informes y las escalas de valoración de los maestros abarcan una amplia variedad de medidas estandarizadas y no estandarizadas, que varían considerablemente en formato y complejidad. Por ejemplo, muchos investigadores se han limitado a pedir a los maestros que escogieran a los niños más retraídos socialmente de sus clases (véase Evers y Schwarz, 1973; O'Connor, 1969). En otros estudios, se pidió a los maestros que valoraran a los niños en escalas Likert de 5 o 7 puntos para cada una de las categorías de habilidades sociales (Chittenden, 1942; Gesten, 1976; Jones y Cobb, 1973; Rinn, Mahia, Markle, Barnhart, Owen y Supernick, 1978). Varios estudios emplearon inventarios conductuales que requerían que los maestros evaluaran los comportamientos sociales de los estudiantes observados (Cowen y cols., 1973; Feldhusen, Thurston y Benning, 1970, 1973; Greenwood, Walker y Hops, 1977; Walker, 1970).

Una de las medidas estandarizadas del comportamiento social más ampliamente utilizadas es el *Walker Problem Behavior Inventory Checklist* (Inventario de la conducta problema de Walker) (WPBIC) (Walker, 1970). El WPBIC puede completarse en poco tiempo y consta de una puntuación total y de cinco subtests: Comportamiento manifiesto, Retraimiento, Distracción, Problemas en la relación con los compañeros e Inmadurez. Walker (1970) demostró que el WPBIC podía discriminar entre un grupo de niños con conducta problema y un grupo de niños «normales» no problema. No disponemos de datos más definitivos en relación a la *validez externa* del WPBIC, si bien los estudios de comparación que utilizaban múltiples estrategias de evaluación, incluido el WPBIC, han indicado correlaciones moderadas entre el comportamiento observado y las valoraciones sociométricas (Greenwood, Walker, Todd y Hops, 1976).

Wood y cols. (1978) crearon la *Teacher's Rating of Children's Assertive Behavior Scale* (Escala de conducta asertiva del niño para maestros) (TRCABS), que requería que los maestros contestaran cómo respondería generalmente el niño ante otro niño o ante un adulto en una serie de distintas situaciones sociales (por ejemplo, expresar quejas, cumplidos...). Los autores hallaron que ambas puntuaciones (una para la respuesta ante otro niño y otra para la respuesta ante un adulto) correlacionaban moderadamente con una medida de autoinforme sobre el comportamiento asertivo completada por el niño [véase la *Children's Assertive Behavior Scale* (Escala de conducta asertiva para niños), presentada más adelante en la sección «Medidas de autoinforme»] y con una entrevista preparada sobre el comportamiento («Guión conductual para niños»), llevada a cabo por un adulto colaborador. Si bien esta escala de valoración fue ideada para ser usada con los maestros, parece que se puede extender a otros muchos informantes cualificados del ambiente social del niño, tales como los padres, adultos, amigos y vecinos. [En la Muestra D del Apéndice se presenta una versión modificada del TRCABS titulada *Informant Report of Youth's Behavior: Children's Assertive Behavior Scale* (Informe sobre la conducta de los jóvenes: Escala de la conducta asertiva para niños), junto con los procedimientos de administración y puntuación.]

Otra escala que ha sido ampliamente utilizada con los padres y maestros, y que incorpora varias dimensiones sociales, es el *Peterson-Quay Behavior Problem Checklist* (Inventario de comportamiento problema de Peterson-Quay) (BPC) (Quay y Peterson, 1967). El inventario consta de 55 ítems, a los que el sujeto que responde puntúa 0, 1 o 2, dependiendo del grado con que cada ítem constituye un comportamiento problema del niño. Los criterios son ambiguos, la puntuación 0 significa «nada», el 1 «leve» y el 2 «severo». Mientras que algunos de los ítems describen comportamientos discretos, observables, tal como «pelearse», otros son descripciones de rasgos no definidas operacionalmente, tales como «sentimientos de inferioridad» y «falta de autoconfianza». A pesar de esto, existen considerables pruebas que apoyan la validez del BPC. Esta escala ha sido recientemente revisada, incluyéndose 150 ítems (Quay y Peterson, 1979); la medida revisada cubre áreas que no estaban bien desarrolladas en la versión previa.

Las *Pittsburgh Adjustment Survey Scales* (Escalas Pittsburgh de adaptación) (PASS) son escalas de valoración para maestros que fueron desarrolladas para evaluar el comportamiento social de niños de escuelas primarias, de edades comprendidas entre los 6 y 12 años de edad (Ross, Lacy y Parton, 1965). La versión modificada del PASS fue utilizada por Miller (1972); incluía los 77 ítems del estudio de Ross más otros 3 ítems. También se incluyeron 14 ítems sobre la incapacidad de aprendizaje y 2 ítems de ansiedad. A esta modificación del PASS se le llamó el *Social Behavior Checklist* (Inventario de la conducta social) (SBCL). Se ha demostrado que el SBCL es sensible a los efectos de la enseñanza para mejorar el autocontrol en los chicos de segundo grado (Camp, Blom, Herbert y van Doornick, 1977), por lo que podría ser un recurso apropiado para la evaluación de la enseñanza de las habilidades sociales. Los ítems también especifican el comportamiento de forma más clara que el BPC y, a veces, indican los antecedentes específicos o los factores situacionales, así como las respuestas. Si este recurso es lo bastante sensible como para controlar los progresos realizados es una cuestión empírica todavía sin respuesta.

La mayoría de las escalas de valoración para maestros que existen están orientadas hacia el problema y, por lo tanto, proporcionan poca información respecto a la naturaleza del comportamiento social del niño. Una excepción a esto lo constituye la *Social Competence Scale* (Escala de competencia social) (SCS) (Kohn, 1977; Kohn y Rosman, 1972). Existen dos formas de SCS, una para utilizarla en programas preescolares de jornada completa (73 ítems), y la otra para programas de media jornada o de jardín de infancia (64 ítems). Los ítems se idearon para recoger tanto los comportamientos *adaptativos* como los problemas, así como para describir respuestas específicas, definidas conductualmente. Aunque en un principio fue diseñada para utilizarla en preescolares, también puede ser útil en niños mayores: en un estudio se encontró que las puntuaciones en uno de los dos factores hacían diferenciaciones entre los niveles cuarto, quinto y sexto que «gustaban o desagradaban», seleccionados a través de un recurso sociométrico (Foster y Ritchey, 1982).

Otras escalas de valoración para maestros para evaluar el comportamiento social infantil comprenden la AML (Cowen, Dorr, Clarfield, Kreling, McWilliams, Pokracki, Pratt, Terrell y Wilson, 1973); el *Health Resources Inventory* (Inventario de recursos de salud) (Gesten, 1976); el *Teacher Referral Form* (Formulario de decisión del maestro) (Clarfield, 1974); y la escala de valoración para maestros de 17 ítems utilizada por Cowen y cols. (1973). Estas escalas se han creado para utilizarlas únicamente en los primeros cursos. En relación con las habilidades sociales infantiles, se pueden obtener otros inventarios para maestros en otras fuentes: Greenwood, Walker y Hops (1979); The Ohio State University Research Foundation (1979); Reardon y cols. (1978); y Stephens (1978). Otras recopilaciones y referencias globales de escalas de medición de la competencia social en niños y adolescentes comprenden las *Measures of Social Skills* (Medidas de habilidades sociales) (Henrigues, 1977) y la *Survey of Behavior Rating Scales for Children* (Medición de las escalas de valoración conductual para niños) de Rie y Friedman (1978).

Ventajas y limitaciones. Los informes y valoraciones de los maestros tienen la ventaja práctica, sobre la mayoría de las técnicas de evaluación, de ser fácilmente aplicables. Esto facilita el punto inicial para identificar a los niños socialmente incompetentes, que se puede, entonces, acompañar por una evaluación más precisa de los específicos deficits de habilidades de estos niños. Con frecuencia, esta ventaja práctica es preponderante sobre algunos de los defectos de otras fuentes de información.

Los informes de los maestros y de otros informadores tienen, por otra parte, incorporada una ventaja con respecto a la validez social, puesto que representan las valoraciones de los miembros del medio social del niño. Los informantes son, en efecto, «espectadores» de las habilidades sociales del niño, y los informes sobre el modo en que consideran su comportamiento social suministran una importante información. Dado que uno de los objetivos de la enseñanza de las habilidades sociales es mejorar el comportamiento social del niño con tales «informantes», se debería, entonces, tomar en consideración la opinión de éstos para determinar si un niño tiene habilidades sociales adecuadas en todas las áreas, y si las habilidades sociales del niño han mejorado o no después de la enseñanza.

Pero, por desgracia, los informes para maestros tienen aún muchos defectos. En primer lugar, cuando los adultos juzgan el comportamiento social infantil pueden darse valoraciones inconsecuentes y variables. Por ejemplo, Reardon y cols. (1979) sugieren que la corrección de las valoraciones del maestro depende de las oportunidades que el maestro tiene para observar los comportamientos particulares de interés. Otros factores que pueden influir en las valoraciones del adulto son las características de solicitud (por ejemplo, intentar agradar a la persona que hace todas las preguntas), predisposiciones personales, expectativas, comprensión del comportamiento a evaluar, clase de respuesta (por ejemplo, respuestas como «todo bueno» o «todo malo») y falta de atención. Sin embargo, con una preparación apropiada de los informadores en la valoración de las habilidades sociales infantiles se pueden resolver muchos de estos problemas.

Una controversia afín se refiere a la corrección y utilidad funcional de las valoraciones de los maestros. Por ejemplo, Greenwood y cols. (1976) afirman que las valoraciones de maestros son medidas correctas del comportamiento social infantil. Por su parte, Rinn y Markle (1979) concluyen que no ha sido demostrada la utilidad de las valoraciones de maestros sobre las habilidades sociales infantiles. Por ejemplo, los maestros sin experiencia tienden a sobrevalorar la maladaptación (Clarfield, 1974). Aunque por lo menos un estudio (Stewart, 1949) indica que los maestros pueden, de hecho, distinguir entre los problemas escolares y los problemas de la «vida en general», sus opiniones parecen estar afectadas por variables tales como el sexo del niño (los niños tienen mayores probabilidades de ser identificados como maladaptados que las niñas), el sexo del maestro, la edad y curso del niño y el estatus socioeconómico (Beilin, 1959).

Otra limitación de los informes de otras personas es que muchos instrumentos abarcan una amplia serie de ítems que puede que no identifiquen déficits o excesos sociales específicos en situaciones específicas. Además, puede que estos instrumentos no sean muy sensibles a los cambios que resultan de la enseñanza si los programas de enseñanza se centran en una serie muy restringida o en un grupo específico de comportamientos de habilidades sociales.

Los hallazgos anteriormente citados no invalidan necesariamente las valoraciones de los maestros sobre la adaptación social infantil. Sin embargo, señalan que variables situacionales y de interacción influyen en las valoraciones sobre la competencia social. El comportamiento que los maestros consideran incompetente o maladaptativo en un nivel escolar, puede ser eficaz socialmente en otro nivel escolar. Para minimizar la influencia de factores extraños, las escalas de valoración deberían ser objetivas y deberían especificar de forma clara los comportamientos asociados con la incompetencia social. Los que interpretan los datos también debieran recordar que las respuestas sólo indican las percepciones del adulto sobre el comportamiento del niño, percepciones que pueden o no corresponder al comportamiento actual del niño en situaciones sociales.

Evaluaciones y cuestionarios sociométricos

Los procedimientos sociométricos implican, generalmente, la evaluación o clasificación de los compañeros del prestigio, popularidad o competencia social. Por ejemplo, los estudiantes de una clase pueden valorarse unos a otros de acuerdo a lo que se agradan o desagradan. Tal información proporciona un método de selección de niños populares e impopulares.

Descripción de las medidas. La nominación de compañeros o el método de clasificación parcial es un procedimiento sociométrico común utilizado en los estudios de las relaciones de los niños con los compañeros. Este método requiere que los niños escojan un número determinado de compañeros para unos objetivos específicos, tales como jugar, o como compañeros de mesa o mejores amigos. La puntuación de un niño consiste en el número de propuestas recibidas. Esta técnica ha sido utilizada con criterios tanto positivos (por ejemplo, «nombra tres compañeros de clase que te gusten de forma especial») como negativos (por ejemplo, «nombra tres compañeros de clase que no te gusten mucho») (véase Hymel y Asher, 1977).

No obstante, si se proporciona una lista completa de la clase se consigue que las nominaciones estén menos afectadas por la memoria (Asher, Singleton, Tinsley y Hymel, 1977). Otra variación, la sociometría del tablero de fotografías, creada por Marshall y McCandless (1957), resulta útil en niños en nivel de prelectura. Se pegan en un póster las fotografías de los compañeros y se enseña el póster a cada niño. Entonces, el niño señala su propuesta para cada categoría. Se han encontrado relaciones significativas entre las valoraciones de los «amigos íntimos» y las frecuencias observadas de interacción con los compañeros en «juego asociativo» y «aproximación amistosa». Además, las valoraciones del maestro sobre el grado de amistad correlacionaron significativamente con la técnica del tablero de fotografías (Marshall y McCandless, 1957).

Se puede mejorar la fiabilidad a través de la utilización de la técnica de comparación de parejas, en la que el niño hace sus elecciones de *todos* los compañeros de clase, presentados aleatoriamente. Cohen y cols. (1973) insistieron en que los niños nominaran a uno o más compañeros para cada uno de los 20 papeles, 10 positivos y 10 negativos, en un hipotético juego de clase. Cowen y de Van Tassel (1978) utilizaron fotografías de todos los compañeros de la clase aparejadas aleatoriamente con la fotografía del sujeto para obtener clasificaciones de todos los niños y evitar problemas de descuidos y errores. La principal desventaja de este procedimiento es la duración del tiempo de administración.

Otro método para determinar el estatus de los compañeros utilizaba una escala de evaluación, más que un procedimiento de categorización o de nominación de compañeros. Cada niño es valorado en una escala de 3, 5 o 7 puntos por algunos o todos los compañeros, en relación a preguntas o situaciones específicas (por ejemplo, «¿Cuánto te gusta esta persona?»; «¿Es este niño el que manda en los juegos?»). Un instrumento que combina las técnicas de nominación y de escala de evaluación es el *Pupil Evaluation Inventory* (Inventario de evaluación del alumno) (Pekarik, Prinz, Liebert, Weintraub y Neale, 1976). Con este inventario, cada niño valora a cada compañero de clase según 35 ítems. Los nombres de los compañeros de clase están puestos horizontalmente en una lista, y el evaluador coloca una «X» bajo el nombre de cada niño que cumple la descripción del ítem (por ejemplo, «es simpático»). [La Muestra E del Apéndice contiene parte del

Social Skills Sociometric Questionnaire (Cuestionario sociométrico de habilidades sociales), junto con los procedimientos de administración y puntuación.] Este instrumento utiliza una escala de tres puntos, basada en 1) si el niño no cae bien, 2) no gusta del todo o desagrada o 3) cae bien. Cada niño es evaluado independientemente por los otros niños para determinar lo bien o lo mal que cae dentro del grupo.

Ventajas y limitaciones. Los procedimientos sociométricos, que han sido utilizados de forma extensa en la investigación de la psicología del desarrollo y social, son una adquisición relativamente nueva en la evaluación conductual (Beck y cols., 1978; Drabman, Spitalnik y Spitalnik, 1974). La evaluación sociométrica proporciona una medida del estatus social del niño, de la que los niños con un estatus bajo entre los compañeros pueden ser identificados y seleccionados para una evaluación posterior (Foster y Ritchey, 1979; Marshall y McCandless, 1957). Gottman (1977) y Gottman, Gonso y Rasmussen (1975) sugieren que una baja proporción de interacción social no es necesariamente desadaptativa, mientras que la *baja aceptación social*, medida a través de las elecciones de los compañeros, parece ser un factor más importante. Se ha demostrado que las medidas sociométricas correlacionan moderadamente con algunas medidas de competencia social (Feldhusen y cols., 1970, 1973; Greenwood, Walker, Todd y Hops, 1977), predicen la delincuencia (Kohn, 1977; Roff y Hasazi, 1977) y la adaptación problemática en la vida adulta (Cowen y cols., 1973; Stengel, 1971).

Una de las principales ventajas de las medidas sociométricas es su conexión inherente con la validez social. Como en los «informes de otras personas», descritos anteriormente, las técnicas sociométricas recogen las opiniones de miembros importantes, quizá los más importantes, del medio ambiente social del niño: los compañeros, con los que el niño debe interactuar a diario. Estos compañeros también son «espectadores» de las habilidades sociales del niño y sus opiniones sobre la forma en que éste se comporta socialmente debieran tenerse en cuenta. Si un niño no cae bien a la mayoría de los compañeros, puede estar indicando importantes deficiencias sociales. De igual modo, si después de la enseñanza de habilidades sociales el niño agrada más a la mayoría de los compañeros, esto confirmaría la efectividad de la enseñanza.

Es preciso advertir que para mantener y generalizar los resultados de la enseñanza a otros marcos, situaciones o personas, los comportamientos enseñados deben ser reforzados. Puesto que una de las fuentes principales de reforzamientos para el niño es la respuesta de los compañeros, es importante que los comportamientos sociales enseñados sean aquellos que los compañeros reforzarán (por ejemplo, por medio de elogios, sonrisas o mantener una conversación en lugar de alejarse). Si los comportamientos enseñados no son importantes para los compañeros del niño, se producirá poco cambio en la valoración sociométrica y puede que el comportamiento enseñado desaparezca una vez el niño vuelva a su medio social habitual.

Las limitaciones de las técnicas sociométricas incluyen la falta de fiabilidad demostrada en niños muy pequeños (por ejemplo, sus valoraciones de quién les gusta o desagrada pueden variar de un día a otro) y procedimientos que son poco prácticos e incómodos para la evaluación diaria del estatus entre los compañeros (por ejemplo, clasificar las fotografías de todos los compañeros de la clase en un gran tablero). Además, las técnicas sociométricas no siempre proporcionan información que defina los déficits y/o excesos conductuales *específicos* que el niño pueda manifestar. No se sabe muy bien *por qué* un niño en particular agrada o desagrada, o qué comportamientos necesitan ser cambiados y en qué grado. Cuando se utilizan las medidas sociométricas para evaluar la efectividad de la enseñanza, suelen adolecer de sensibilidad debida al lapso de tiempo existente entre la realización apropiada de los comportamientos enseñados y los cambios en las opiniones de los compañeros sobre el niño. Un niño puede empezar a mostrar las habilidades sociales recientemente enseñadas, pero puede que los compañeros no cambien sus opiniones sobre él inmediatamente y que se requiera tiempo antes de que modifiquen sus impresiones sobre el niño.

Medidas de autoinforme

Las medidas de autoinforme pueden proporcionar información en relación al conocimiento de habilidades sociales, percepción social y autopercepción de las habilidades interpersonales. A fin de evaluar una gran cantidad de niños para determinar los niveles de comportamiento social, puede resultar más eficaz emplear inventarios o cuestionarios de autoinforme que evaluar a los sujetos uno a uno. Generalmente, esta técnica de evaluación consiste en la obtención de la respuesta del niño ante una variedad de situaciones sociales presentadas en un test de lápiz y papel. Si bien las medidas de autoinforme representan unos métodos de recogida de datos prácticos, cuantificables y económicos sobre la forma en que los niños perciben e informan sobre su comportamiento social, la subjetividad de las respuestas de autoinforme junto con la demostrada falta de validez externa han dado como resultado una limitación en su desarrollo y uso.

Descripción de las medidas. Los primeros inventarios de autoinforme generalmente eran versiones modificadas de inventarios para adultos que se centraban en el comportamiento asertivo, un subgrupo de las habilidades sociales. Por ejemplo, se simplificó la *Rathus Assertiveness Scale* (Escala de asertividad de Rathus) (Rathus, 1973) y se hicieron modificaciones apropiadas del lenguaje para utilizarla en estudiantes de escuela superior (Vaal y McCullogh, 1975) y primaria (D'Amico, 1976). Sin embargo, no se verificaron la fiabilidad y validez externa, y no se ha informado de un desarrollo o uso posterior de estos instrumentos en niños (Wood y cols., 1978).

Reardon y cols. (1979) crearon el *Self-Report Assertiveness Test for Boys* (Test de autoinforme sobre la asertividad para niños) (SRAT-B) para medir el comportamiento asertivo en niños varones. Se pedía a los niños que examinaran respuestas alternativas a varias situaciones que requerían asertividad positiva o negativa, respuestas que pudieran ser utilizadas en las situaciones de la vida real. Sin embargo, Reardon y cols. (1979) no hallaron pruebas que apoyaran la validez externa de este recurso.

Recientemente, Deluty (1979) informó sobre la creación y evaluación de la *Children's Action Tendency Scale* (Escala de tendencia a la acción para niños) (CATS), una medida de autoinforme sobre la agresividad, asertividad y sumisión. El propósito de la escala es medir conflictos interpersonales en situaciones específicas, más que rasgos de asertividad. Las limitaciones de la escala comprenden la ausencia de validación externa, como comparaciones con observaciones conductuales, y una cantidad limitada de situaciones interpersonales. La escala promete y debiera tenerse en cuenta para una mayor investigación clínica antes de su difusión.

Wood y cols. (1978) crearon la «Escala de comportamiento asertivo para niños» para medir el comportamiento asertivo y no asertivo en niños. Las categorías de ítems consistían en áreas de contenido asertivo que versaban sobre una variedad de situaciones y comportamientos tales como dar y recibir cumplidos, quejas, empatía, demandas, rechazos e iniciar, mantener y terminar conversaciones. Las categorías de respuesta para los 27 ítems del CABS variaban a lo largo de un continuum de respuestas pasivas-asertivas-agresivas. Para cada ítem se presentaban cinco posibles respuestas en desorden; éstas comprendían las categorías pasivo, muy pasivo, asertivo, agresivo y muy agresivo. Los sujetos seleccionaban la respuesta que mejor representaba las percepciones de su comportamiento para una situación específica. De la escala resultan puntuaciones separadas de pasividad (PACABS) y agresividad (AGCABS). Estas dos puntuaciones representan la gravedad y direccionalidad de las respuestas no asertivas del niño. Esto proporciona información sobre si el niño es deficiente en respuestas asertivas debido a los comportamientos sociales pasivos o agresivos.

Wood y cols. (1978) y Michelson, Andrasik, Vucelic y Coleman (1981) investigaron las propiedades psicométricas del CABS. Wood y cols. (1978) administraron el CABS a 149 estudiantes de cuarto curso de Florida. Se compararon las puntuaciones en el CABS con las observaciones conductuales y las valoraciones de los maestros en el TRCABS. Las observaciones conductuales mostraron correlaciones significativas, aunque moderadas, con la puntuación total del CABS. Las valoraciones de los maestros mostraron correlaciones significativas, aunque variables, y la fiabilidad test-retest durante un período de 6 semanas fue moderadamente elevada (por ejemplo, $r = .87$).

Michelson, Andrasik y Coleman (1981) compararon las respuestas del CABS con varios tipos de valoraciones de los compañeros, padres y maestros sobre la competencia social, popularidad y habilidades sociales en general. Los niños con puntuaciones no asertivas *versus* asertivas en el CABS fueron identificados de forma diferente en las valoraciones de los compañeros, maestro y padres sobre las habilidades sociales. Michelson y Wood (1980) hallaron que el CABS era sensible a los efectos del tratamiento y que podía diferenciar correctamente los niños que habían recibido una preparación en habilidades sociales de un grupo control. Por otra parte, los maestros que eran «ciegos» a las condiciones del tratamiento, utilizando la versión del CABS para maestros (TRCABS), valoraron a los niños del grupo de enseñanza de habilidades sociales como más competentes socialmente. Recientemente, Michelson y Wood (1982) aportaron gran cantidad de datos sobre la fiabilidad y validez del CABS que indican que el instrumento parece fiable y válido. (En la Muestra F del Apéndice se ofrece un ejemplo de un inventario de autoinforme sobre el comportamiento social que puede ser contestado por los niños. Se apuntan los procedimientos de administración y puntuación de la «Escala de comportamiento asertivo» junto con una muestra de una tabla resumen de los resultados para su interpretación.)

Ventajas y limitaciones. Las técnicas de evaluación de autoinforme tienen la ventaja de que pueden ser administradas a grupos de niños con facilidad. También proporcionan información sobre las áreas en que los niños muestran un deficiente conocimiento sobre las habilidades sociales. Algunos instrumentos, pueden, además, sugerir la naturaleza de las respuestas inapropiadas del niño (por ejemplo, pasivas *versus* agresivas). Esta información puede ayudar en el desarrollo y diseño del abordaje de la enseñanza. Por ejemplo, si un grupo de niños o adolescentes presentaran muchas habilidades sociales agresivas inapropiadas, se podría modificar la enseñanza para acentuar las respuestas más apropiadas socialmente y sustituir las respuestas agresivas. Además, algunas técnicas de autoinforme son sensibles a las intervenciones de la enseñanza de las habilidades sociales (por ejemplo, diferencias entre el pre y postratamiento) (véase Michelson y Wood, 1980a) y pueden resultar útiles en la evaluación de la efectividad de la enseñanza.

Los estudios previos que examinan las medidas de autoinforme de las habilidades sociales infantiles comparten una limitación similar. No se ha comparado ninguno de los inventarios con las observaciones naturales para determinar si lo que los niños dicen que hacen corresponde con lo que en verdad hacen. Una desventaja afín de los inventarios de autoinforme es que confían mucho en la capacidad del niño para responder correcta y objetivamente sobre su propio comportamiento. Puede ocurrir que los niños contesten de una forma que crean que agradará al examinador o que indique más como desearían haberse comportado que cómo se comportaron realmente. Por lo tanto, puede que los inventarios de autoinforme no reflejen correctamente el modo en que se comporta el niño en la vida cotidiana; proporcionan información del conocimiento del niño acerca de las habilidades sociales y si el niño conoce las respuestas correctas. Llegado a este punto, es más sensato dar por sentado que los inventarios pueden no reflejar el comportamiento real y asumir que, por lo menos, son medidas del conocimiento de los niños sobre las respuestas sociales correctas.

La lectura errónea, las malas interpretaciones, la indiferencia y los factores ambientales externos pueden arruinar una correcta evaluación. Factores que incluyen la condescendencia del niño, la manera de contestar, el recordar, la distorsión y la ansiedad juegan también un destacado papel en la valoración errónea de los resultados de la medición. Del mismo modo, los procedimientos de puntuación y las técnicas de adición pueden influir en los resultados del test. Concretamente refiriéndose a los niños, estos problemas pueden estar incrementados debido a las dificultades de lectura y comprensión. Además, factores del desarrollo pueden influir en la exactitud con que los niños pueden observar y verbalizar las dimensiones más destacadas de sus propios comportamientos. Resulta igualmente obvio que los instrumentos de autoinforme por escrito no son adecuados para el niño que se halla en un nivel de prelectura.

En resumen, si bien las medidas de autoinforme proporcionan una importante información en relación al contenido del conocimiento y percepción social, están sujetas a limitaciones. Por lo tanto, las técnicas de autoinforme se utilizan preferentemente como parte integrante de una batería de evaluación más global. Si se emplean al mismo tiempo las técnicas de autoinforme con otras técnicas de evaluación, se puede obtener información sobre la competencia social del niño a lo largo de múltiples dimensiones, situaciones y procedencias.

Evaluación global

Para medir las habilidades sociales infantiles de forma eficaz se pueden utilizar combinaciones de las diversas estrategias de evaluación de forma global. Puesto que las técnicas de evaluación varían en fiabilidad, validez, complejidad, practicabilidad e información proporcionada, la evaluación múltiple tiene en consideración las ventajas e inconvenientes de las diversas medidas relativas a las distintas funciones del proceso de evaluación. Éstas incluyen la identificación y selección de los niños con déficits de habilidades sociales, la definición del problema, el control de los progresos, los resultados del tratamiento y el seguimiento (Cone y Hawkins, 1977).

El propósito principal de la selección es identificar a los niños que muestren déficits de habilidades sociales. A nivel de investigación, la evaluación es general e intenta valorar a todos los niños. Dos técnicas especialmente aplicables en la selección son los informes de otras personas y los cuestionarios sociométricos. Estas técnicas pueden proporcionar una información general sobre si el niño no está cualificado socialmente o es impopular, según la opinión de los agentes relevantes en su medio social. Los niños identificados a través del proceso de selección pueden ser evaluados posteriormente para determinar si deberían ser seleccionados para la enseñanza de las habilidades sociales. El proceso de selección puede completarse con la administración de autoinformes y con un amplio análisis de los resultados de los informes de otras personas y de los instrumentos de autoinforme.

Los comportamientos sociales problemáticos pueden identificarse con la mayoría de las técnicas de evaluación, a excepción de los cuestionarios sociométricos. La técnica más comúnmente utilizada a este nivel de evaluación ha sido la observación directa, tanto en ambientes naturales como simulados. La observación natural puede indicar con toda precisión cómo se producen las situaciones y los comportamientos problema específicos. La observación de situaciones simuladas puede suministrar información similar, si bien de forma no tan exacta, y permite fácilmente comparaciones estandarizadas entre sujetos. Aunque limitados por el número y contenido de los ítems, los autoinformes y los informes de otras personas pueden proporcionar información específica sobre la naturaleza de los recursos y déficits del comportamiento social. En todo caso, la observación obtenida a este nivel de evaluación debiera definir los comportamientos que van a ser objeto de tratamiento. Esta información puede utilizarse en el diseño de cualquier programa de enseñanza que modifique y modele mejor las habilidades sociales deseadas.

Para evaluar la efectividad de cualquier programa de enseñanza es esencial tener un nivel basal de preenseñanza que pueda compararse con el nivel de posenseñanza. Además, las medidas recogidas durante el tratamiento pueden ir proporcionando información continuada que vaya indicando la efectividad. La mayoría de las técnicas de evaluación son apropiadas como medidas de evaluación de la pre y posenseñanza, si bien algunas son mejores que otras. Los cuestionarios sociométricos, por ejemplo, dan una estimación del cambio en la opinión de los compañeros del niño, pero puede que ésta no sea lo suficientemente sensible (debido al lapso de tiempo) como para reflejar los efectos de la enseñanza. Sin embargo, puede proporcionar una buena prueba de la validez social de los efectos del tratamiento. Los tests de *role-play* puede que no siempre proporcionen una buena indicación del cambio en el comportamiento del niño, especialmente cuando los procedimientos del *role-play* forman parte de la enseñanza. De esta forma, las mejores puntuaciones en los tests de *role-play* puede que sólo indiquen que el niño ha aprendido a hacer el *role-play* mejor, no a comportarse de forma diferente en las interacciones sociales diarias. Igualmente, los inventarios de autoinforme tienen sus propias limitaciones por cuanto confían demasiado en el informe escrito del niño, el cual puede no corresponder con el comportamiento real. A lo largo de la enseñanza, puede que los niños hayan aumentado su conocimiento sobre los componentes de las habilidades sociales sin haber mejorado, necesariamente, su comportamiento.

Los informes de otras personas tienen la ventaja práctica de ser fáciles de administrar a grandes grupos, si bien también son susceptibles a las predisposiciones y expectativas de los informantes. Por lo tanto, los informes de otras personas y la observación natural parecen poseer el mejor potencial para ofrecer datos correctos y relevantes respecto a la pre y posenseñanza, con el complemento tanto de las medidas de autoinforme como de las medidas sociométricas.

Ilustración

Investigadores del Centro de Investigación de Educación Conductual de Disminuidos de Oregón (Center at Oregon for Research in the Behavioral Education of the Handicapped: CORBEH) han creado una batería de evaluación global utilizando una aproximación multipropósito-multimétodo para medir el comportamiento social de niños preescolares (Greenwood y cols., 1976, 1977; Hops y Greenwood, 1980; Hops, Walker y Greenwood, 1979; Walker y Hops, 1976). Esta batería de evaluación se llama *Social Assessment Manual for Preschool Level* (Manual de evaluación social para el nivel preescolar) (SAMPLE) y ha sido utilizada, principalmente, para evaluar el «retraimiento social» en situaciones de clase.

Se utilizaron tres tipos de estrategias de evaluación en la batería del SAMPLE: 1) observación natural de la proporción de interacciones sociales del niño y contacto con los compañeros; 2) clasificaciones del maestro sobre la frecuencia de interacción y valoraciones sobre la adaptación social y popularidad; y 3) propuestas de aceptación y rechazo en el tablero de fotografías de los compañeros. Estas estrategias de evaluación se organizaron y llevaron a cabo en cuatro fases. En primer lugar, el maestro de la clase clasificaba la frecuencia de interacción de todos los alumnos de la clase. La probabilidad de un niño de obtener la puntuación más baja de la clase en cinco clasificaciones de maestros era de .77 aproximadamente (Greenwood y cols., 1976). Además, de todos los niños se obtuvieron las nominaciones sociométricas del tablero de fotografías de los compañeros para identificar a los individuos con niveles de baja aceptación o de elevado rechazo.

En la segunda etapa, los cinco niños clasificados por los maestros con la puntuación más baja fueron evaluados cuidadosamente por medio de un procedimiento de observación que, aunque más costoso, era más global. La evaluación en la segunda fase sirvió para verificar la exactitud de los juicios de los maestros en relación al comportamiento social de los niños identificados y para identificar y definir varios parámetros de las conductas básicas de las habilidades sociales (tales como baja proporción de «iniciativas» y proporción de «correspondencia a las iniciativas de los demás»).

La tercera etapa, relacionada con el control de los progresos durante el tratamiento, utilizó observaciones naturales con comparaciones estandarizadas. Se compararon las puntuaciones deducidas de los datos de las observaciones con una tabla de datos obtenida de extensas observaciones de niños preescolares. Estas comparaciones facilitaron la posterior selección de los niños identificados como socialmente deficientes; se consideró que sólo eran apropiados para el tratamiento aquellos niños cuyas puntuaciones se hallaban 1.5 desviación estándar por debajo de los baremos apropiados para su edad y sexo. Los datos de la observación de estos niños también proporcionaron un nivel basal pretratamiento. Las observaciones continuas durante la enseñanza suministraron el control de los progresos del individuo y la eficacia del tratamiento.

La fase final sirvió para determinar los resultados del tratamiento, realizando comparaciones de todas las medidas pre y postratamiento. Este paso, a su vez, pudo utilizarse para identificar comportamientos adicionales con el objetivo de ser tratados posteriormente. La evaluación de seguimiento también utilizó el mismo abordaje. Se examinaron globalmente la eficacia y el mantenimiento del tratamiento en función de cambios en las proporciones de interacción y contactos con los compañeros, aceptación y rechazo entre los compañeros, y de las valoraciones de los maestros sobre la competencia social y popularidad.

Este ejemplo de estrategia de evaluación global demuestra cómo pueden combinarse eficazmente varias técnicas de evaluación para medir las habilidades sociales infantiles. Teniendo en cuenta las ventajas y limitaciones de cada técnica de evaluación, es posible diseñar una batería completa de procedimientos que se complementen unos a otros y proporcionen una información de selección inicial, definan los recursos y déficits sociales específicos y evalúen la marcha y el éxito de los resultados de la enseñanza. Sin embargo, es necesario considerar aspectos pragmáticos (por ejemplo, tiempo requerido, gastos, número de personal involucrado...) del uso de este intensivo abordaje para asegurar que toda la estrategia de evaluación será factible dados los recursos disponibles.

Conclusiones

Una vez familiarizados con cada tipo de evaluación y de haber comprendido las ventajas e inconvenientes de cada una, las personas involucradas en el proyecto de enseñanza de las habilidades sociales deberían decidir qué técnicas de evaluación van a utilizar. Dos factores principales a tener en cuenta son la practicabilidad de una técnica y el tipo de información que se desea obtener de la evaluación. Puede que algunas técnicas no sean factibles debido a la limitación de recursos. Por ejemplo, es posible que el tipo de información deseada se centre en el comportamiento del niño en marcos naturales (por ejemplo, en la clase, el recreo, las comidas). Los dos tipos de técnicas de evaluación que se acercan más a la medición de los comportamientos sociales en estos marcos son la observación natural y el informe de otras personas. Puede que los educadores deseen observar a los niños directamente durante el día, pero que carezcan de tiempo o personal para registrar los comportamientos de forma correcta. Por lo tanto, los educadores pueden escoger la técnica de los informes de otras personas y utilizar los agentes sociales disponibles, tales como maestros, compañeros y miembros del personal. Sin embago, si se dispusiera de recursos adecuados, los educadores deberían utilizar múltiples técnicas de evaluación concurrentes o estrategias de evaluación globales.

Considerando el estado actual de la evaluación de las habilidades sociales infantiles, parece claro que no se ha demostrado que ningún abordaje sea *el* mejor método. Cada uno tiene sus ventajas, que van acompañadas de sus respectivas limitaciones que restringen su aprobación incondicional. Esto no significa que no exista la manera de medir las habilidades sociales de forma correcta o que se debiera evitar el procedimiento de evaluación entero. El argumento fundamental es que cualquiera de los métodos de evaluación aquí descritos puede ser muy útil; la única forma de equivocarse es no hacer ninguna evaluación. Estas medidas de evaluación, incluso con sus limitaciones, pueden mejorar mucho la investigación y selección de niños socialmente deficientes, pueden definir y describir qué habilidades sociales son necesarias, ayudar en el diseño de la enseñanza de las habilidades sociales para satisfacer estas necesidades, y evaluar si la enseñanza fue efectiva.

(Se anima al lector a que utilice la información presentada en este capítulo y los materiales referidos en el Apéndice para crear una estrategia de evaluación apropiada que se pueda llevar a cabo junto con el programa de enseñanza de la competencia social.)

Capítulo 3

Métodos de enseñanza de las habilidades sociales

Se han utilizado muchos procedimientos de enseñanza para desarrollar las habilidades sociales infantiles. El objetivo común de los métodos alternativos es enseñar comportamientos específicos relacionados con la interacción social. Las habilidades que se enseñan varían en función de las características del niño, que incluyen los problemas específicos que plantea, la edad y las situaciones sociales. La enseñanza se ha aplicado a niños con diversos tipos de problemas, incluyendo el aislamiento social, la falta de asertividad y el comportamiento agresivo.

Las técnicas ideadas para desarrollar las habilidades sociales se adhieren, típicamente, a uno de los dos modelos generales. El primer modelo considera los problemas de habilidades sociales como una prueba de *déficits* de habilidades. La noción de déficit se basa en la suposición de que los niños no tienen en sus repertorios de respuesta las habilidades requeridas para interactuar bien con los demás. Esta perspectiva explicaría el comportamiento de un niño retraído como una deficiencia de habilidades para iniciar interacciones con los compañeros. Un niño agresivo sería descrito como carente de las habilidades de persuasión verbales para lograr lo que quiere. El objetivo de la enseñanza consistiría en crear las habilidades requeridas para superar el comportamiento social problema.

El segundo modelo se basa en la perspectiva de que los niños poseen las habilidades requeridas pero experimentan unos estados o procesos emocionales, afectivos o cognitivos opuestos que interfieren en la expresión de sus capacidades. Los niños conocen las respuestas apropiadas pero están, de alguna forma, inhibidos o impedidos para llevarlas a cabo. La ansiedad es el estado que se considera que compite habitualmente con la manifestación de las habilidades sociales. Este modelo atribuiría la evitación de un niño a interactuar con los demás a la ansiedad interpersonal. Si se puede superar la ansiedad a través de una familiarización con la situación o de la desensibilización sistemática, probablemente aparecerán estas habilidades. Otro ejemplo: el comportamiento de niños agresivos podría explicarse como un fracaso para empatizar con el estado emocional de sus víctimas.

Los enfoques según los cuales los problemas de habilidades sociales son debidos a déficits de habilidades o a la interferencia de estados emocionales o cognitivos no son, necesariamente, incompatibles. Tanto la ausencia de habilidades concretas como la presencia de estados emocionales competidores pueden darse de forma concurrente. En efecto, es bastante probable que determinados déficits precipiten la ansiedad social, la cual, a su vez, puede inhibir el comportamiento. No obstante, se ha adoptado el modelo de déficits de habilidades como base para desarrollar técnicas de tratamiento. No está del todo claro si los beneficios de la enseñanza de las habilidades sociales proceden exclusiva o principalmente del desarrollo de habilidades específicas donde previamente existían déficits o de la superación de las inhibiciones. En el tratamiento de los adultos se ha utilizado la enseñanza directa de las habilidades para superar la ansiedad e inhibiciones en casos tales como fobias y trastornos obsesivo-compulsivos (Emmelkamp, 1979; Rachman y Hodgson, 1980). De esta forma, el desarrollo de repertorios de respuesta específicos puede superar tanto las inhibiciones como los déficits de respuesta específicos.

En este capítulo se habla de varias de las técnicas utilizadas comúnmente en el desarrollo de las habilidades sociales infantiles. Además del material que aquí se presenta, se ha revisado, recurriendo a varias fuentes, la investigación relacionada con la eficacia de estas estrategias (por ejemplo, Conger y Keane, 1981; Combs y Slaby, 1977; Michelson y Wood, 1978; Rinn y Markle, 1979; Van Hasselt y cols., 1979).

Métodos de enseñanza alternativos

De forma efectiva, se han utilizado muchas y diferentes estrategias para desarrollar las habilidades sociales. Las técnicas pueden emplearse individualmente o en combinación. A fin de clarificar los procedimientos, en primer lugar se discutirán las aplicaciones de las técnicas individuales. Después, se describen formas de combinación de los métodos en «paquetes» de enseñanza de las habilidades sociales.

Imitación

Definición y ejemplos. La imitación consiste en exponer al niño a ejemplificadores (modelos) en vivo o filmados, que realicen los comportamientos requeridos. Se alude al uso de modelos como aprendizaje observacional o vicario, puesto que el cliente aprende a través de la observación de un modelo más que implicándose directa o abiertamente en las respuestas (Bandura, 1969, 1973; Bandura y Waters, 1963; Rosenthal y Bandura, 1978). Muchos estudios de enseñanza de las habilidades sociales se han basado en la imitación (Conger y Keane, 1981; Combs y Slaby, 1977).

Se puede ilustrar el uso de la imitación con el estudio dirigido por O'Connor (1969), que trató niños preescolares socialmente retraídos. Estos niños observaron la proyección de una película «de imitación» en la que un niño, en un principio retraído, tomaba parte en interacciones sociales. Como resultado, los niños retraídos mejoraron notablemente en su comportamiento social en clase. Otros niños a los que se les proyectó una película control, que no incluía modelos de comportamiento social, no mejoraron.

En una demostración similar, Keller y Carlson (1974) utilizaron una película «de imitación» para incrementar el comportamiento social en niños preescolares socialmente aislados. Se proyectó a estos niños varios segmentos de vídeo en los que se presentaban diferentes comportamientos socialmente apropiados, tales como manifestaciones de afecto, sonrisas y risas. La película «de imitación» incrementó el comportamiento social de los niños durante un período de juego libre. En contraste, los niños a los que se proyectó una película control, en la que no se manifestaban comportamientos sociales, no mejoraron.

Ocasionalmente, con el fin de desarrollar el comportamiento social, se han utilizado modelos en vivo más que en película. Por ejemplo, Ross, Ross y Evans (1971) suministraron un tratamiento multifacético a un niño de seis años socialmente retraído que manifestaba un miedo extremo y evitación de las situaciones sociales. Se utilizaron muchos procedimientos que implicaban el compromiso de uno de los educadores en la interacción social con los compañeros de clase del niño, utilizando modelos simbólicos en fotografías, historias y películas de interacción social. Dos educadores hicieron demostraciones de la interacción social y se consiguió la participación de un educador con el niño en la interacción social con los compañeros. La imitación con participación, combinada con otros procedimientos, incrementó de forma efectiva el promedio de interacción social inmediatamente después del tratamiento y hasta un seguimiento de dos meses.

Consideraciones importantes. Muchos estudios han demostrado la eficacia de la imitación en el desarrollo de los comportamientos sociales. Además, las investigaciones han evaluado las variables que contribuyen a los efectos de la imitación (véase Rosenthal y Bandura, 1978). En general, los efectos de la imitación se pueden intensificar proporcionando a las personas múltiples modelos que realicen los comportamientos deseados. Del mismo modo, el modelo debiera manifestar una amplia gama de comportamientos a fin de desarrollar un amplio grupo de respuestas en el observador. Otra variable que puede influir en los efectos de la imitación es la percepción, por parte del observador, de similitud con el modelo. Cuando los observadores se perciben a sí mismos similares al modelo, los efectos de la imitación son mayores que cuando se perciben distintos. Pueden aumentarse los efectos de la imitación proporcionando a los niños oportunidades para que practiquen los comportamientos que observan en el modelo. Observar a uno o más modelos e inmediatamente después ensayar los comportamientos observados produce una mayor mejora que la exposición a la imitación. Tradicionalmente, tanto la imitación como el ensayo conductual se incluyen dentro de un amplio conjunto de enseñanzas de las habilidades sociales.

Reforzamiento positivo

Definición y ejemplos. El reforzamiento positivo se refiere al proceso a través del cual las respuestas aumentan en frecuencia porque son seguidas por una recompensa o suceso favorable. El objetivo de la enseñanza de las habilidades sociales es incrementar la frecuencia de una variedad de comportamientos sociales apropiados. Si se quiere incrementar los comportamientos sociales, éstos deben ir seguidos de consecuencias reforzantes positivas. Estas consecuencias pueden comprender la atención o aprobación social, fichas o puntos que pueden cambiarse por otras recompensas, actividades o privilegios especiales, etcétera.

Se han utilizado muchas técnicas de reforzamiento para incrementar las habilidades sociales. Cuando las técnicas de reforzamiento se utilizan en sí mismas, generalmente se aplican en situaciones de grupo, tal como el marco de la clase, donde los maestros pueden advertir las consecuencias de la interacción. Por ejemplo, Pinkston, Reese, LeBlanc y Baer (1973) utilizaron el reforzamiento y la extinción sociales para desarrollar habilidades sociales apropiadas en un niño preescolar que manifestaba un comportamiento muy agresivo y bajas proporciones de interacción apropiada con compañeros. En primer lugar se trató el comportamiento agresivo. La enseñanza consistió en no prestar atención al comportamiento agresivo en clase, a excepción de separar al niño del contacto con los demás. El maestro atendía al niño que era víctima de la agresión verbal o física y le manifestaba comprensión. El niño agresivo recibía, posteriormente, atención ante los comportamientos no agresivos. Este régimen de enseñanza redujo de forma efectiva el comportamiento agresivo, tal como se demostró en varias etapas de un diseño experimental de caso único en el que se presentaba y retiraba la atención a lo largo del mismo. Subsiguientemente, se objetivó directamente la interacción apropiada socialmente con los compañeros utilizando el reforzamiento positivo. El maestro instigó a los compañeros para que incluyeran al niño en sus interacciones y suministró reforzamiento directo al niño por la interacción adecuada. Este procedimiento incrementó la interacción adecuada con los compañeros.

Algunas aplicaciones del reforzamiento en el comportamiento social han utilizado a los compañeros y a adultos para ayudar a desarrollar el comportamiento. Por ejemplo, Kirby y Toler (1970) incrementaron la interacción social de un niño preescolar que rara vez interactuaba con sus compañeros. Para instigar la interacción social, se dieron instrucciones al niño para que repartiera caramelos a los otros niños de la clase, hecho con lo que se veía obligado a preguntar a los niños sobre sus preferencias. El maestro reforzó directamente la ejecución de esta tarea con alabanzas, dinero y caramelos. El niño tomó cada vez más parte en las interacciones sociales con los compañeros durante un período de juego libre en la clase, una vez hubo terminado el procedimiento de reforzamiento. El reforzamiento del maestro a las aproximaciones a los otros niños, el contacto directo con los compañeros y el reforzamiento de los compañeros contribuyeron, probablemente, al incremento de la frecuencia de interacción.

En una utilización más directa de los compañeros, Strain, Shores y Timm (1977) enseñaron a niños preescolares socialmente hábiles a mejorar los comportamientos sociales de compañeros suyos que rara vez tomaban parte en interacciones positivas con los demás. A través de instrucciones y *role-play*, se enseñó a los compañeros-educadores cómo iniciar interacciones con los niños retraídos. Después de esta preparación, se elogió a los compañeros-educadores por ayudar a sus compañeros de clase retraídos a interactuar socialmente. Los niños retraídos no fueron tratados directamente por adultos. Los compañeros que habían sido entrenados y que recibieron reforzamiento por instigar la interacción, tuvieron bastante éxito en la modificación de los comportamientos sociales de los estudiantes retraídos.

Consideraciones importantes. Tal como sugieren los ejemplos citados, se pueden utilizar muchas técnicas de reforzamiento para desarrollar las habilidades sociales. Sin embargo, existen requisitos comunes en los distintos procedimientos. En primer lugar, cuando se están desarrollando los comportamientos es importante suministrar reforzamientos tan pronto como sea posible, una vez el comportamiento deseado se ha llevado a cabo. Si un niño empieza a interactuar con los compañeros de clase, es crucial que se le suministre inmediatamente el reforzamiento. Un retraso, como pudiera ser elogiar al niño al final del día, puede dar como resultado un efecto escaso o nulo sobre el comportamiento. Por consiguiente, y como regla general, lo mejor es el *reforzamiento inmediato.*

En segundo lugar, el reforzamiento debiera darse con frecuencia, especialmente cuando se acaban de crear los comportamientos. Cabe la posibilidad de que los comportamientos deseados se den con relativa poca frecuencia; para aumentar la frecuencia, deberían suministrarse reforzamientos en todas o casi todas las ocasiones en que se diera el comportamiento. Se ha dado en llamar *reforzamiento continuo* al hecho de reforzar el comportamiento cada vez que ocurre. Si el comportamiento es reforzado sólo de vez en cuando, el procedimiento recibe el nombre de *reforzamiento intermitente*. Los comportamientos se desarrollan en una proporción más rápida cuando el reforzamiento se da continuamente que cuando se da de forma intermitente. Cuando se consigue que la respuesta se dé en una proporción elevada, se puede suministrar el reforzamiento de forma menos frecuente para mantener el comportamiento.

Dos de los componentes más importantes de un programa de reforzamiento efectivo son la *instigación* y el *moldeamiento*. Las instigaciones aluden a los estímulos antecedentes que ayudan a evocar el comportamiento. Comprenden las instrucciones, preparaciones y señales imitativas que se ofrecen para que el niño vea qué debe hacerse antes de llevar a cabo una conducta.

Las instigaciones facilitan la realización del comportamiento. Una vez que el comportamiento se da, puede ser reforzado. Con el tiempo puede retirarse la instigación sin que ello produzca una disminución en la frecuencia del comportamiento. Por ejemplo, para fomentar la interacción social en la clase, el maestro debe dar instrucciones al niño para que juegue con sus compañeros en una tarea concreta. Puede reforzarse el comportamiento del niño una vez éste llegue a involucrarse en la tarea. A medida que aumenta la interacción social, las instigaciones del maestro dejan de ser necesarias; sin embargo, el uso inicial de las instigaciones acelera el proceso de desarrollo del comportamiento.

El *moldeamiento* consiste en reforzar las aproximaciones a los comportamientos finales que desean desarrollarse. Con frecuencia, la enseñanza de las habilidades sociales pretende el desarrollo de complejas secuencias de comportamientos sociales, tales como iniciar una conversación, hacer peticiones a los demás y defender los propios derechos. Con niños excesivamente retraídos puede resultar difícil reforzar la ocurrencia de estas respuestas, puesto que puede que nunca se den. Deben reforzarse los progresivos pasos hacia estas respuestas para que los comportamientos puedan, gradualmente, cambiar en dirección al objetivo final. Por ejemplo, si un niño juega cerca de otro niño, puede resultar acertado reforzar este comportamiento porque aproxima la interacción social. También puede reforzarse si el niño mira o le dice algo al otro niño. Pueden suministrarse reforzadores a las conductas que se aproximan cada vez más al objetivo final.

Al utilizar las estrategias de reforzamiento es preciso prestar una esmerada consideración a los comportamientos puntuales a recompensar. El éxito de la enseñanza puede depender de las respuestas que se objetivizan. Por ejemplo, Walker, Greenwood, Hops y Todd (1979) hallaron que suministrar reforzadores como puntos y elogios a niños retraídos por comportamientos tales como iniciar una conversación o responder a los demás, suprimió la interacción en su totalidad, mientras que el reforzamiento de conductas como mantener y continuar la interacción social produjo notables mejoras en los niveles globales de interacción. En la actualidad, existen pocas comparaciones que evalúen el impacto del reforzamiento en los diferentes tipos de respuestas y sus implicaciones en el éxito de la enseñanza de las habilidades sociales. La mejor recomendación que actualmente se puede dar es suministrar consecuencias reforzantes a las respuestas individuales que son deficientes, así como incluir el reforzamiento tanto en la iniciación como en el mantenimiento de la interacción social.

Preparación y práctica

Definición y ejemplos. Para que se produzca un comportamiento deseado, se puede preparar o dar instrucciones a un niño sobre qué comportamientos realizar y cómo llevarlos a cabo. En la preparación se pueden tener en cuenta varios procedimientos, además de las instrucciones. Por ejemplo, el educador puede proporcionar un modelo de las expresiones verbales deseadas para explicar cómo debería hablar el niño con sus padres o maestros. También puede proporcionar información de lo bien que el niño realizó los comportamientos y sobre qué comportamientos debieran realizarse de forma diferente. Por lo tanto, la preparación es una intervención multifacética que implica instigaciones claras sobre qué hacer, la práctica del comportamiento y la información para reforzar los elementos correctos de una respuesta y para instigar la mejora del comportamiento.

La práctica o ensayo de las conductas deseadas es un componente básico de la preparación; en ocasiones se utiliza como único método. La práctica consiste en la representación de las conductas o secuencias de conductas deseadas, tal como efectuar el *role-play* de la respuesta deseada. A través de la repetición de la práctica de la respuesta deseada, el niño aprende nuevos comportamientos. La secuencia de preparación instrucción-práctica-información se repite hasta que el comportamiento es igual al objetivo deseado.

Pocos programas de enseñanza de las habilidades sociales han utilizado la preparación y práctica para aumentar las habilidades sociales. Por ejemplo, Oden y Asher (1977) evaluaron un programa de enseñanza de las habilidades sociales que hacía hincapié en las instrucciones y la práctica. Se dieron instrucciones a los niños para utilizar las conductas en una situación de juego con un compañero no aislado. Después de la práctica, se revisaron las interacciones con el educador. Los niños que habían sido preparados mostraron incrementos en las valoraciones sociométricas en relación a otras condiciones en las que se había excluido la preparación. Si bien los beneficios no se evidenciaron en una evaluación conductual, el seguimiento de un año demostró que las valoraciones sociométricas continuaban reflejando los efectos del tratamiento.

También Ladd (1979) utilizó un procedimiento de enseñanza que insistía en la importancia de la preparación para desarrollar comportamientos sociales en niños retraídos de tercer curso. La enseñanza se llevó a cabo en parejas de niños, se instruyó a los sujetos sobre la forma en que debían actuar con los demás. Los niños que recibieron preparación mejoraron con respecto a los que sólo recibieron atención (placebo) o a los niños controles no tratados. Las mejoras en la interacción social se reflejaron durante el juego libre y en una medida de la aceptación entre los compañeros. Los efectos del tratamiento se mantuvieron en un seguimiento de cuatro semanas. Otros muchos estudios han comprobado la eficacia de la preparación en la que se dieron instrucciones verbales a los niños de cómo comportarse, complementadas con oportunidades para practicar. Algunos programas han tenido éxito, otros no (por ejemplo, Gottman y cols., 1975; Hymel y Asher, 1977).

Consideraciones importantes. La preparación y la práctica pueden jugar un importante papel en el desarrollo de la interacción social. Si bien aquí se discuten como procedimientos relativamente aislados, por lo general se utilizan conjuntamente con otras estrategias. Por ejemplo, pueden intensificarse los efectos de la preparación utilizando la imitación, así como las instrucciones. El niño puede comprender mejor los comportamientos requeridos observando ese mismo comportamiento y recibiendo pautas de instrucción. Del mismo modo, la información que sigue a la práctica proporciona una buena oportunidad para reforzar los aspectos positivos de la actuación del niño.

Tanto la preparación como la práctica ponen de relieve aspectos de la enseñanza que debieran ser incorporados a los programas de enseñanza de las habilidades sociales. La preparación subraya la importancia de unas pautas claras y detalladas para el niño. Las instigaciones de todo tipo y las experiencias de imitación directa pueden acelerar considerablemente la adquisición de los comportamientos deseados. La práctica subraya la importancia de llevar a cabo en la realidad los comportamientos requeridos. Tal como se ha señalado anteriormente en la discusión sobre la imitación, la práctica sólo contribuye a desarrollar los comportamientos deseados. Por lo tanto, como parte de los programas de enseñanza, los niños debieran tener la oportunidad de tomar parte en los comportamientos deseados. Sin embargo, la práctica, como método único, generalmente resultará insuficiente sin una preparación e información posteriores para moldear los componentes de los comportamientos sociales.

Enseñanza de las habilidades de resolución de problemas

Las técnicas de resolución de problemas se basan en la consideración de que las habilidades sociales deficientes son, en parte, el resultado de estrategias cognitivas inapropiadas que los niños aplican en sus situaciones interpersonales (véase Urbain y Kendall, 1980). A muchos grupos de edad se han aplicado los procedimientos ideados para desarrollar estrategias cognitivas. Durante varios años de investigación programada, Spivack, Shure y sus colegas han creado procedimientos para enseñar a los niños a manejar situaciones interpersonales (por ejemplo, véase Spivack, Platt y Shure, 1976; Spivack y Shure, 1974). Su abordaje se ha basado en relaciones demostradas entre las habilidades de resolución de problemas particulares (por ejemplo, ofrecer soluciones alternativas a situaciones sociales) y la adaptación en clase. El programa de enseñanza se centra en el desarrollo del uso de varios pasos de resolución de problemas para ayudar a los niños a ofrecer soluciones alternativas a varias situaciones interpersonales, a considerar los medios y los fines de los actos sociales y a examinar las consecuencias de sus comportamientos. Varios estudios han demostrado que la enseñanza de las habilidades de resolución de problemas mejora la adaptación social (por ejemplo, Spivack y cols., 1976).

Existen muchas variantes de terapias cognitivas ideadas para desarrollar las habilidades de resolución de problemas en niños (véase Kendall y Hollon, 1979; Meichenbaum, 1977). En el programa tipo se enseña a los niños a tomar parte en un diálogo entre ellos mismos para identificar las tareas específicas requeridas en situaciones sociales. Por ejemplo, en una variante típica de la enseñanza de resolución de problemas, los niños se formulan distintas preguntas o expresiones cuando se enfrentan con una situación social. Las típicas expresiones son: 1) ¿Qué debería hacer?; 2) Debo considerar todas mis posibilidades; 3) Debo tener en cuenta todas las alternativas; 4) Necesito escoger una; y 5) ¿Qué tal lo hice? Cada una de las cuatro primeras preguntas o expresiones requiere que el niño considere qué es lo que se debe hacer antes de dar el siguiente paso. Este procedimiento comprende algunos de los elementos de preparación e instigación discutidos anteriormente, pero en este caso el niño se autoadministra las instrucciones. La última pregunta enseña al niño a evaluar los aspectos de la respuesta que fue seleccionada. Por lo tanto, la autoevaluación o el autorreforzamiento forman parte del procedimiento.

La utilidad de la resolución de problemas, técnica de base cognitiva para el desarrollo de un comportamiento social apropiado, fue ilustrada por Camp y cols. (1977). El programa de enseñanza denominado *Think Aloud* (Piensa en voz alta) se aplicó a niños varones identificados como muy agresivos en base a su comportamiento en clase. El programa comprendía la imitación de estrategias cognitivas, tales como conductas de aproximación y las habilidades de resolución de problemas, mientras los niños trabajaban en diferentes tareas, tales como copiar dibujos y completar tareas de velocidad perceptiva. Le enseñanza se amplió para cubrir las situaciones interpersonales que requerían el uso de las habilidades de resolución de problemas (por ejemplo, identificar situaciones, anticipar resultados alternativos). Después de seis semanas de enseñanza, los niños que recibieron esta enseñanza mostraron una mejora en el estilo cognitivo respecto a los niños controles no tratados. En los inventarios de valoración del maestro sobre el comportamiento en clase, el grupo tratado no mostró una reducción en la proporción de actos agresivos, pero mostró un incremento en el comportamiento prosocial significativamente mayor que el grupo no tratado.

Consideraciones importantes. Un objetivo de la enseñanza de las habilidades de resolución de problemas consiste en proporcionar una estrategia que pueda ser útil ante una amplia serie de situaciones. Más que enseñar respuestas concretas, el objetivo principal consiste en el desarrollo de una estrategia muy ordenada. Esto es útil, en parte, porque la enseñanza no puede anticipar todos los comportamientos específicos que el niño pueda requerir, aún cuando se incluyan las áreas habitualmente más problemáticas como las interacciones con los padres, maestros y compañeros. La razón fundamental de la enseñanza de resolución de problemas consiste en desarrollar una técnica que ofrezca respuestas efectivas ante situaciones nuevas.

«Bloques» de enseñanza de las habilidades sociales

Muchos programas han aplicado técnicas individuales como las ya descritas para modificar los comportamientos sociales. Muchos programas han dado resultados aceptables con tratamientos relativamente circunscritos. Sin embargo, varios programas han aplicado tratamientos multifacéticos o «bloques» de tratamiento en los que se combinan los procedimentos anteriormente señalados y otros procedimientos (por ejemplo, Hops y cols., 1979; Michelson y Mannarino, en imprenta; Michelson y Wood, 1980b; Michelson, Mannarino, Marchione, Stern, Figueroa y Beck, 1983). Se supone que el hecho de combinar técnicas alternativas aumenta el *impacto*, la *durabilidad* y la *generalización* de los efectos del tratamiento. Debido a que se han estudiado poblaciones clínicas con problemas cada vez más graves, ha aumentado la necesidad de unos tratamientos más intensivos. Los principales componentes que frecuentemente se incluyen en el «bloque» de enseñanza de las habilidades sociales (ilustrados en los módulos de enseñanza del capítulo 5) se describen a continuación, junto con ejemplos de sus aplicaciones. Aunque los «bloques» de enseñanza de las habilidades sociales varían, generalmente comprenden los componentes que a continuación se detallan.

Instrucciones. El primer paso en la enseñanza de habilidades sociales consiste en dar información sobre los requisitos conductuales. Se dan las instrucciones necesarias para especificar, en términos concretos, cuáles son exactamente los comportamientos requeridos y cómo deberían realizarse. Por ejemplo, se le puede presentar al niño una situación hipotética junto con unas pautas sobre la forma de actuar, qué decir y cuándo decirlo. Se le puede ofrecer un guión o diálogo concreto con el que indicarle exactamente qué respuestas se requieren. Cuando los comportamientos están especificados con detalle, es más probable que el niño sea capaz de llevar a cabo la respuesta.

Las instrucciones ayudan a descomponer la respuesta social global en componentes que se pueden identificar (describir) y enseñar. Por ejemplo, en lugar de decirle al niño que vaya a jugar con sus amigos, las instrucciones deberían especificar los comportamientos que deben realizarse, tales como acercarse a unos niños que están jugando, preguntarles qué están haciendo, unirse a ellos, y así sucesivamente. Si bien las instrucciones son, frecuentemente, un componente esencial en la enseñanza de las habilidades sociales, por sí mismas no tienen la probabilidad de mejorar el comportamiento de niños con graves déficits de habilidades sociales.

Imitación. Mientras que las instrucciones pueden resultar útiles como primer paso en la descripción de los requisitos conductuales, la imitación proporciona ejemplos directos de las habilidades sociales. Generalmente, el educador sirve de modelo, ejemplificando los comportamientos concretos que deben realizarse. Al ilustrar o destacar aspectos particulares de la conducta para el niño en concreto, la imitación en «vivo» proporciona una mayor flexibilidad que los modelos en película. La ventaja de la imitación es que representa, con gran detalle, la respuesta social completa y puede comunicar más información de la que es posible con el uso exclusivo de los medios verbales.

Ensayo y práctica. Una vez convenidos a través de la información y los ejemplos los tipos de respuesta que el niño debería realizar, éste debe ensayar las habilidades apropiadas. Dependiendo del tipo de habilidades sociales que van a ser enseñadas, de la severidad de los déficits del niño y de la edad y capacidades del niño, el ensayo se puede centrar en una conducta concreta, tal como el contacto ocular o la postura, o en respuestas más complejas, tales como combinar comportamientos verbales y no verbales al llevar a cabo una respuesta asertiva.

Información («feedback»). Consiste en proporcionar información sobre cómo se efectuó la respuesta. Se puede suministrar información detallada sobre qué aspectos de la respuesta se realizaron correctamente, cuáles se podrían mejorar, qué debería hacerse de otra forma, y así sucesivamente. Después de que el niño ensaya la respuesta, discute su ejecución con el educador. Generalmente, la información (*feedback*) sobre la respuesta se utiliza como base para un nuevo ensayo. La información puede completarse también con un modelo de la conducta proporcionado por el educador para demostrar cómo podría ser perfeccionada la respuesta. El niño ensaya de nuevo la respuesta y completa la secuencia una vez más.

Reforzamiento social. La información correctiva subraya los aspectos de la respuesta que necesitan ser cambiados o conservados. En esta información está implícita una evaluación de la forma en que el niño la ha llevado a cabo, puesto que incluye un dictamen sobre el grado en que la respuesta se aproximó al objetivo fundamental. Añadiendo el elogio o reforzamiento social en la información, se pueden intensificar los efectos de la enseñanza.

Antes se hacía referencia al reforzamiento como una técnica que, con frecuencia, se utiliza por sí misma, especialmente en situaciones de grupo (por ejemplo, el aula), donde los maestros suministran elogios u otros reforzamientos para desarrollar el comportamiento social. En el contexto de un «bloque» de enseñanzas de las habilidades sociales, el educador, generalmente, suministra elogios por los perfeccionamientos alcanzados. El reforzamiento social es especialmente útil para moldear aproximaciones sucesivas de la respuesta final. Por lo tanto, en el inicio de la enseñanza se debería elogiar al niño por realizar una respuesta que estuviera lejos de ser perfecta.

Por ejemplo, se le puede pedir al niño que se acerque a un amigo y que le pida si puede jugar con él. Puede que el niño se dirija hacia el compañero de juego (representado por el educador) y le pregunte si desea jugar correctamente. Puede que el niño se dirija al compañero de *role-play* y le haga una pregunta en un tono de voz apenas audible y mirando al suelo. Entonces, el educador debe elogiar tanto la aproximación como la petición. Más que castigar la falta de contacto ocular y la entonación inapropiada, el educador debería proporcionar una información (*feedback*) correctiva, recompensando las conductas realizadas correctamente y subrayando en lo que debería concentrarse el niño en la siguiente práctica.

Ejemplos de las técnicas combinadas. Las instrucciones, la imitación, el ensayo, la información (*feedback*) y el reforzamiento representan una secuencia continua de técnicas utilizadas para desarrollar determinadas habilidades. La secuencia no está necesariamente fijada durante la enseñanza, si bien existe un orden natural de los pasos. Por ejemplo, se puede enseñar a un niño a expresar quejas a sus padres. Las instrucciones y modelos ofrecidos por el educador pueden dar pautas de cómo actuar ante una situación en particular. El niño ensaya la respuesta y el educador le proporciona información (*feedback*) sobre la misma. Se puede proporcionar información (*feedback*) sobre un aspecto particular de la respuesta, que va seguida de la práctica, información (*feedback*) adicional de un reforzamiento y así sucesivamente. En varios puntos distintos, el educador posiblemente introducirá información y ofrecerá modelos para señalar las áreas en las que es preciso efectuar cambios. El niño y el educador pueden intercambiarse papeles en la secuencia para que el niño pueda observar tanto la respuesta apropiada, que corresponde a su papel, como las posibles reacciones de las otras personas en esa situación.

Los «bloques» de enseñanza de habilidades sociales que involucran los componentes anteriormente citados se han aplicado con éxito a muchos niños con diversos problemas interpersonales. Bornstein y col. (1980) trataron a cuatro niños ingresados que presentaban una elevada agresividad. Durante la enseñanza, el terapeuta empezó por presentar una situación interpersonal que podía representarse entre el terapeuta y el paciente. El paciente debía responder como si se hallara en esa situación. El terapeuta proporcionó información (*feedback*) sobre la ejecución e instrucciones sobre la forma en que debería realizarse la respuesta. Después de discutir sobre la respuesta, el terapeuta ofreció un modelo sobre la respuesta y de nuevo explicó al niño cómo desempeñar el comportamiento objetivo. El niño ensayó la respuesta otra vez. Se continuó ensayando y dando información (*feedback*) de esta manera hasta que el niño logró el comportamiento objetivo. En este punto, se introdujo otra situación interpersonal y la enseñanza continuó de la misma manera. Bornstein y cols. (1980) hallaron que varios comportamientos específicos, tales como el contacto ocular, las peticiones a los demás y la asertividad global, cambiaron debido a la enseñanza.

Michelson y Wood (1980a), que enseñaron habilidades sociales a niños de cuarto curso de escuela primaria, proporcionaron otro ejemplo de un «bloque» multifacético de enseñanzas de habilidades sociales. Toda la enseñanza se llevó a cabo en un marco de escuela primaria. El programa de enseñanza constaba de instrucciones, imitación, ensayo del comportamiento, guiones preparados con respuestas asertivas, reacciones de los demás en la situación y discusión. Se cubrieron múltiples áreas, que comprendían: hacer cumplidos, expresar quejas, rechazar a los demás, pedir favores, preguntar el porqué, solicitar cambios en el comportamiento de los demás, defender los propios derechos y mostrar simpatía. Los resultados revelaron unas considerables mejoras después del tratamiento con respecto a los sujetos controles, que participaron en una discusión no relacionada con la asertividad.

Consideraciones importantes. Los «bloques» de enseñanza de habilidades sociales se han utilizado de forma extensa. Obviamente, este tipo de abordaje se ha ideado para combinar las ventajas y salvar las limitaciones de cualquier técnica individual. Existen otras características que recomiendan la utilización de un «bloque» de tratamiento multifacético. El «bloque» de tratamiento proporciona un abordaje que utiliza sucesos antecedentes (instrucciones, modelos), ejecución directa de las respuestas deseadas (ensayo, práctica) y consecuencias (información, reforzamiento). Abarcando estos diferentes aspectos de la enseñanza, probablemente el impacto en el niño será óptimo. Además, el procedimiento se presta a la individualización. Mientras el niño realiza las respuestas, el educador puede rápidamente identificar y centrarse en aquellas áreas en las que se necesita más instigación, práctica e información (*feedback*). De esta forma, existe un componente de corrección intrínseco en el procedimiento que atrae la atención sobre áreas de habilidades que necesitan de una atención específica.

Programar la generalización: estrategias para extremar la eficacia y la sensibilidad

Una consideración importante para cualquier programa de enseñanza de habilidades sociales consiste en cómo incrementar la eficacia para asegurar que las habilidades sociales recientemente establecidas se aplicarán en situaciones apropiadas fuera del marco de la enseñanza. A esto se le suele llamar *generalización* (Beck, Forehand, Wells y Quante, 1978; Rodgers-Warren y Baer, 1976). La razón fundamental para remarcar la importancia de la generalización es que «un cambio conductual funcional, para que sea efectivo, debe darse, con frecuencia, a lo largo del tiempo, con otras personas y en otros marcos, y los efectos del cambio algunas veces deberían extenderse a una variedad de comportamientos selectivos» (Stokes y Baer, 1977). Los siguientes aspectos ilustran la necesidad de centrarnos en la programación de la generalización en todas las estrategias de enseñanza, tratamiento y prevención.

La generalización no se da de forma natural como resultado de la mayoría de los programas de enseñanza educativos (Baer, Wolf y Risley, 1968; Kazdin, 1980). Por ejemplo, la investigación ha indicado que los niños con deficiencias sociales no adquieren, de forma automática, las habilidades sociales requeridas por el hecho de que sean integrados con los estudiantes normales (Cooke y Appollini, 1976). También se ha demostrado que los niños con trastornos de conducta son, con frecuencia, ignorados por sus compañeros más que implicados en interacciones que faciliten el desarrollo de comportamientos sociales apropiados (Strain y Timm, 1974). De esta forma, la generalización no es, por lo general, una función pasiva en la que una habilidad, una vez enseñada, aparezca «mágicamente» y continúe apareciendo para siempre. La generalización requiere de un papel activo por parte del educador, y debe estar programada en la situación de enseñanza. Por desgracia, la aproximación más común a la generalización es la de «enseñar y esperar». Desde este abordaje, la generalización no se planifica específicamente, aunque se espera.

Procedimientos para promover la generalización

Stokes y Baer (1977) describieron muchas técnicas y métodos para promover la generalización fuera del marco de la enseñanza que incluían el mantenimiento a lo largo del tiempo y la traslación a través de diferentes ámbitos. Estos *facilitadores de la generalización* son importantes para el éxito de cualquier programa educativo ideado para enseñar habilidades que se apliquen fuera de clase. De esta forma, es importante que, de los siguientes facilitadores, se incorporen dentro de las clases de habilidades sociales tantos como sea posible.

1. *Enseñar comportamientos que estarán apoyados por el ambiente natural*. Ésta es una de las técnicas de facilitación más segura y funcional. La enseñanza va encaminada a asegurar que el nuevo repertorio de comportamientos sea apoyado y mantenido por las contingencias naturales que actualmente operan en el medio ambiente del joven (véase Baer y Wolf, 1970). Esto se ve fácilmente en la enseñanza de habilidades sociales porque la mayoría de las habilidades enseñadas serán generalmente apoyadas por los padres, otros maestros y compañeros. Por ejemplo, como consecuencia del aprendizaje y la práctica de respuestas apropiadas de «dar cumplidos», un joven recibirá muchas consecuencias positivas de los demás, lo que le servirá para mantener y fortalecer esta habilidad. Si una habilidad social en concreto, a causa de una falta de planificación, no está respaldada por el medio del joven, los esfuerzos de enseñanza serán inútiles y las habilidades no serán utilizadas (por ejemplo, si el cumplido enseñado no resulta aceptable para los compañeros y amigos).

2. *Enseñar diversas respuestas*. Enseñar un modelo (un ejemplo o una forma de respuesta) de una habilidad social en particular dará como resultado el dominio del modelo específico enseñado. Sin embargo, para conseguir la generalización, deberían incluirse en la enseñanza múltiples modelos hasta que se aprendieran suficientes respues-

tas y la generalización se diera en una variedad de situaciones. En la enseñanza de habilidades sociales, a través del ensayo conductual (por ejemplo, *role-play*), pueden enseñarse respuestas diversificadas, interacciones que incluyan una amplia variedad de situaciones. La inclusión de muchas respuestas de interacción posibles en una habilidad particular incrementará la capacidad del joven para comportarse de forma apropiada ante diferentes personas, en diversas situaciones. Al enseñar diversas formas de respuesta para cada habilidad social, el educador está siendo más sensible a los antecedentes culturales, religiosos y étnicos, por cuanto los jóvenes y sus familias podrán utilizar cualquiera de las formas de respuesta que elijan, que será tan efectiva como apropiada.

3. *«Enseñar sin guión» bajo condiciones variadas*. Más que controlar todas las dimensiones de una situación de enseñanza que, además, limita el número de modelos enseñados, deberían incluirse una diversidad de estímulos. Utilizar condiciones variadas durante la enseñanza («enseñar sin guión») puede incrementar la generalización de las habilidades enseñadas, puesto que se asociarán a muchos estímulos en lugar de a unos cuantos específicos. Por ejemplo, la mayoría de las enseñanzas de habilidades sociales se lleva a cabo por medio del uso de «guiones» que detallan la situación y la respuesta específica de una habilidad social en particular. Para utilizar el abordaje «enseñar sin guión», se anima a los estudiantes a que eventualmente, introduzcan algunas de sus *propias* situaciones y respuestas (en lugar de proporcionárselas), asegurando, así, que se está aprendiendo algo más que un guión.

4. *Enseñar a través de muchas personas y marcos comunes al ambiente natural*. La generalización se facilita haciendo que la situación de enseñanza sea lo más similar posible al ambiente natural. Por ejemplo, la inclusión de los compañeros del ambiente natural de la escuela, casa o vecindario en una clase de habilidades sociales proporcionaría estímulos comunes relevantes para el estudiante. De forma similar, el *role-play* debería incluir combinaciones de parejas diferentes para aproximarse al mundo real (compañero-adulto, compañero-compañero, mismo sexo-sexo opuesto, viejo-joven, varias razas, estatus elevado-estatus bajo, extraño-amigo, etc.). A través del uso de estímulos comunes, los estudiantes aprenden a responder a las personas con las que se encontrarán fuera de la clase. Esto incrementa la generalización más allá de lo que se obtendría si, por ejemplo, los estudiantes sólo hicieran un *role-play* con el educador adulto como compañero.

5. *Atenuar las contingencias de la enseñanza para aproximar las contingencias naturales.* Si bien un cuerpo creciente de investigación subraya la importancia de que las consecuencias reforzantes sean inmediatas y frecuentes en la adquisición de las nuevas habilidades enseñadas, puesto que se asociarán a muchos estímulos en lugar de a unos cuantos contingencias para introducir las que están funcionando en el medio natural. Una técnica de atenuación consiste en pasar de forma gradual del reforzamiento continuo a programas intermitentes o a la demora del reforzamiento (véase Kazdin y Polster, 1973). A medida que se van atenuando las contingencias, el estudiante no puede discriminar fácilmente entre una situación de enseñanza y una situación natural. Por lo tanto, los estudiantes empiezan a comportarse de forma similar en todos los ambientes. Este abordaje puede incorporarse del modo siguiente a un plan de estudios escolar flexible: Una clase de habilidades sociales puede suministrar privilegios especiales contingentes a las mejoras en habilidades sociales. A medida que van atenuándose las contingencias utilizadas en la clase (retiradas gradualmente), se administran aleatoriamente en *otras* clases a lo largo del día. Bajo estas condiciones, los repertorios aprendidos en la clase de habilidades sociales se generalizarán a otras clases. Gradualmente, se retirarán todas las contingencias para que las habilidades sean mantenidas por el medio social natural.

6. *Reforzar los autoinformes correctos sobre la actuación*. Se ha demostrado que la

mediación verbal, igual que el reforzamiento de los autoinformes sobre la realización de la tarea, incrementa la capacidad del niño para ocuparse, sin interrupción, en una tarea durante períodos de tiempo más largos (Israel y O'Leary, 1973; Jewett y Clark, 1979; Risley y Hart, 1976; Rodgers-Warren y Baer, 1976). Estos hallazgos de la investigación sugieren que el reforzamiento de los autoinformes correctos puede incrementar la generalización de las conductas objetivo. Por ejemplo, el asignar *deberes para casa* es un mediador útil en la enseñanza de habilidades sociales. Después de haber enseñado en clase una habilidad, se dan instrucciones a los estudiantes para que efectúen esta habilidad fuera de la clase. Más tarde, informan sobre su éxito y/o problemas al aplicar la habilidad fuera de la situación de enseñanza. Cuando se refuerzan los autoinformes sobre la actuación, puede que aumenten los esfuerzos para utilizar las habilidades enseñadas fuera de la clase. Se considera que tanto los deberes para casa como los autoinformes del estudiante sobre la actuación son mediadores que pueden aumentar la traslación del aprendizaje al medio ambiente natural.

7. *Enseñar la capacidad de generalizar a través del reforzamiento de nuevas y apropiadas aplicaciones.* Este método supone el reforzamiento de la generalización en sí misma, como si fuese un comportamiento explícito. Generalmente, el educador es quien especifica las situaciones de *role-play* que se utilizan en la enseñanza de habilidades sociales; sin embargo, sugiriendo otras respuestas distintas a aquéllas especificadas en el guión o por el educador, también se puede reforzar a los estudiantes. Al incorporar modelos adicionales en la situación de enseñanza, este procedimiento refuerza a los estudiantes, incrementando, de esta forma, la generalización en diversas situaciones. Se enseña a los estudiantes a generalizar a través de la exploración de nuevas respuestas que son potencialmente más efectivas y sensibles a su medio ambiente social en particular.

8. *Incorporación de los compañeros*. Los compañeros pueden resultar especialmente útiles para ayudar a mantener el comportamiento y para asegurar su traslación a través de los marcos. Puede incorporarse a los compañeros dentro de la enseñanza de diferentes maneras, tales como utilizar contingencias de reforzamiento del grupo que fomenten la interacción de todos los participantes, dejar que los compañeros inicien la interacción social con los niños que están siendo enseñados, y utilizarlos como modelos. Los compañeros han sido utilizados como principales agentes de cambio conductual en el marco escolar. Por ejemplo, Strain y cols. (1977) utilizando el ensayo y la imitación, enseñaron a niños preescolares a interactuar con un niño retraído y a continuar sus interacciones aun suponiendo que estos esfuerzos no fueran recíprocos. Cada día, al inicio de las clases, el maestro instigaba a los compañeros para que intentaran que el niño retraído jugara con ellos. El interés social del niño se incrementó globalmente y los beneficios se generalizaron a la toma de iniciativas con los compañeros.

En muchas investigaciones se ha informado del uso de los compañeros como parte de los programas para desarrollar el comportamiento social (Strain y Fox, 1981). En algunos casos, los comportamientos se han mantenido o generalizado más allá de la situación de enseñanza. Por ejemplo, Strain (1977) enseñó a los compañeros a iniciar la interacción social con niños conductualmente deficientes en un marco de clase especial. En algunos sujetos, el comportamiento social se generalizó a la clase normal. Sin embargo, en otros estudios la utilización de los compañeros no ha conducido a unos efectos prolongados (por ejemplo, Hops y cols., 1979). Los métodos que utilizan a los compañeros, la duración de la enseñanza y las poblaciones objeto de enseñanza varían considerablemente. De esta forma, queda por explicar el grado con que la enseñanza con los compañeros puede optimizar el mantenimiento y la traslación.

9. *Otros procedimientos*. Otras aproximaciones al desarrollo del mantenimiento y la

traslación se centran en la clase o estilo cognitivo del niño. Los que proponen esta aproximación suponen que si el niño adquiere una estrategia de ejecución generalizada, los comportamientos deseados serán transituacionales. Por ejemplo, el desarrollo de las habilidades de resolución de problemas puede producir unos efectos de intervención duraderos y amplios. Aunque no han sido bien estudiados los efectos precisos de la enseñanza de resolución de problemas como contribuidora al mantenimiento y traslación, las pruebas preliminares han sido prometedoras. En un programa para preescolares se encontró relación entre la enseñanza de habilidades de resolución de problemas y las mejoras en las valoraciones sobre la adaptación social, dos años después del tratamiento (Spivack y Shure, 1974).

En resumen, la generalización es una característica esencial de todos los programas socioeducativos, tal como la enseñanza de habilidades sociales. Sin la generalización de los repertorios recientemente establecidos, las nuevas habilidades sociales probablemente *sólo* se utilizarán en el marco de la enseñanza, el cual rara vez constituye el objetivo de un programa. Lo que es aún más importante, la generalización debiera estar programada dentro del proceso de enseñanza y no tan sólo ser «deseada». Por lo tanto, los facilitadores de la generalización que ya hemos descrito debieran planearse como parte integrante del programa de enseñanza de las habilidades sociales, puesto que su inclusión extremaría la efectividad y sensibilidad de la enseñanza.

Recomendaciones

Dada la información de que actualmente se dispone, la mejor estrategia en la enseñanza de habilidades sociales es adoptar una aproximación multifacética para extremar la probabilidad de que los comportamientos se prolonguen después de la enseñanza. Algunas recomendaciones generales, recogidas de las pruebas actuales, pueden utilizarse con los módulos de enseñanza que serán presentados más adelante.

En primer lugar, la enseñanza se debería llevar a cabo hasta que el niño efectuara las habilidades objetivo de forma consistente y con un alto nivel. La longitud del tratamiento puede ser un factor importante, especialmente cuando existen pruebas de graves déficits de habilidades. Una revisión de la literatura sobre las habilidades sociales infantiles sugiere que los tratamientos que están vigentes durante largos períodos de tiempo tienden a producir unos cambios más duraderos que los programas más breves. Muchos programas se han limitado a dar cuenta de una única sesión o unas pocas sesiones (por ejemplo, Strain y Timm, 1974; Strain y cols., 1977). Otros, que han durado varias semanas o más, tienden a producir cambios más duraderos (por ejemplo, Baer y Wolf, 1970; Michelson y Wood, 1980b; Shure y Spivack, 1974).

En segundo lugar, es probable que la práctica fuera de las sesiones de enseñanza incremente la durabilidad y generalización de los efectos del tratamiento. Si se restringe la enseñanza a un marco particular, la clase o unas sesiones de tratamiento individual, deberían programarse, como parte del tratamiento, actividades específicas o «deberes» para casa. La práctica *in vivo* puede asegurar que los comportamientos se darán en las situaciones que, con toda seguridad, son las más problemáticas.

Finalmente, dentro del programa de enseñanza se deberían incorporar las personas que pueden apoyar los comportamientos que recientemente el niño ha adquirido. Los padres y los maestros pueden ser especialmente útiles, puesto que tienen acceso a diversas situaciones donde las habilidades interpersonales del niño pueden ser problemáticas. Tanto los padres como los maestros se hallan en posición de proporcionar modelos, instigaciones, información inmediata y reforzamiento de la realización. También puede resultar útil incorporar a los compañeros en la enseñanza. Se pueden suministrar incentivos directos a los compañeros por interactuar con el niño objetivo o por proporcionar apoyo y reforzamiento al comportamiento del niño objetivo. También pueden ser útiles las contingencias de grupo para asegurar que los comportamientos enseñados se refuerzan fuera de la situación de enseñanza. En general, dentro de la enseñanza se debiera incorporar un amplio grupo de personas y situaciones. En la medida en que esto se cumpla, es posible que se incremente el mantenimiento y la generalización de los efectos de la enseñanza.

Conclusiones

Para desarrollar las habilidades sociales infantiles se han utilizado muchos procedimientos. Las técnicas individuales que se han utilizado comprenden la imitación, el reforzamiento positivo, el entrenamiento, la práctica y la enseñanza de resolución de problemas. Las técnicas aportan unas importantes e interrelacionadas contribuciones para el desarrollo de una interacción social adecuada. Por esta razón, frecuentemente se utilizan combinaciones de las diferentes técnicas como partes de un «bloque» mayor de enseñanza de habilidades sociales. La secuencia del procedimiento se inicia proporcionando señales adecuadas que indiquen las conductas que se requieren. Generalmente, para este propósito se utilizan la imitación, la preparación y las instrucciones. Posteriormente, se pide al niño que practique las conductas. Una vez realizadas las conductas, se suministra la información y el reforzamiento y se realiza más entrenamiento. La secuencia continúa con más oportunidades para practicar, hasta que el niño desarrolla el nivel de ejecución deseado. De esta forma, el «bloque» de enseñanza de habilidades sociales se continúa hasta que se ha tratado el grupo de conductas deseadas.

El mantenimiento y la traslación de habilidades sociales más allá de la situación de enseñanza son aspectos de gran importancia. Si bien puede suceder que las habilidades sociales estén mantenidas por las consecuencias naturales del medio ambiente, como el incremento de las respuestas positivas de los compañeros, puede que estas consecuencias no ocurran con frecuencia o con suficiente constancia, inmediatamente después de la enseñanza, como para prolongar la ejecución. Por lo tanto, es esencial incluir procedimientos de enseñanza que promuevan el mantenimiento y la traslación. Como estrategia general, se necesita que la enseñanza incorpore tanto situaciones como personas diferentes, y que desarrolle un repertorio de respuestas que no esté restringido a una serie reducida de condiciones. Siempre que sea posible, se deberían incorporar a los compañeros, padres y maestros en el programa de enseñanza. Se pueden dar deberes al niño para que practique las respuestas fuera de la situación de enseñanza. También se deberían conseguir adultos y compañeros para instigar y reforzar los comportamientos en diversos marcos.

Capítulo 4

Perspectiva general: módulos de enseñanza

El siguiente material trata exclusivamente de la aplicación del programa de enseñanza de habilidades sociales. Los métodos de enseñanza se han estructurado de forma específica para aplicarlos a las necesidades y estilos de comunicación infantiles. Por supuesto, los niveles individuales de capacidades y habilidades sociales de los niños variarán. Por este motivo, a continuación se proporcionan muchos ejemplos, para así satisfacer una amplia variedad de necesidades y capacidades infantiles. Se anima al lector a que idee otros ejemplos y guiones de práctica que puedan ser particularmente relevantes para las situaciones sociales problemáticas o para las áreas de habilidades deficientes, que no estén comprendidos de forma específica en este libro.

Puesto que el término *habilidades sociales* abarca una amplia gama de comportamientos, en este capítulo se dividirá el comportamiento social en 16 grupos o «módulos». Los elementos de cada módulo comparten un tema común que se considera es un componente importante del repertorio diario de los comportamientos sociales infantiles. Todos estos temas están relacionados con la capacidad del niño como individuo para comportarse de una forma socialmente competente. También se han incluido áreas de temas relacionados, tales como el comportamiento no verbal, la toma de decisiones y la resolución de conflictos, dada su obvia relevancia para el éxito de las interacciones interpersonales.

Creación del módulo

Durante los últimos cinco años, los autores de este libro hemos estado activamente implicados en la evaluación y promoción de la competencia social infantil. Como resultado de nuestro interés clínico y de la investigación, hemos llevado a cabo muchos estudios en los que se han utilizado los procedimientos descritos en el capítulo anterior. Después de dirigir muchos programas de enseñanza, progresivamente se hizo patente que la estrategia más eficaz y efectiva para enseñar habilidades sociales debería realizarse a través del desarrollo y aplicación sistemática de módulos. La creación de los módulos fue el resultado de una dilatada validación social con niños, padres, maestros, psicólogos infantiles, educadores y pediatras. El proceso de validación social consistió en el estudio de baremos, cuestionarios, evaluación (observación conductual así como estudio y análisis de los informes de los compañeros, del niño, padres y maestros), y diversas investigaciones a gran escala (por ejemplo, Mannarino, Michelson y Marchione, 1982; Marchione, Michelson y Mannarino, 1983; Michelson y Mannarino, en imprenta; Michelson, Marchione, Stein, Figueroa y Beck, 1983; Michelson y Wood, 1980 a,b; Michelson, Wood y Flynn, 1978; Sugai, 1978).

Los módulos, tal como aquí se presentan, reflejan los últimos perfeccionamientos. Han estado sujetos a una mejora continua a medida que se obtenía más experiencia e información de una variedad de marcos de aplicación. Como ya se dijo antes, estos módulos han sido investigados sistemáticamente y han mostrado unos efectos significativos en poblaciones de niños normales, de riesgo, maladaptados, pacientes ambulatorios y pacientes ingresados. Además, en una investigación reciente (Michelson, Marchione, Stein, Figueroa y Beck, 1983) se demostró que este programa de competencia social era altamente efectivo y superior a la resolución cognitiva de problemas, a la no enseñanza y al tratamiento rogeriano, en el seguimiento de un año.

En general, las habilidades sociales que se identificaron consistentemente como fundamentales para la competencia social global infantil se desarrollaron en módulos separados. Una revisión de la literatura sobre las habilidades sociales (véase el capítulo 1) también proporcionó más datos que apoyaban la importancia de los módulos específicos. Explícitamente, los estudios retrospectivos de adultos que experimentaban una amplia diversidad de trastornos interpersonales y psicológicos sugieren que eran deficientes en habilidades prosociales y asertivas. Por lo tanto, como se puede observar en cada módulo, se dan instrucciones a los niños sobre la importancia de comportarse de forma asertiva, así como la de reconocer y eliminar los comportamientos sociales pasivos o agresivos. Como el lector descubrirá, en los módulos se presentan muchas respuestas sociales, haciendo hincapié en el comportamiento asertivo. Merece una breve discusión lo que constituye una respuesta asertiva, pasiva o agresiva. Los tres estilos de relación y sus descripciones tienen las siguientes características:

1. *El comportamiento asertivo* se define como la respuesta que reconoce las necesidades, sentimientos y derechos, sin violarlos, tanto del que habla como del que escucha, y que intenta lograr una solución positiva y *mutuamente* satisfactoria que intensifica las relaciones a corto y largo plazo. El que habla se expresa de forma que no degrada a los que escuchan, de forma que no viola o niega sus propios derechos o sentimientos. El tono de una respuesta asertiva es sincero, positivo, no punitivo, justo, considerado, directo, no defensivo, sensible y constructivo.

2. El *comportamiento pasivo* se define como la respuesta en la que los derechos, sentimientos, necesidades u opiniones de la persona son ignorados, violados o suprimidos. La persona permite que el interlocutor saque provecho de ella, la controle y subyugue. El que habla no viola los derechos de la otra persona y, en su lugar, permite que sus sentimientos y necesidades estén desatendidos. El tono de una respuesta pasiva es el pasar inadvertido, la timidez, la vergüenza y el retraimiento, reflejando una baja autoestima, un estilo de «personalidad poco fuerte», de autodesprecio, y un bajo autoconcepto.

3. El *comportamiento agresivo* se define como la respuesta en la que el que habla viola, ignora o limita los sentimientos, opiniones, necesidades o derechos del que escucha. La persona se aprovecha del que escucha, intenta mandar en él o controlarle, o impide la expresión abierta de los sentimientos del otro. El tono de la respuesta agresiva es mandona, exigente, egocéntrica, insensible y cruel, manifestando indiferencia por los sentimientos de los demás. Es una respuesta arrogante, manipuladora, intimidante, negativa, castigadora y ofensiva.

Por lo tanto, cuando los educadores lleven a cabo los módulos, es importante que animen a los participantes a familiarizarse con las diferencias existentes entre los comportamientos sociales pasivo, asertivo y agresivo. Se proporcionan guiones para el educador con el fin de facilitar la consistencia a través de los módulos. Éstos presentan la respuesta asertiva apropiada, así como las respuestas pasiva y agresiva, que los niños deben aprender a identificar. En nuestros estudios anteriores, los niños disfrutaron mucho identificando las respuestas agresiva («Monstruo»), pasiva («Ratón») o asertiva («Yo») (véase Palmer, 1977). Sin embargo, para evitar la práctica negativa, en los guiones de los niños sólo se ponen ejemplos de escenas asertivas.

Los módulos se idearon y *secuenciaron* de forma progresivamente más compleja. De esta forma, los módulos iniciales se centran en habilidades sociales simples, mientras que los últimos describen habilidades más complejas, basadas en las habilidades más fundamentales. Para una discusión de los aspectos clínicos específicos, se remite al lector al capítulo 5.

Los módulos siguen un formato estándar. Cada uno está compuesto de tres secciones principales: *Fundamento teórico* (racional), *Procedimientos* y *Discusión en clase.* La primera sección, el «fundamento teórico», suministra al educador una definición descriptiva del comportamiento objeto de enseñanza. Esta sección también ofrece una explicación de las razones por las que este comportamiento es de particular importancia para los niños, integrando, cuando es relevante, la teoría e investigación actual. A esta sección le sigue una lección para los niños y una lista tanto de las ventajas que los niños pueden obtener con la adquisición de determinadas habilidades como de los inconvenientes con los que se pueden encontrar si son deficitarios en ellos. Al presentar una nueva área del tema a los niños, es importante subrayar estas ventajas e inconvenientes. Al hacer esto, el educador puede subrayar la utilidad y practicabilidad de aprender o mejorar estos comportamientos. Esto ayudará al niño a comprender la importancia de aprender estas habilidades y de participar en el programa.

La sección titulada *Modelo de lección para los niños* comprende el verdadero componente de «enseñanza» del módulo, proporciona al educador un ejemplo de lección introductoria del tema, al tiempo que le sugiere preguntas para estimular la intervención de la clase. Se pretende que esta «lección» sirva como ejemplo de la forma en que puede introducirse un tema y estimular la discusión en la clase. Es muy probable que los educadores deseen adaptar o modificar este guión, o incluso idear uno de ellos mismos para ayudar a satisfacer las necesidades de la población con la que estén trabajando. También se puede modificar el ejemplo de lección para acomodarlo a los modelos de enseñanza individual o de grupo.

La sección de *Procedimientos* incluye sugerencias de guiones a utilizar por los educadores, en los que se ofrecen modelos de los comportamientos, y guiones de práctica para los niños. Cuando estos guiones se utilizan junto con las técnicas de enseñanza descritas en el capítulo 3, pueden proporcionar a los niños un material de aprendizaje observacional y experiencial. Los guiones de los educadores detallan las situaciones y diálogos, ilustrando el tema del módulo. El educador, trabajando conjuntamente con ayudantes o con estudiantes voluntarios (si es posible), ofrece modelos sobre la forma en que una persona puede responder a la situación descrita de modo asertivo, pasivo y agresivo. En ausencia de otro adulto, el educador puede, él solo, dar modelos, «interpretando» o representando tanto al que habla como al interlocutor, o también se puede representar el guión con uno de los niños. A continuación del procedimiento, el educador explica los motivos por los que cada actuación fue apropiada o no.

Los educadores deberían subrayar la respuesta asertiva como la positiva. Con los niños más pequeños, los educadores pueden utilizar el concepto del «Ratón» (pasivo), el «Monstruo» (agresivo) y «Yo» (asertivo), tal como describió Palmer (1977). Asimismo, se puede utilizar «Agor el Agresivo», «Peewee el Pasivo» y «(el nombre del niño) el Asertivo» para clasificar las actuaciones e incrementar el interés y entusiasmo de los participantes. Nuestra experiencia clínica sugiere firmemente que los niños disfruten utilizando estas clasificaciones y pueden aumentar la generalización. A continuación, a la misma escena le sigue un segundo guión representado sólo por algunos estudiantes. Sin embargo, en esta ocasión la clase o el grupo suministra la información (*feedback*) a los compañeros participantes, guiados por los comentarios, instigaciones y reforzamiento del educador. Cuando el educador establece que los niños son capaces tanto de efectuar como discriminar entre las respuestas apropiadas e inapropiadas, toda la clase lleva a cabo los procedimientos de ensayo conductual.

Nuestra recomendación es que se ensayen directamente los guiones suministrados en la sección de *Procedimientos.* Cada módulo comprende guiones generales que los niños pueden practicar entre ellos. Generalmente, los guiones están ideados para la interacción en parejas, por lo que pueden participar muchos niños, formando múltiples pequeños grupos, teniendo cada uno de ellos de 2 a 5 participantes. Los miembros de la clase o del grupo deben recibir instrucciones para buscar un compañero o se les debe asignar uno aleatoriamente. También deben escoger uno de los papeles definidos en el guión. Después de ensayar varias veces la escena, los niños deberían discutir por qué fue apropiado el comportamiento en particular. *Los módulos sólo constan de las respuestas apropiadas.* Cuando esto se completa, deben intercambiar sus papeles y ensayar el guión varias veces más. Puede que, inadvertidamente, los niños alteren los módulos utilizando una entonación de voz o unos gestos inapropiados. En tales casos, la información (*feedback*) del educador al grupo puede calificar el comportamiento (como pasivo o agresivo). Entonces, el educador vuelve a representar la escena del modo correcto, acompañando la representación con una explicación. También esto va seguido de una discusión sobre la interacción. El educador y cualquier asistente disponible deben observar la fase de ensayo conductual y proporcionar abundante información positiva. Esta sección se termina después de que todos hayan ensayado los guiones de práctica y de que el educador esté seguro de que los niños comprenden el porqué y saben cómo comportarse en la situación social específica. Para mejorar las habilidades de comunicación no verbal, los niños pueden leer los guiones de práctica de una habilidad particular y entonces practicar la misma escena asertiva sin utilizar los guiones. Este procedimiento aproxima la «verdadera» interacción al utilizar el contacto ocular, las posturas y una mayor espontaneidad en la entonación verbal.

La última sección, la *Discusión en clase,* permite que la clase se reagrupe para así discutir lo que han estado practicando. En este momento es importante que los educadores pregunten a los estudiantes sobre cualquier dificultad con la que se puedan haber encontrado y señalar cualquiera de las áreas problema que hayan observado. A continuación se hace un resumen general, del que se encarga el educador, en el que se reiteran los aspectos importantes de las áreas, incluyendo la definición, fundamento teórico y las ventajas. Por último, al final de cada módulo de enseñanza, se incluyen sugerencias de deberes para realizar en casa. Como se ha indicado, estos deberes son opcionales; deben ser utilizados a juicio del educador. Se anima a los educadores a asignar deberes que puedan ser de particular relevancia para la población con la que trabajan, puesto que esto aumentaría el uso de las habilidades sociales recientemente aprendidas fuera de la sesión de enseñanza. Típicamente, los deberes implican la observación y práctica *in vivo* de los comportamientos e interacciones sociales comprendidos en los módulos de enseñanza. Los deberes para casa son fáciles, no amenazadores y, generalmente, requieren una modesta cantidad de

TABLA 1. Resumen del formato de enseñanza

I. Fundamento teórico para el educador

II. Modelo de lección para los niños
  A. Introducción del tema
  B. Fundamento teórico
    1. Ventajas
    2. Inconvenientes

III. Imitación (con o sin guiones)
  A. Entre educadores
  B. Entre educador y niños
  C. Entre dos niños delante de la clase
    1. Información (*feedback*) del educador
    2. Reforzamiento
    3. Información (*feedback*) de la clase
  D. Discusión de grupo

IV. Ensayo conductual (con o sin guiones — toda la clase)
  A. *Role-playing* (representación)
  B. Intercambio de papeles
  C. Información (*feedback*) del educador
  D. Discusión en pequeños grupos

V. Discusión en clase
  A. Información (*feedback*) del educador
  B. Resumen y revisión

VI. Asignación de deberes
  A. Revisión de los deberes (en la siguiente lección)

tiempo. Cuando se asignan deberes, los educadores deberían revisar, al inicio de la siguiente sesión de enseñanza, las asignaciones prescritas y discutirlas con los estudiantes. (Opción: se ha observado que es útil efectuar una revisión de los módulos previa al inicio de cada sesión, ya sea antes o después de la discusión de los deberes. Cuando el tiempo lo permite, después de la discusión y asignación de deberes, los niños disfrutan utilizando esto como un período de «imaginación». A las parejas que previamente interpretaron un comportamiento determinado con los guiones, se les da la oportunidad de representar una breve escena de sus propias experiencias, que ilustre la utilización de la respuesta asertiva. Los niños, como en la anterior ocasión, dan las razones para las respuestas apropiadas. Los niños disfrutan con la oportunidad de representar, para la clase o el grupo, sus habilidades recientemente adquiridas, lo que ofrece una oportunidad para revisar y asegurar que el material se ha asimilado en las sesiones previas.)

Formato de enseñanza

Para poder ver las cosas con mayor claridad, se ofrece un resumen del formato de enseñanza (véase la tabla 1). Es preciso que se tenga presente que las técnicas de enseñanza específicas se discuten en el capítulo 3. En cada módulo se incluyen ejemplos de lección y guiones para transmitir el material utilizando las instrucciones, práctica, información, imitación y reforzamiento.

Capítulo 5

Módulos de enseñanza de habilidades sociales

Módulo 1: Introducción a las habilidades sociales

Fundamento teórico para el educador

Cuando hablamos de habilidades sociales eficaces nos referimos a repertorios de comportamientos sociales que, cuando se utilizan en la interacción social, tienden a provocar reforzamiento positivo y, generalmente, dan como resultado consecuencias positivas. La adquisición de habilidades sociales prepara al individuo para la participación competente y eficaz en diversos aspectos de la interacción humana. De esta forma, la enseñanza de habilidades sociales es, en esencia, un programa ideado para enseñar y mejorar, tanto implícita como explícitamente, las habilidades interpersonales y de comunicación.

El término *habilidades sociales* denota dos conceptos básicos de gran importancia. En primer lugar, el término *sociales* implica un proceso interpersonal. La naturaleza de la interacción puede variar de la más simple a la más elevada complejidad. Sin embargo, tal como se indicó anteriormente (capítulo 1), los fenómenos sociales son, generalmente, bastante intrincados y comprenden respuestas públicas verbales y no verbales, que son procesos mediadores de la cognición. Si se desea que tengan éxito, requieren de una debida atención en lo referente al momento exacto, al intercambio y a la integración.

En segundo lugar, el uso de la palabra *habilidades* es, a la vez, deliberado y necesario. Específicamente, como seres sociales, adquirimos la inmensa mayoría de nuestros repertorios sociales a través del aprendizaje, típicamente por imitación, ensayo, instrucción, información correctiva, etcétera. Existen pocos circuitos con «resortes sólidos» identificados genética o fisiológicamente tanto para los comportamientos sociales específicos como generales entre los humanos. Por lo tanto, el término habilidades se utiliza y subraya repetidamente como medio para llegar al acuerdo de que estas habilidades vitales, todavía frágiles, son adquiridas a través del aprendizaje. De esta forma, el constante uso del término *habilidades sociales* favorece la idea de que estas inestimables competencias interpersonales pueden y deberían ser enseñadas de forma sistemática, utilizando las técnicas y principios del aprendizaje. Tal como lo demuestra la incidencia y prevalencia de problemas relacionados en la infancia, adolescencia y vida adulta, no basta con confiar en circunstancias fortuitas para facilitar la competencia social. De hecho, existen pruebas que apoyan el uso activo de programas de intervención sobre habilidades sociales como potentes medios facilitadores de la adaptación infantil.

La importancia de la enseñanza de habilidades sociales abarca dos áreas principales, que están relacionadas con la salud mental del individuo: 1) *tratamiento* de los déficits existentes y 2) *prevención* de futuros déficits. Históricamente, los programas de enseñanza de los comportamientos sociales iban dirigidos a los adultos y tendían a centrarse en los déficits de habilidades sociales existentes (la ansiedad y las fobias sociales) y en aspectos selectivos de trastornos psiquiátricos (depresión, alcoholismo y esquizofrenia). Más recientemente, los investigadores han demostrado la utilidad de la enseñanza de habilidades sociales como modelo preventivo, con programas ideados para estimular y ampliar, en el proceso natural, el desarrollo de la madurez social. El abordaje preventivo prepara a los jóvenes para la complejidad de las interacciones humanas, formalizando el desarrollo de repertorios sociales válidos. El niño socialmente hábil es más capaz de desarrollarse y prosperar en el actual complejo ambiente social. Por lo tanto, es necesario que la enseñanza de habilidades sociales no se utilice exclusivamente como programa terapéutico, sino que puede y debe también ser aplicada como estrategia preventiva.

Modelo de lección de habilidades sociales

Hoy vamos a discutir lo que se ha dado en llamar «habilidades sociales». Significa la forma en que nos comportamos y lo que decimos cuando estamos con los demás. Todos sabemos que hay «buenas maneras» y «malas maneras» de hablarle a la gente. Al aprender las habilidades sociales aprendemos las buenas o apropiadas maneras de hacerlo. El niño o la niña que tiene unas buenas habilidades sociales generalmente tiene más amigos y mejores amistades que uno que no las tenga. Si tenemos unas buenas habilidades sociales probablemente nos llevaremos mejor con los maestros, compañeros de clase y miembros de la familia que alguien que no tenga buenas habilidades sociales. Es importante aprender estas habilidades porque nos hacen más felices y dan como resultado menos problemas con los demás.

Existen muchos tipos diferentes de habilidades sociales que es importante conocer porque hay muchas y diferentes situaciones en las que es importante comportarse y hablar de manera apropiada (correctamente). Por ejemplo, la forma en que habláis a un amigo en el patio es diferente de la forma en que hablaríais a vuestro maestro o a vuestros padres. Probablemente, habláis a vuestros padres de forma diferente a la que hablaríais a vuestro maestro. La forma en que habláis a alguien que está triste probablemente es diferente de la forma en que lo hacéis con alguien que está alegre. Incluso cuando estáis enfadados, tenéis que prestar atención a lo que decís, teniendo muy en cuenta quién es vuestro interlocutor. Por lo tanto, es importante saber cómo hablar y comportarse en diferentes situaciones, con diferente gente.

La palabra *social* significa cómo nos llevamos con los demás, incluidos los amigos, hermanos, padres y maestros. La palabra *habilidades* significa la capacidad o talento que habéis aprendido o desarrollado al practicar a hacer algo cada vez mejor. Por lo tanto, como probablemente ya habréis adivinado, las habilidades sociales se refieren a nuestra habilidad para congeniar con los demás. Como es fácil suponer, existen muchos y diferentes tipos de habilidades sociales. Por ejemplo, hay habilidades muy simples, como hacer un cumplido a alguien cuando te gusta algo de esa persona; pero también hay habilidades más difíciles, como por ejemplo, tener que decir «no» a un amigo cuando nos pide un favor de forma que no se enfade. En ocasiones, queréis solucionar un problema con un amigo pero no sabéis que hacer; esto también es una habilidad social. Por lo tanto, el propósito de la charla de hoy consiste en hablar sobre las razones por las que las habilidades sociales son importantes, conocer qué pensáis sobre ellas. Después, por turno, todos practicaremos varias habilidades sociales.

Con regularidad, nos encontraremos para aprender estas habilidades con el fin de ayudaros a congeniar mejor con los demás y con la esperanza de que comprobéis que esto os hará sentir mejor con vosotros mismos y los demás también estarán más contentos de vosotros. ¿Puede alguno de vosotros ponerme algunos ejemplos de habilidades sociales? Bien, las habilidades sociales cubren diferentes áreas. Algunas sobre las que discutiremos son: hacer cumplidos, quejas, rechazar peticiones irracionales, compartir sentimientos, defender los propios derechos, solicitar favores, solicitar un cambio en el comportamiento de los demás, resolución de conflictos, congeniar con el sexo opuesto, tratar con los adultos y temas relacionados.

Una de las ideas básicas de la enseñanza de habilidades sociales consiste en que aprendáis a observar la diferencia entre el comportamiento social pasivo, agresivo y asertivo. Cuando alguien actúa de forma pasiva no se expresa a sí mismo, se comporta como un ratón. Deja que los demás niños le manden, le digan lo que tiene que hacer y, generalmente, no defiende sus propios derechos. Por regla general, sus necesidades, opiniones o sentimientos son ignorados, y puede que los otros niños se aprovechen de él.

En el otro extremo se encuentran los niños que son agresivos o *monstruos*. Son mandones e intimidan a los demás. Critican a los demás niños y los humillan. Sólo se preocupan por conseguir lo que *ellos* desean y cuando *ellos* quieren. Rara vez se preocupan por los sentimientos de los demás y, con frecuencia, se meten en líos o peleas. Estos niños tienden a aprovecharse injustamente de los demás y, generalmente, tienen muy pocos amigos de verdad.

Por lo tanto, queda claro que tanto el comportamiento social pasivo como el agresivo no son la mejor forma de relacionarse con los demás. Estos dos comportamientos conducen, bien a resultar herido (ratones), bien a herir a los demás (monstruos). Estoy seguro de que conocéis a niños que se comportan como ratones o como monstruos, y parece obvio afirmar que no se trata de gente feliz. Los monstruos tienen que ser duros, mientras que los ratones se tienen que esconder continuamente. Ahora, introduciré una nueva palabra y explicaré su importancia. La palabra es *asertividad.* La *asertividad* se refiere a comportarse tal y como uno es, ni como un ratón y ni como un monstruo. Es decir, ser asertivo significa dejar que los demás sepan lo que sientes y piensas de una forma que no les ofenda, pero que al mismo tiempo te permita expresarte. Puedes reconocer y respetar los sentimientos, opiniones y deseos de los demás de forma que no te impongas y que no permita que los demás se aprovechen de ti. También significa defender tus propios derechos e intentar siempre ser honrado, justo y sincero. Ser asertivo no es sólo una cuestión de «buenas maneras», es una forma de comportarse ante los demás de modo que les permite conocer tus sentimientos e ideas sin atropellar o ignorar las suyas. Lo ideal sería que *todos* nosotros actuásemos de forma asertiva, en lugar de actuar como ratones o monstruos, ya que entonces pocas veces no pelearíamos, perderíamos amigos o sentiríamos miedo de estar con los demás.

Por lo tanto, durante todo el programa de enseñanza utilizaremos los términos «ratón», «monstruo» y «asertivo». Como ayuda para que os volváis más asertivos, a partir de ahora utilizaremos la palabra «yo» para referirnos a asertivo. Ahora describiré algunas situaciones sociales y quisiera que todos escucharais con atención para que intentemos observar las diferencias entre los comportamientos sociales «ratón», «monstruo» y «yo».

(*Opcional:* Llegado a este punto, el educador podría indicar su estilo social utilizando las tres alternativas que se mencionan abajo. Después de esto, el educador debería pedir a los niños, de forma individual, que hicieran la misma descripción. Esto estimula la participación y mantiene el interés. Con los niños más pequeños también puede aumentar el interés el hecho de dar un toque de humor o dramático al describir al «monstruo» o al «ratón» en la discusión inicial.)

Preguntas para discusión

1. ¿Puede alguien decirme qué son las habilidades sociales?
2. ¿Por qué son importantes las habilidades sociales?
3. ¿Podéis ponerme ejemplos de situaciones en las que es bueno tener habilidades sociales? ¿Por qué?
4. ¿Podéis ponerme ejemplos de situaciones en las que es importante tener cuidado con lo que se dice y el modo en que se dice? ¿Por qué?

Cada vez que hablamos con otra persona o grupo de gente es importante recordar que lo que decimos y la *forma* en que lo hacemos puede influir en sus reacciones y en lo que pensarán de nosotros. Por ejemplo, si el perro de un amigo vuestro se hubiera escapado y vuestro amigo estuviera triste, probablemente *no* sería una buena idea decir: «¡Vamos, anímate! ¡Era un perro estúpido, sucio y feo! Te hizo un favor escapándose». Lo más probable es que, después de decir esto, tengáis un amigo menos. De forma parecida, si vuestra maestra anunciara que ha ganado un premio, no deberíais decir: «Cualquiera puede ganar eso. Creo que alguien se lo merecía más que tú». Como podéis ver en los dos ejemplos anteriores, alguien ha dicho algo inapropiado. Saber reaccionar y decir las cosas apropiadas en estas situaciones es lo que se considera ser hábil socialmente.

Preguntas para discusión

1. ¿Cómo creéis que se sintió la otra persona?
2. ¿Cómo podría reaccionar la otra persona?
3. ¿Podéis poner varios ejemplos de otras cosas que hubieran sido más apropiadas? (Como mínimo 3.)
4. ¿Cuál era la más apropiada? ¿Por qué?

Fundamento teórico (racional) para los niños

Ventajas. Cuando poseéis unas buenas habilidades sociales:

A. Comprendéis mejor a los demás.
B. Os comprendéis mejor a vosotros mismos.
C. Os comunicáis mejor con los demás.
D. Hacéis más amigos y conocéis mejor a vuestros amigos.
E. Es más fácil participar en actividades divertidas (por ejemplo, clubs, juegos...)
F. Podéis jugar un papel más importante en vuestras familias y estar más implicados en las decisiones familiares.
G. Podéis tener mejores rendimientos escolares, menos problemas con los amigos o compañeros y una mejor adaptación posterior en la vida.
H. Podéis caer mejor a los maestros y compañeros de clase.
I. Podéis ser más populares, caer mejor y ser personas más felices.

Inconvenientes. Si tenéis pocas habilidades sociales:

A. Puede que no seáis capaces de comunicar muy bien vuestras necesidades o sentimientos a los demás.
B. Puede resultar más difícil hacer nuevos amigos y conservar los que ya tenéis.
C. A los demás les costará comprenderos.
D. Podríais veros apartados de las cosas importantes o divertidas que suceden (conversaciones, actividades...).
E. Os podéis encontrar solos, perder amigos, tener problemas con los adultos.

Guión para el educador

Ahora que tenéis cierta idea de lo que son las habilidades sociales, voy a daros unos cuantos ejemplos más de habilidades sociales buenas y no tan buenas.

La importancia de las habilidades sociales

Situación 1. Sospechas que un amigo ha cogido prestado uno de tus libros sin pedírtelo antes. Puedes decir:

TÚ: Perdona, Tom/Betty, ¿has cogido mi libro de matemáticas? No lo encuentro por ninguna parte.
AMIGO: ¡Oh, sí! Espero que no te moleste, lo necesitaba para hacer un problema.
TÚ: De acuerdo, está bien que lo cojas prestado, pero, por favor, pídemelo antes. Así no creeré que lo he perdido.
AMIGO: De acuerdo, es que tenía prisa.

(Asertiva)—Ésta es una buena respuesta asertiva porque

1. evitas que tu amigo se enfade;
2. probablemente, te devolverá el libro;
3. esto evitará que vuelva a repetirse el mismo tipo de problema porque ahora tu amigo sabe que quieres que te pida el libro antes de cogerlo.

TÚ: ¡Caramba! Me gustaría encontrar mi libro de matemáticas. Espero que nadie lo haya cogido.
AMIGO: ¡Oh! Lo he cogido yo. Pensé que no te molestaría.
TÚ: ¡Vaya! Pensaba que lo había perdido.
AMIGO: No te preocupes, lo tengo yo.

(Pasiva)—Esta es una respuesta pasiva y menos deseable porque

1. no has dicho lo que realmente querías decir;
2. puede que, en el futuro, tu amigo se aproveche de ti otra vez porque no ha comprendido que este comportamiento te molesta;
3. puede que no te devuelva el libro.

TÚ: ¡Muy bien! ¡Te he cazado robándome el libro de matemáticas!
AMIGO: ¿Lo dices en serio? Sólo lo he cogido prestado.
TÚ: Seguro que sí (*sarcásticamente*) ¡Gracias por pedírmelo!
AMIGO: ¡Toma! Quédate con tu viejo libro.

(Agresiva)—Esta respuesta es agresiva porque
1. no has dicho lo que realmente querías decir;
2. puede que al final tu amigo esté enfadado contigo y que actúe de la misma manera;
3. puedes perder un amigo porque le has atacado verbalmente y le has avergonzado.

Situación 2. Tus padres te piden que esta noche laves tú los platos.

TÚ: Yo lo he hecho las dos últimas noches. ¿No le toca a (hermano/hermana)?
PADRE: Creo que tienes razón. Pensaba que ella/él los había lavado ayer por la noche.
TÚ: No, lo hice yo. ¿Puedo salir fuera (y jugar)?
PADRE: Muy bien. Vete.

(Asertiva)—Esta respuesta es convenientemente asertiva porque
1. has explicado tu situación sin discutir, gimotear o siendo pasivo;
2. no has sido irrespetuoso.

TÚ: ¡No! ¡Yo no los voy a lavar esta noche! ¡Ya puedes buscarte a otro para que lo haga!
PADRE: ¡A mí no me hables así!
TÚ: ¡Ya está bien! ¡No es justo! Siempre me hacéis lavar los platos a mí.
PADRE: ¡Deja de exagerar y lávalos!

(Agresiva)—Esta es una respuesta agresiva porque
1. fracasas al expresar tus motivos para no lavar los platos;
2. no dejas que tus padres tengan la oportunidad de explicar su punto de vista y eres irrespetuoso;
3. la respuesta no es muy efectiva porque de todas formas, al final, tienes que lavar los platos.

Guiones de práctica

Situación 1. Un amigo te pide que le hagas un favor.

AMIGO: ¿Te importaría ayudarme a barrer el patio después de las clases?
TÚ: ¡Vaya! Me gustaría poder ayudarte, pero tengo que encontrarme con mi madre más tarde. No creo que pueda. Lo siento.

Situación 2. Un grupo de amigos tuyos están hablando sobre el partido de fútbol de ayer noche. Quieres unirte a ellos.

TÚ: ¡Yo también vi el partido! Fue fabuloso. ¿Alguno de vosotros va a ir al partido de la semana que viene?

Situación 3. Una dependienta de un almacén te da mal el cambio.

TÚ: Perdone, pero creo que no está correcto. ¿No me tiene que devolver más?
DEPENDIENTA: A ver, déjame comprobarlo.

Situación 4. Tu maestro te dice que has conseguido la nota más alta del examen.

TÚ: Gracias, señor Smith. Estudié mucho.
MAESTRO: Sí, se nota. Continúa trabajando así.

Situación 5. En el patio, algunos niños/niñas te dicen que eres demasiado bajito para jugar con ellos a baloncesto.

TÚ: Tengo el mismo derecho que vosotros para jugar aquí. Además, no es necesario ser alto para ser bueno.
ELLOS: Está bien. Veamos qué puedes hacer.

Situación 6. Alguien que está a tu lado en el autobús está fumando y te hace toser.

TÚ: Perdone, ¿le importaría no fumar? Me está molestando.
FUMADOR: ¡Oh, lo siento! Desde luego que no me importa.

Situación 7. Tu hermano parece triste y quieres saber lo que le pasa.

TÚ: ¡Hola! ¿Te preocupa algo? Pareces triste.
HERMANO: Sí, no pude jugar el partido de fútbol.
TÚ: Lo siento mucho. ¿No lo puedes intentar más tarde?

Sugerencias de deberes para casa

1. Cada día, hay muchas ocasiones en las que puedes poner en práctica tus habilidades sociales. Describe dos de esas ocasiones. Para cada ejemplo:
   a. Describe la situación.
   b. ¿Qué se dijo?
   c. ¿Se utilizaron unas buenas habilidades sociales? ¿Por qué? ¿Por qué no?
   d. ¿Cómo podías haber dicho/hecho algo de mejor forma? ¿Por qué?
2. Intenta hacer una lista de tantas situaciones como puedas en las que las habilidades sociales jueguen un papel importante. (Puedes utilizar los ejemplos de la lección.)

Módulo 2: Cumplidos

Fundamento teórico (racional) para el educador

Los cumplidos hacen que casi todo el mundo se sienta bien. En el cumplido existen dos componentes: el *darlo* y el *recibirlo*. La capacidad para reaccionar de forma positiva y sincera ante los demás tiene muchas ventajas, tanto para el que da el cumplido como para el que lo recibe. La importancia de hacer cumplidos en las relaciones sociales ha sido sobradamente reconocida en la literatura. Los niños que pueden hacer cumplidos sinceros a sus compañeros, padres y maestros reciben, a cambio, un reforzamiento similar. Este círculo de dar y recibir reforzamiento social ayuda a aumentar la propia popularidad, la implicación social y el rendimiento escolar.

Modelo de lección sobre cumplidos

Hoy vamos a hablar sobre el hecho de *dar* y *recibir* cumplidos. El *dar* cumplidos significa que queremos decir algo positivo o agradable a otra persona. El dar y recibir cumplidos hace que la mayoría de la gente se sienta bien consigo misma. *Tú* no eres la única persona a quien le gusta oír cosas agradables sobre sí mismo; a tus amigos, padres y maestros también les gusta oír cosas agradables sobre ellos mismos. Es importante que recordéis dos puntos clave cuando hagáis un cumplido. En primer lugar, debéis ser sinceros; es decir, debéis pensar *de verdad* lo que decís. En segundo lugar debéis hacerlo en el momento apropiado. Por ejemplo, no sería oportuno hacer un cumplido durante una discusión.

Preguntas para discusión

1. ¿Puede alguien poner un ejemplo de un cumplido?
2. ¿Puede alguno de vosotros poner un ejemplo de cuándo hizo un cumplido a alguien?
3. ¿Qué sucedió? (¿Cómo se sintió esa persona? ¿Cómo reaccionó?)
4. ¿Cómo os sentisteis cuando alguien os hizo un cumplido?

Cuando aceptáis un cumplido os sentís bien con vosotros mismos. Son muchas las razones por las que es importante aceptar un cumplido. Cuando aceptáis un cumplido permitís que la otra persona sepa que apreciáis y que os gusta lo que os dice. El hecho de no aceptar un cumplido hace que el resto de la gente piense que no os importa lo que dicen o que no os fiáis de sus opiniones.

¿Cómo os sentís cuando alguien os hace un cumplido? (Pedir a los niños que levanten la mano cuando les pase alguna de las siguientes situaciones.)

1. ¿Te sientes tonto y avergonzado?
2. ¿Te sientes alegre?
3. ¿No sabes qué decir?

4. ¿Das a cambio otro cumplido?
5. ¿Te menosprecias?
6. ¿Actúas como si no lo oyeses?

Fundamento teórico (racional) para los niños

Ventajas. Cuando hacéis un cumplido:

A. ayudáis a los demás a que se sientan bien consigo mismos;
B. dejáis que los demás sepan lo que os gusta de ellos;
C. os sentís bien porque sois capaces de decir algo agradable a otra persona.

Al aceptar cumplidos:

A. podéis hacer que el que os lo hace sepa que apreciáis lo que os dice;
B. sabéis lo que a los demás les gusta de vosotros;
C. os podéis sentir bien con vosotros mismos.

Inconvenientes. El no aceptar cumplidos puede conducir a que:

A. os sintáis mal con vosotros mismos;
B. os menospreciéis a vosotros mismos;
C. los que os hagan el cumplido se sientan mal porque habéis infravalorado sus opiniones y sentimientos, por lo que es posible que no quieran haceros más cumplidos.

El no hacer cumplidos:

A. puede dar como resultado que no digáis cosas agradables que en realidad queréis decir;
B. no permite que los demás sepan qué es lo que os gusta de ellos;
C. puede que los demás piensen que no os caen bien;
D. reduce la posibilidad de que los demás quieran haceros cumplidos.

Guión para el educador: hacer cumplidos

Como probablemente ya sabéis, no siempre es fácil hacer y aceptar cumplidos. Puesto que es tan importante, es bueno aprender a hacerlo. Lo que hoy haremos es practicar el hacer y aceptar cumplidos. En primer lugar, os pondré varios ejemplos; después, tendréis la oportunidad de practicar vosotros solos.

Situación 1. Alguien ha hecho un proyecto que pensáis es muy bueno.

TÚ: Me ha gustado mucho tu proyecto.
OTRO: Gracias. Trabajé mucho en él.
TÚ: Creo que es realmente interesante.
OTRO: Me gustó hacerlo; era divertido. Gracias.

(Asertiva)—Esta manifestación es asertiva porque

1. has expuesto a la persona tus sentimientos positivos de forma agradable y sincera;
2. has resultado convincente, no lo has dicho de forma exagerada.

TÚ: ¿Es éste tu proyecto?

OTRO: Sí, es el mío.
TÚ: ¡Oh!

(Pasiva)—Esta manifestación es pasiva porque
1. no has dicho lo que sientes acerca del proyecto;
2. no has permitido que la otra persona sepa que aprecias su trabajo.

Situación 2. Conoces a una persona que te cae muy bien.

TÚ: De verdad, creo que eres muy simpático. Me gusta hacer cosas contigo.
OTRO: Gracias.

(Asertiva)—Esta exposición es asertiva porque
1. das a conocer tus sentimientos de forma agradable y sencilla;
2. probablemente has hecho que la otra persona se sienta bien porque permites que sepa que te cae bien.

TÚ: ¡Eres la mejor persona del mundo!
OTRO: Venga hombre, no seas tonto.

(Agresiva)—Esta manifestación es agresiva porque
1. has exagerado el cumplido, cosa que hace que resulte difícil creerte;
2. la otra persona puede pensar que te estás burlando de ella.

Guión para el educador: aceptar cumplidos

Situación 3. Alguien ha hecho un comentario sobre el proyecto que tú hiciste.

OTRO: Oye, me gustó mucho tu proyecto.
TÚ: Gracias, trabajé mucho en él. Me alegra que te gustara.

(Asertiva)—Esta respuesta es asertiva porque
1. has aceptado el cumplido de forma adecuada;
2. dejas que la persona que te hace el cumplido sepa que aprecias lo que ha dicho.

OTRO: Oye, me gustó mucho tu proyecto.
TÚ: No era tan bueno.
OTRO: Yo creo que era muy bueno.
TÚ: No, en realidad no lo era.

(Pasiva)—Esta respuesta es pasiva porque
1. has hecho que la otra persona se sienta estúpida por ser amable;
2. has puesto en duda la opinión de la otra persona sobre tu proyecto.

OTRO: Oye, me gustó mucho tu proyecto.
TÚ: Sí, ¡era el mejor!
OTRO: Creo que era interesante.
TÚ: Mejor que lo creas, porque lo era.

(Agresiva)—Esta respuesta es agresiva porque
1. tu respuesta no reconoce el cumplido de la otra persona;
2. das la imagen de engreído.

Situación 4. Alguien te dice lo siguiente:

OTRO: Creo que eres muy simpático.
TÚ: Gracias. Eres muy amable por decir esto.

(Asertiva)—Esta respuesta es asertiva porque
1. has aceptado el cumplido de forma adecuada y has hecho que la otra persona también se sienta bien.

OTRO: Creo que eres muy simpático.
TÚ: (Ruborizado, avergonzado, no haces ningún comentario.)

O

¡Vamos hombre!

(Pasiva)—Esta respuesta es pasiva porque
1. no has contestado a su cumplido;
2. puedes haber hecho que la otra persona se sintiera estúpida porque no has apreciado lo que te ha dicho.

OTRO: Creo que eres muy simpático.
TÚ: Sí, soy el mejor. ¡Nadie me puede superar!

(Agresiva)—Esta respuesta es agresiva porque
1. has reaccionado de forma exagerada ante el cumplido;
2. haces difícil el que la otra persona te haga otras manifestaciones positivas;
3. parece que estés fanfarroneando, con lo que la otra persona se puede apartar de ti.

Guiones de práctica

Los siguientes guiones presentan situaciones que demuestran el hacer y aceptar cumplidos.

Situación 1. Te encuentras a un amigo/a en una fiesta y está muy guapo/a. Quieres que sepa que te gusta mucho la forma en que va vestido/a.

TÚ: Estás muy guapo/a.
OTRO: Gracias.

Situación 2. Después de estar toda la tarde con un nuevo compañero de clase, quieres comunicarle tus sentimientos.

TÚ: Estoy contento de que hayamos jugado juntos. Ha sido divertido. Me caes muy bien.
OTRO: Eres muy amable por decir eso. Gracias.

O

Me gusta que me lo digas. Gracias.

Situación 3. Un amigo tuyo te ayuda a encontrar una cantidad de dinero que habías perdido.

TÚ: ¡Lo que has hecho ha sido fabuloso! Gracias por ayudarme.
OTRO: De nada. Eres muy amable por decir esto.

Situación 4. Has ayudado a una persona mayor a llevar la compra hasta su casa.

OTRO: Has sido muy amable al ayudarme con la compra. Gracias.
TÚ: De nada. Ha sido un placer ayudarle.

Situación 5. Después de un discutido partido de tenis, tu amigo te hace un cumplido.

OTRO: Has jugado muy bien.
TÚ: Gracias, me esforcé mucho para conseguir el último punto.

Situación 6. Tu amigo estudia mucho y consigue la nota más alta en el examen de matemáticas.

TÚ: Has hecho un buen examen.
OTRO: Gracias.

Situación 7. En la clase de gimnasia, uno de los alumnos corre más de dos kilómetros.

TÚ: Eres un buen corredor.
OTRO: Gracias. Practico cada día.
TÚ: Bueno, de verdad que lo hiciste muy bien.

Situación 8. Mientras regresáis a casa después del colegio, tu amigo ayuda a un niño pequeño que ha tropezado y se ha caído.

TÚ: Estuvo muy bien que ayudaras a ese niño pequeño.
OTRO: Gracias. El niño está bien, sólo se ha hecho un rasguño en la rodilla.
TÚ: Ha tenido suerte de que estuvieras por aquí.

Situación 9. Alguien da un empujón a un niño en el recreo. Tú le dices que no lo haga.

AMIGO: Has hecho muy bien en defender a ese niño.
TÚ: Gracias. No me gusta ver que empujan a alguien.

Sugerencias de deberes para casa

1. Haz un cumplido sincero a un miembro de tu familia cada día.
2. Haz, por lo menos, un cumplido sincero a cada uno de tus maestros.
3. Haz, como mínimo, un cumplido sincero a un amigo.
4. Cuando recibas un cumplido, presta atención a cómo te sientes (orgulloso, avergonzado...) y a lo que haces. ¿Cómo has hecho que se sienta la otra persona?

Módulo 3: Quejas

Fundamento teórico (racional) para el educador

Con frecuencia, se considera que la gente que expresa quejas es grosera, dura o insensible. Sin embargo, el hecho de expresar quejas es una importante habilidad social que requiere tacto para saberlo hacer en el momento apropiado, y debiera tener un propósito positivo. Algunos expertos de la salud mental han sugerido que expresar quejas sirve como medio de control para prevenir manifestaciones de frustración y rabia. Los niños que son capaces de expresar quejas de forma constructiva tienen la capacidad de verbalizar sus preocupaciones y de rectificar las condiciones aversivas de su medio ambiente. La recompensa por expresar quejas puede ser doble. En primer lugar, el expresar quejas sirve para eliminar o reducir la irritación y la ansiedad, contribuyendo así a la sensación de bienestar general del niño. En segundo lugar, los niños que saben expresar quejas de forma organizada y verbalmente son más objetivos y razonables cuando reciben quejas de los demás. Cuando analizamos el contenido de una queja que alguien nos hace, nos damos cuenta de las cosas que hacemos y que afectan a los demás de forma negativa. Con frecuencia, una respuesta apropiada a una queja mejorará la naturaleza de la interacción inmediata y nos dará información del modo en que debemos comportarnos, de forma diferente, en interacciones futuras.

Modelo de lección sobre quejas

Expresar una queja. Hoy vamos a hablar sobre las quejas y del modo en que es conveniente realizarlas. Una queja es una manifestación sobre alguien o algo que no os gusta. Como quiera que sea, la forma mejor y más rápida para solucionar un problema, o cualquier cosa que sea que os moleste, es dejar que la persona responsable sepa que estáis disgustados. Así es como expresamos una queja. Sin embargo, es importante recordar que cuando una persona os expresa una queja probablemente es porque quiere mejorar las cosas con vosotros. Deberíais expresar una queja sólo para mejorar las cosas, nunca para herir a los demás o hacerles sentir mal.

Preguntas para discusión

1. ¿Puede alguno de vosotros poner un ejemplo de una queja?
2. ¿Hay algo de lo que os gustaría quejaros?
3. ¿Cómo os sentís después de haber expresado una queja?
4. ¿Qué ocurrió después de que hubiérais expresado una queja? (¿Cómo reaccionó la otra persona? ¿Cambió la situación?)

Cuando los demás os expresan una queja. El hecho de aprender a reaccionar ante las quejas de los demás es tan importante como aprender a expresar quejas. No es fácil escuchar a la gente cuando os dicen las cosas que hacéis o decís y que no les gustan o les hacen sentirse heridos. Algunas veces, escuchar las quejas de los demás puede salvar una amistad o, incluso, iniciar una nueva. Esto no significa que tengáis que creer todo lo que os digan, pero les demuestra que les respetáis lo suficiente como para escuchar lo que tienen que decir. Podéis aprender mucho sobre vosotros mismos, así como sobre la persona que realiza la queja, escuchando y pensando acerca de lo que esa persona tiene por decir.

Preguntas para discusión

1. ¿Alguien os ha expresado alguna queja sobre algo que habéis dicho o hecho?
2. ¿Cómo os sentísteis? Pedir a los niños que levanten la mano si cuando les pasó se sintieron:
   a. Enfadados o furiosos.
   b. Avergonzados o estúpidos.
   c. Tristes o infelices.
   d. Con ganas de pelearos.
   e. Agradecidos.
3. La persona que os expresó la queja, ¿podía haberlo hecho mejor? ¿Cómo?

Como véis, la mayoría de las quejas se pueden hacer bien, de manera que la gente no se enfurezca con vosotros porque hayáis herido sus sentimientos. Es mucho más fácil escuchar quejas si están expresadas correctamente, ya que entonces no hieren nuestros sentimientos.

Preguntas para discusión

1. ¿Alguno de vosotros conoce a alguien que exprese muchas quejas?
2. ¿Qué pensáis sobre alguien que se queja «todo el rato»?
3. ¿Qué os indica esto sobre la forma de expresar quejas?

Las quejas pueden ser buenas si se hacen cuando son necesarias. Si se hacen con demasiada frecuencia, la gente pensará de vosotros que siempre os quejáis y no os prestará atención. Por lo tanto, cuando tengáis una queja, es importante que os aseguréis de que es realmente necesaria. Si vuestra queja es necesaria e importante, probablemente conseguiréis que la persona con la que estéis hablando reaccione mejor.

Fundamento teórico (racional) para los niños

Ventajas. Al hacer una queja positiva, constructiva:

A. ayudáis a reducir las fuentes de irritación y antipatía entre vosotros y los demás;
B. podéis mejorar vuestras relaciones con los demás;
C. permitís que los demás sepan que os importan lo suficiente como para compartir con ellos vuestros sentimientos;
D. algunas veces podéis ayudar a hacer las cosas mejor o más seguras para vosotros y para los demás (por ejemplo, expresando una queja sobre un mal servicio).

Al escuchar las quejas de los demás:

A. dejáis que sepan que estáis interesados en lo que tienen que decir;

B. podéis conocer los problemas que pueden estar perjudicando vuestra vida social (es decir, vuestros puntos débiles).

Inconvenientes. El no expresar una queja cuando es apropiado hacerlo puede llevar a:

A. sentimientos de frustración con vosotros mismos;
B. hacer que os enfadéis innecesariamente con la otra persona;
C. mayor cantidad de problemas entre vosotros y los demás.

El no escuchar o no prestar atención a las quejas de los demás:

A. puede hacer que los demás os eviten;
B. puede hacer que se enfaden o se sientan frustrados con vosotros porque no mostráis interés;
C. puede conduciros a que desconozcáis las cosas que hacéis y que molestan a los demás.

Guión para el educador

Ahora que hemos hablado sobre cómo y cuándo expresar quejas para mejorar las situaciones difíciles, es importante que practiquemos tanto el expresar como el escuchar quejas. En primer lugar, os pondré algunos ejemplos de cómo hacer y recibir quejas y, después, tendréis la oportunidad de practicarlo vosotros solos.

Expresar quejas

Situación 1. Tu amigo te devuelve un libro que le prestaste y las páginas están manchadas por algo que se derramó sobre el libro.

TÚ: ¡Estas páginas están arrugadas! No estaban así cuando te deje el libro. ¿Qué ha pasado?
AMIGO: Mi hermano pequeño derramó la leche sobre el libro cuando lo estaba leyendo. Lo siento mucho. Tal vez debería darte uno nuevo.
TÚ: Bien, de acuerdo. Y entonces yo te daré éste.

(Asertiva)—Esta respuesta es asertiva porque
1. has expresado tu disconformidad ante el hecho de que el libro esté estropeado;
2. le has dado a la otra persona la oportunidad para explicarse;
3. has permitido que la otra persona supiera que no estás satisfecho y la próxima vez probablemente cuidará mejor de tu libro.

TÚ: Mi libro no parece el mismo.
AMIGO: ¿Qué quieres decir?
TÚ: Oh, nada en particular.
AMIGO: Es el mismo libro que me prestaste la semana pasada.

(Pasiva)—Esta respuesta es pasiva porque
1. no has dicho lo que querías decir, con lo que tu amigo nó te ha entendido;
2. no has dado la oportunidad a la otra persona para que se explicase, con lo que te puedes haber quedado enfadado, con sentimientos de frustración;
3. probablemente se volverá a repetir el incidente porque no has permitido que la otra persona sepa que no te gustan las condiciones en que se encuentra tu libro.

TÚ: ¡Has estropeado mi libro!
AMIGO: No, yo no lo he hecho. Ya estaba así antes.
TÚ: Eres un mentiroso. Estaba en perfectas condiciones cuando te lo dejé.
AMIGO: Estás loco. No me eches las culpas de que tu libro esté gastado.

(Agresiva)—Esta respuesta es agresiva porque
1. has acusado a la otra persona y no le has dado la oportunidad para que se explique;
2. has hecho que tu amigo se sienta mal y se enfade contigo;
3. en realidad, no has dicho qué es lo que está mal en el libro o sugerido una manera de reparar el daño;
4. te has quedado con sentimientos de frustración y enfado.

Situación 2. Alguien ha dicho algo que ha herido tus sentimientos.

TÚ: Sabes, (nombre), me ha sentado muy mal lo que dijiste ayer sobre mí. Por favor, no vuelvas a decirlo.
OTRO: Caramba, lo siento. No pensaba que te fuera a molestar tanto.

(Asertiva)—Esta respuesta es asertiva porque
1. has dejado claro cómo te sientes;
2. has dado la oportunidad a la otra persona para que «ponga remedio» al problema;
3. la otra persona posiblemente evitará herir tus sentimientos en el futuro.

TÚ: Oye, (nombre), no iba en serio lo que dijiste el otro día, ¿verdad?
OTRO: Bueno, creo que no (de forma poco convincente).

(Pasiva)—Esta respuesta es pasiva porque
1. no has dicho lo que en realidad querías decir;
2. estás forzando a la otra persona a contestar dándole solamente una oportunidad para que se explique;
3. la otra persona no comprende cómo te sientes y, por lo tanto, puede que vuelva a cometer el mismo error.

TÚ: Sabes, (nombre), fue mezquino lo que dijiste ayer. ¡Estoy furioso! Eres muy brusco.
OTRO: ¿Ah sí? Bien, pues lo dije muy en serio.

(Agresiva)—Esta respuesta es agresiva porque
1. probablemente has hecho que la otra persona se enfade al atacarla a ella y no al problema;
2. no has dado la oportunidad a la otra persona para que se explique;
3. la otra persona no comprende cómo te sientes, por lo tanto, puede que vuelva a cometer el mismo error.

Guiones de práctica

Situación 1. Algunos niños que se sientan detrás tuyo no te dejan oír lo que dice el maestro.

TÚ: No puedo oír lo que dice el maestro. Por favor, ¿podéis hablar en voz más baja?
OTRO: Lo siento. Intentaré estar más callado.

Situación 2. Ves cómo un amigo tuyo se burla de uno de tus compañeros de clase.

TÚ: Creo que no deberías burlarte de (nombre). Está empezando a sentarle mal.
OTRO: No me di cuenta de que le molestara. Creo que tienes razón.

Situación 3. Llegáis tarde al cine porque tú te has retrasado.

OTRO: (nombre), quiero que sepas que cuando llegas tarde todos tenemos que esperarte.
TÚ: Lo siento. A partir de ahora intentaré ser puntual. No sabía que causara tantos problemas. Lo siento.

Situación 4. Oyes a un amigo que, muy a menudo, critica a una niña.

OTRO: Sabes, (nombre), si no dijeras esas cosas tan desagradables sobre los demás, te pedirían que jugaras más veces con ellos.
TÚ: ¿De verdad? No me daba cuenta de que lo hacía. Prestaré más atención a lo que digo.

Situación 5. Algunas veces es importante quejarse de cosas que te hacen de las que la otra persona posiblemente no se da cuenta. En esta situación es importante evitar ser severo.

El cajero de la tienda de comestibles te da mal el cambio.

TÚ: Perdone, señor Smith. Creo que no me ha dado bien el cambio. ¿Puede comprobarlo, por favor?
SR. SMITH: Oh, sí. Déjame ver. Tienes razón. Tengo que darte más de lo que te he dado.

Situación 6. Alguien te ha hecho enfadar por lo que acaba de decir.

TÚ: Sabes, (nombre), cuando dices eso me pones furioso, porque no es justo.
OTRO: Siento que te moleste, pero no sé muy bien qué es lo que he dicho que haya hecho que te enfadaras.

Situación 7. Estás jugando a tenis en la clase de gimnasia y tu compañero tira, todo el rato, la pelota muy alta y fuera de la pista.

TÚ: No me gusta tener que ir a recoger la pelota todo el rato. ¿Quieres que te enseñe a tirarla mejor?
COMPAÑERO: Creo que necesito ayuda. Me parece que no sé tirar bien la pelota.

Situación 8. Tu amigo te devuelve tres discos que le prestaste y uno está rayado.

TÚ: (Nombre), el disco que me devolviste ayer estaba rayado.
AMIGO: ¿Estás seguro? A mí me sonaba bien.
TÚ: Sí, es una raya muy grande. Creo que deberías comprarme otro.

Situación 9. Entras en la clase y ves que tu amigo está escribiendo en tu libreta.

TÚ: No me gusta que me cojas las cosas sin pedirlas primero.
AMIGO: Sólo la he cogido un momento.
TÚ: La próxima vez pídemela antes. Sabes que te dejo papel siempre que quieres, pero primero quiero saberlo.

Situación 10. A ti y a un compañero os han puesto de deberes que trabajéis juntos en un proyecto. Él no hace nada.

TÚ: ¿Sabes?, se supone que tenemos que hacer juntos este proyecto y tú no estás haciendo tu parte.
COMPAÑERO: ¿Qué quieres que haga?
TÚ: Bueno, estaría bien si pudieras terminar esta parte.

Sugerencias de deberes para casa

1. Escribe, como mínimo, dos cosas que te molesten y de las que debieras haberte quejado.
2. Observa cómo tus amigos o tu familia expresan quejas. ¿Lo hacen de forma que evitan que la otra persona se enfade?
3. Mientras mires la televisión, escribe algunas situaciones en las que la gente se queja o debiera quejarse. ¿Qué hubieras dicho tú? ¿Cómo habrías contestado? ¿Cómo habrías contestado a la queja?

Módulo 4: Dar una negativa o decir no

Fundamento teórico (racional) para el educador

No siempre resulta fácil decir «no». Algunas veces una persona puede que no se sienta capaz de negarse a un amigo o a un familiar. La capacidad para negarse a las demandas de otro de forma no punitiva y diplomática requiere de mucha habilidad. La persona que constantemente cede ante las peticiones de los demás, independientemente de que sean o no apropiadas, algunas veces es considerada como un «ratón», como «una persona fácil de vencer». Cuando una persona dice «no» en el momento apropiado expresa cómo se siente en relación a una petición o invitación. Los investigadores han hallado que los individuos que carecen de la capacidad de negarse a peticiones se sienten, con frecuencia, defraudados, frustrados y resentidos.

Los niños que aprenden a rechazar peticiones de forma apropiada obtienen un mayor control de sus interacciones sociales. Ejercer el derecho a negarse ante una petición, ayuda a los niños a comprender mejor la importancia de su contribución al aceptarla. Por ello, el reforzamiento social que obtiene el joven al respetar una petición se ve alentado por el autorreforzamiento que puede resultar de una negativa adecuada. Además, junto a la adquisición de esta habilidad social puede aparecer la comprensión y el darse cuenta de que el *ser* rechazado no debe sentirse como algo degradante o hiriente.

Modelo de lección sobre la negativa

Hoy vamos a discutir sobre lo que es la *negativa* y cómo utilizarla de forma correcta. *Negarse* consiste en ser capaz de decir no de forma adecuada cuando alguien os pide que hagáis algo. Estoy seguro de que han habido ocasiones en que a cada uno de vosotros se os ha pedido que hiciérais algo que no queríais o que sabíais que no debíais hacer. Por ejemplo, un día podríais estar mirando vuestro programa de televisión favorito; habéis estado esperando toda la semana para verlo. Entonces, llega vuestro mejor amigo y os pide que le acompañéis a unos almacenes. ¿Qué haríais?

Bien, podríais decir: «Vete a la porra. Estoy ocupado», y probablemente perderíais a vuestro amigo; podríais ir con él y acabar enfadados por haberos perdido el programa; o podríais decir no, pero de tal forma que no hiriérais los sentimientos de vuestro amigo. ¿Puede alguno de vosotros decirme cómo podría hacerse esto?

Posibles respuestas

«¿Por qué no miras el programa conmigo y después nos vamos?»
«Caramba, lo siento, pero ahora no puedo ir. Aunque un poco más tarde sí que podré.»
«Lo siento, pero ahora mismo no puedo ir.»
«Quiero acabar de ver este programa; después estaré encantado de ir.»

Existen formas de decir no que tienen menos posibilidades de herir los sentimientos de la otra persona. Por este motivo es importante aprender a negarse correctamente. En realidad, significa encontrar una forma adecuada y positiva de decir no, tal como «Preferiría no hacer esto».

Preguntas para discusión

1. ¿Puede alguno de vosotros poner un ejemplo de una ocasión en la que tuvo que negarse o debiera haberse negado (decir «no»)?
2. ¿Qué sucedió
   a. cuando dijiste «no» de forma educada?
   b. cuando te enfureciste con esa persona y le dijiste que no?
   c. cuando dijiste sí y en realidad querías decir no?
3. ¿Cómo te sentiste o cómo crees que te sentirías después de negarte o decir no de forma adecuada?

Veamos ahora lo que le sucede a la persona que os pide el favor. Imaginaos que vosotros sois la persona que quiere que alguien le acompañe a los almacenes y os encontráis con que vuestro amigo quiere mirar el programa de televisión. ¿Cómo os sentiríais si vuestro amigo no supiera cómo negarse de forma adecuada y tan sólo dijera «no», o «vete a la porra»? Probablemente os sentiríais heridos o enfadados. ¿Qué sucedería si vuestro amigo os dijera que primero quiere mirar el programa y después ir con vosotros? Bien, quizá os sentiríais un poco contrariados pero, al menos, sabríais el porqué de la negativa de vuestro amigo y sabríais también que os tiene en consideración lo suficiente como para ir con vosotros después del programa.

Al decir «no» debéis escoger tanto las palabras correctas, de manera que lo expreséis de forma adecuada, como el momento apropiado para hacerlo. Si vuestros padres o maestros os piden u os dicen que hagáis algo, debeís tener cuidado en no ser irrespetuosos. No es correcto decir «no» por el mero propósito de haceros los listos o porque estéis enfadados.

Fundamento teórico (racional) para los niños

Ventajas. Al aprender a negaros o a decir «no»:

A. permitís que los demás sepan cuál es vuestra postura y cuáles son vuestros sentimientos;
B. podéis evitar con mayor facilidad que la gente se aproveche de vosotros;
C. os sentís bien porque no tenéis que hacer algo que no queréis hacer;
D. tenéis menos probabilidades de que os vuelvan a pedir que hagáis algo que no deséais hacer porque no es correcto.

Inconvenientes. Al no aprender a negaros o a decir «no»:

A. podéis terminar haciendo algo que no os guste, lo que os puede hacer enfadar, sentir frustrados o descontentos;
B. podéis terminar haciendo algo que os cree problemas (como por ejemplo, salir a jugar cuando deberíais estar estudiando, o perder clases cuando vuestros amigos os propongan hacer «novillos»);
C. podéis dar una impresión equivocada a la demás gente (niños) sobre la clase de persona que sois o la clase de cosas que os gusta hacer.

Guión para el educador

Como véis, el negarse no siempre es fácil, aunque sea importante hacerlo. Puesto que es conveniente que sepáis hacerlo, vamos a practicar distintas formas de decir «no». En primer lugar, os pondré unos cuantos ejemplos de negación y después tendréis la oportunidad de practicar solos.

Situación 1. Un niño o una niña de la clase te ve al principio de una larga cola para entrar al cine.

OTRO: ¡Oye! ¿Por qué no me dejas colar? Así podríamos sentarnos juntos.
TÚ: No, mejor que no. No sería justo para toda esta gente.
OTRO: ¡Vamos, hombre! No les importará.
TÚ: No, no creo que sea correcto. Pero mira, si no está muy lleno, intentaré guardarte un asiento, ¿vale?

(Asertiva)—Ésta es una respuesta asertiva porque
1. has expresado tu opinión, de forma que la otra persona comprende las razones por las que te has negado;
2. has sugerido otra manera para que tu amigo se siente contigo sin violar los derechos del resto de la gente que espera en la cola.

OTRO: ¡Oye! ¿Por qué no me dejas colar? Así nos podríamos sentar juntos.
TÚ: Bueno, no sé.
OTRO: ¡Venga hombre! ¿A quién le va a importar?
TÚ: Bueno, vale.

(Pasiva)—Esta es una respuesta pasiva porque
1. no has expresado lo que realmente sientes y has hecho algo que sabes que no es correcto;
2. probablemente, has hecho que la gente de la cola se enfade contigo;
3. puede que la gente piense que eres una «persona muy fácil de convencer».

OTRO: ¡Oye! ¿Por qué no me dejas colar? Así nos podríamos sentar juntos.
TÚ: ¿Lo dices en serio? He estado haciendo cola durante una hora.
OTRO: ¡Vamos, hombre! ¿Cuál es el problema?
TÚ: ¡Vete a la porra!

(Agresiva)—Ésta es una respuesta agresiva porque
1. has conseguido lo que querías pero probablemente has perdido a un amigo o incluso ganado un enemigo;
2. no has explicado tus motivos para negarte.

Situación 2. Un amigo quiere que le prestes tus patines para esta noche.

OTRO: ¿Me podrías dejar tus patines para esta noche?
TÚ: Lo siento (nombre), pero no me gusta prestarlos.

(Asertiva)—Ésta es una respuesta asertiva porque
1. has contestado de forma sincera;
2. has explicado el porqué de tu negativa.

OTRO: ¿Me podrías dejar tus patines para esta noche?
TÚ: Bueno, quizá los quiera utilizar más tarde, pero puedes llevártelos.

(Pasiva)—Ésta es una respuesta pasiva porque
1. No eres sincero con tu amigo y estás haciendo algo que no quieres;
2. puedes acabar enfadado con tu amigo por haber cogido prestados tus patines;
3. esta noche no vas a tener los patines.

OTRO: ¿Me podrías dejar tus patines para esta noche?
TÚ: ¡Cómprate unos! ¡No presto a nadie mis patines!

(Agresiva)—Ésta es una respuesta agresiva porque
1. eres grosero;
2. puedes haber perjudicado tu amistad con ese niño;
3. no has explicado tus motivos para negarte.

Guiones de práctica

Situación 1. Un compañero de clase quiere que le dejes dinero.

OTRO: ¿Me puedes prestar dinero?
TÚ: No, no me gusta prestar dinero. Siempre ocasiona problemas.

Situación 2. Un amigo quiere que le prestes tu bicicleta.

OTRO: ¿Me podrías prestar tu bicicleta?
TÚ: No, no me gusta prestarla.

Situación 3. Un amigo tuyo, que va a tu clase, tiene dificultades con las matemáticas.

OTRO: Venga, (nombre), hazme los deberes de matemáticas.
TÚ: No, no quiero. No es correcto. Si lo hacemos, posiblemente nos meteremos en un lío.

Situación 4. Estás mirando tu programa de televisión favorito y llega alguien.

OTRO: ¿Puedo cambiar de canal?
TÚ: No, por favor. Estoy mirando mi programa favorito.
OTRO: Si fueras mi amigo, me dejarías ver mi programa.
TÚ: No, quiero ver este programa. Es justo, porque yo he llegado antes.

Situación 5. Has compartido parte de tus caramelos con un amigo.

OTRO: ¿Me puedes dar más caramelos?
TÚ: No. Prefiero guardar el resto para luego.

Situación 6. A un compañero de clase le han asignado la tarea de recoger los papeles del patio y quiere que le ayudes.

OTRO: ¿Te importaría ayudarme a recoger los papeles del suelo durante el recreo?
TÚ: No, lo siento, pero prefiero no hacerlo.

Situación 7. Un amigo quiere ir a tu casa y jugar contigo después del colegio.

OTRO: Esta tarde me gustaría ir a tu casa y jugar contigo.
TÚ: Lo siento, tengo muchos deberes. Tal vez en otra ocasión.

Situación 8. Estás ocupado haciendo unos deberes y tu maestro te dice:

MAESTRO: Perdona (nombre). ¿Me podrías llevar estos libros a la biblioteca?
TÚ: Lo siento, pero estoy intentando terminar estos deberes a tiempo. ¿Podría hacerlo otro por mí?

Situación 9. Tus padres organizan una fiesta en casa e invitan a unos amigos del trabajo. Antes de que lleguen los invitados tu madre te dice:

MADRE: Quiero que esta noche te presentes a cada uno de los invitados de la fiesta.
TÚ: ¡Caramba, mamá! Me gustaría, pero me da mucha vergüenza. Tal vez me podrías presentar sólo a tus amigos más íntimos.

Situación 10. Tus amigos van a la tienda del barrio. Uno de ellos dice:
OTRO: Venga, los caramelos están fuera de las estanterías. ¡A ver cuántos podemos coger sin pagar!
TÚ: No, no quiero meterme en líos.
OTRO: ¡Gallina!
TÚ: No es verdad. No soy un gallina. Soy listo.

Sugerencias de deberes para casa

1. Cada día nos encontramos con situaciones en las que nos vemos forzados a decir sí o no a las peticiones de alguien. Escribe tres ejemplos que te hayan sucedido, di cómo respondiste y si contestaste de la forma que realmente querías.
2. Mientras mires tu programa de televisión favorito, escribe ejemplos de situaciones en las que una persona no expresó una negativa que debía haber hecho. ¿Por qué debería haberse negado? ¿Cómo hubieran ido las cosas si esa persona se hubiera negado?

Módulo 5: Pedir favores

Fundamento teórico (racional) para el educador

Con cierta frecuencia nos encontramos ante situaciones en las que pedimos favores a los demás. Tanto si le preguntamos a un extraño una dirección como si pedimos una información a la telefonista, estamos, de hecho, pidiendo un favor. En muchos casos, el simple sentido común nos hace conscientes de que el menor cambio en la forma en que formulamos una petición puede tener un efecto dramático en la forma en que ésta es percibida. Así, con un mínimo de sentido común, podemos incrementar las posibilidades de que los demás respondan de forma positiva a nuestras peticiones. Aumentando estas habilidades a través del aprendizaje, y comprendiendo las estrategias de la interacción humana, podemos llegar a ser bastante expertos en el arte de formular peticiones. Está de más decir que las gratificaciones que pueden obtenerse con la adquisición de tal habilidad pueden ser incontables.

En el caso de los niños, la importancia de desarrollar la habilidad de pedir favores es incluso más importante en virtud de su dependencia de los demás (por ejemplo, padres, maestros...). Los niños que son capaces de organizar y verbalizar sus deseos y necesidades de forma clara y apropiada son aquéllos a los que los demás responderán de forma más rápida y positiva. Esta habilidad, aparentemente obvia, aunque tomada en poca consideración, típicamente se ha considerado como una etiqueta de cortesía o formalidad en los niños. Con todo, su contribución al éxito de la interacción social del niño, del adolescente y del adulto subraya su trascendencia.

Modelo de lección sobre pedir favores

Hoy vamos a hablar sobre *pedir favores* o cómo pedirle a alguien que haga algo por vosotros. Estoy seguro de que todos vosotros habéis pedido a alguien que os hiciera un favor. Por ejemplo, cuando la punta de vuestro lápiz se rompe a mitad de un examen, seguramente os dirigiréis a vuestro compañero de clase y le pediréis que os preste un lápiz. Esto es pedir un favor. Cada día os suceden muchas cosas que hacen que sea importante que sepáis cómo pedir ayuda, cómo pedir algo prestado o cómo preguntar algo.

Sin embargo, existen formas «correctas» e «incorrectas» de pedir a alguien un favor. Probablemente, sois conscientes de esto, aunque no os detengáis a pensar en ello cada vez que pedís un favor. Imaginemos que queréis pedir a un amigo que os ayude con los deberes. ¿Cómo le pediríais ayuda? ¿Creéis que sería mejor decirle: «Oye, tienes que ayudarme con los deberes de matemáticas» o bien «¿Sabes, (nombre)?, te agradecería mucho si pudieras ayudarme con los deberes de matemáticas». Por supuesto, la segunda petición es la mejor. En primer lugar, es una forma educada de pedir un favor, y no una petición grosera. En segundo lugar, cuando pedís las cosas de esta manera, vuestro amigo sabe exactamente lo que queréis y lo importante que es para vosotros el favor.

Preguntas para discusión

1. ¿Puede alguno de vosotros poner un ejemplo de un petición (pedir un favor) corriente de cada día?
2. ¿Podéis decir por lo menos dos formas distintas de formular la demanda (pedir un favor)?
3. ¿Cuál creéis que es la mejor forma de preguntar? ¿Por qué?
4. ¿Cómo os sentís cuando alguien os pide un favor de forma grosera o cuando la gente os presiona?

Cuando expresáis una petición de forma amable, considerada, realmente tenéis mayores posibilidades de conseguir lo que queréis. Ahora que sabemos lo importante que es hacer peticiones de forma apropiada, existe otra cosa que deberíais recordar. Sea quién sea la persona a la que pidáis el favor o sea cuál sea el favor que pidáis, la otra persona siempre tiene el derecho de decir «no». Confiamos en que, si éste es el caso, nos digan «no» de forma adecuada de manera que no nos avergüencen o nos hagan enfadar. *Recordad, la otra persona tiene el derecho de negaros el favor de la misma forma que vosotros tenéis el derecho de pedirlo.*

Preguntas para discusión

1. ¿Alguno de vosotros ha pedido un favor a alguien y se lo ha negado?
2. ¿Cómo os sentísteis?
3. ¿Qué hicísteis entonces?

Hay varias cosas que podéis hacer si alguien os niega una petición. Lo que *no* deberíais hacer es mostraros mezquinos o sarcásticos (burlarse de la persona). Lo que *podéis* hacer es aseguraros de que se ha comprendido vuestra petición explicándoos de forma más clara. Si creéis que lo habéis hecho y la respuesta sigue siendo «no», haríais mejor dejando a esa persona, dirigiéndoos a otra o abandonar la cuestión por un tiempo. Una cosa que debéis tener muy en cuenta es explicar la importancia del favor y que estaríais contentos de poder devolverlo en el futuro. Si continuáis insistiendo cuando la persona ha dicho «no», puede enfadarse y no querer hablaros durante un tiempo. Quizá fue un mal momento para pedírselo y en otra ocasión resulte mejor. Es importante que penséis en todas estas cosas cuando pidáis un favor.

Fundamento teórico (racional) para los niños

Ventajas. Si pedís favores de forma adecuada:

A. podéis hacer que los demás conozcan vuestras necesidades, de forma amable y no amenazante;
B. puede que la gente os haga más favores sin pensar que sois unos inoportunos o unos pelmas.

Inconvenientes. Si no pedís favores:

A. no permitís que los demás sepan vuestras necesidades y deseos;
B. podéis acabar sintiéndoos frustrados porque seguís necesitando o queriendo algo.

Si formuláis una petición de forma inapropiada:

A. podéis hacer que alguien se enfade o se sienta incómodo;
B. corréis el riesgo de que la otra persona se niegue;
C. puede que la gente piense que sois irrespetuosos o descorteses;
D. puede que perjudiquéis la probabilidad de conseguir *cualquiera* de vuestras demandas.

Guión para el educador

Situación 1. Cuando llegas al colegio te das cuenta de que te has olvidado el dinero para la comida. Vas a tener que pedir prestado dinero a un amigo.

TÚ: Oye (nombre), me he olvidado el dinero para la comida. ¿Podrías prestármelo y te lo devuelvo mañana?
AMIGO: No sé. Pensaba ahorrar el dinero que me sobrara para el fin de semana.
TÚ: ¡Eh!, te lo devolveré mañana por la mañana, así que igualmente lo tendrás para el fin de semana.
AMIGO: De acuerdo, pero acuérdate de devolvérmelo mañana.
TÚ: ¡Muchas gracias!

(Asertiva) — Ésta es una petición asertiva porque
1. se lo has pedido amablemente y no has puesto a tu amigo en un aprieto;
2. probablemente conseguirás el dinero que necesitas para la comida.

TÚ: (Nombre), me he olvidado el dinero para la comida. No sé qué hacer.
AMIGO: No sé.
TÚ: Necesito lo justo para la comida.
AMIGO: Lo siento, no puedo prestártelo.

(Pasiva) — Ésta es una petición pasiva porque
1. no le has dado a tu amigo toda la información necesaria para que tomara una decisión a tu favor;
2. puede que tengas que quedarte sin comer puesto que no has expresado tus necesidades.

TÚ: Préstame el dinero justo para pagarme la comida, te lo devolveré mañana.
OTRO: No sé. Pensaba ahorrar el dinero para el fin de semana.
TÚ: ¡Vamos, hombre! No seas ridículo.
OTRO: No, no puedo. Lo siento.

(Agresiva) — Ésta es una petición agresiva porque
1. has presionado demasiado y probablemente has hecho que tu amigo se enfadara;
2. no has conseguido el dinero para tu comida porque has hablado de forma grosera.

Situación 2. No has llevado tu pelota de baloncesto a la cancha y te gustaría que un amigo te prestara la suya.

TÚ: ¿Puedo jugar con tu pelota cuando termines?
OTRO: Sí. Ya puedes cogerla.
TÚ: Gracias.
(Asertiva) — Esta petición es asertiva porque

1. has sido educado y amable, lo cual probablemente te ha ayudado a conseguir lo que has pedido.

TÚ: No tengo nada con qué jugar.
OTRO: Lo siento, no puedo ayudarte.

(Pasiva) — Este enunciado es pasivo porque
1. no has expuesto de forma clara lo que querías;
2. posiblemente tengas que pedirlo otra vez.

TÚ: ¡Oye!, dame la pelota.
OTRO: ¡No! Me la quedo yo. ¡Es mía!

(Agresiva) — Ésta es una petición agresiva porque
1. eres grosero;
2. probablemente has hecho que la otra persona se enfadara.

TÚ: ¿Puedo jugar con tu pelota cuando termines?
OTRO: No, me la llevo a casa.
TÚ: Me he olvidado de traer la mía y no podremos jugar si no nos dejas tu pelota.
OTRO: Lo siento, pero tengo que llevarla a casa.
TÚ: Bueno, tendré que buscar otra cosa qué hacer.

(Asertiva) — Este enunciado es asertivo porque
1. has explicado de forma adecuada los motivos por los que necesitabas que te hiciera el favor;
2. has aceptado la negativa y has decidido otra alternativa;
3. es bastante probable que la otra persona te preste su pelota en otra ocasión porque has sido asertivo y no agresivo.

Guiones de práctica

Situación 1. Estás en un bar con algunos amigos y te gustaría comer algo. Te das cuenta de que no llevas dinero.

TÚ: ¿Me podrías hacer el favor de comprarme un bocadillo? Te devolveré el dinero mañana.
OTRO: Claro que sí.
TÚ: Muchas gracias. Tengo mucha hambre.

Situación 2. Quieres pedirle a un compañero de clase que te ayude a hacer unos deberes que son difíciles.

TÚ: ¿Me podrías ayudar con los deberes después de las clases?
OTRO: Desde luego.
TÚ: Gracias. Eres muy amable.

Situación 3. Te das cuenta de que un amigo tiene un libro que estabas buscando.

TÚ: Me gustaría que me prestaras tu libro unos días. ¿Te importaría?
OTRO: En absoluto, pero trátalo con cuidado.
TÚ: Descuida. Gracias.

Situación 4. Te gustaría invitar a una amiga a comer a casa. Le pides permiso a tu madre.

TÚ: Mamá, ¿puedo invitar a Eileen a que venga a comer a casa?
MADRE: Sí, pero avísame unos días antes y así podré preparar una buena comida.
TÚ: ¡Caramba! Muchas gracias.

Situación 5. Necesitas que alguien te ayude a arreglar tu bicicleta y quieres pedírselo a tu amigo.

TÚ: Necesito que alguien me ayude a arreglar mi bicicleta. ¿Me podrías echar una mano?
OTRO: Después de las clases no tengo nada que hacer. ¿Por qué no lo hacemos entonces?
TÚ: ¡Fabuloso! Gracias.

Situación 6. No entiendes los deberes que os ha puesto la maestra. Cuando la clase se ha acabado vas hacia ella y le dices:

TÚ: Señora Jones, no entiendo los deberes. ¿Me los podría volver a explicar?
MAESTRA: Con mucho gusto. Me parece muy bien que me hayas preguntado.
TÚ: Gracias.

Situación 7. Llamas al cine para pedir información sobre la programación de hoy.

TÚ: ¡Hola!, ¿me podría decir qué película hacen en la segunda sesión?
OTRO: Sí. Es *La guerra de las galaxias.*
TÚ: Gracias. Por cierto, ¿podría decirme a qué hora termina?
OTRO: Alrededor de las diez y media.
TÚ: De acuerdo, gracias.

Situación 8. Estás en el cine y has perdido tu billetero. Quieres informar de esto al gerente.

TÚ: Perdone, ¿me podría indicar dónde puedo encontrar al gerente?
OTRO: El gerente es la persona con chaqueta roja que está en el mostrador de los caramelos.

Sugerencias de deberes para casa

1. Cada día hacéis peticiones y pedís favores. Intentad recordar las demandas que habéis hecho y los resultados que habéis obtenido.
2. Utilizando las peticiones que hayáis recordado en el ejercicio anterior:
   a. Intentad cambiar las peticiones que os han sido negadas de forma que sean mejores. ¿Cómo os respondería esa persona ahora?
   b. Intentad hacer una lista de las cosas que estaban bien de la forma en que expusisteis las peticiones que os aceptaron.
3. Escribid las demandas que os hayan hecho los demás. ¿Os lo pidieron correctamente? ¿Cómo podían haberlo hecho mejor?

Módulo 6: Preguntar por qué

Fundamento teórico (racional) para el educador

Uno de los errores más comunes que cometemos en nuestras interacciones diarias con los demás es no preguntar «por qué». Cuando preguntamos por qué, lo que esencialmente estamos haciendo es pedir información adicional sobre una situación, un enunciado o una interacción. Esta información puede ayudar a aclarar ambigüedades, equivocaciones y malentendidos que podrían dar lugar a situaciones desagradables o vergonzosas. Al preguntar por qué, obtenemos una información nueva que puede influir en nuestras decisiones y en el curso de la acción que elijamos.

En los niños, como en los adultos, preguntar «por qué» sirve de medio para obtener información adicional sobre un asunto. Sin embargo, en los jóvenes, la importancia de desarrollar la capacidad de preguntar «por qué» de forma apropiada tiene incluso más trascendencia. La pregunta no sólo mejora la toma de decisiones, sino que, en general, también sirve como valioso instrumento para aprender. Las respuestas a las preguntas «por qué» llenan los vacíos de información. El hecho de pensar en las causas y en los efectos ayuda a desarrollar las habilidades de razonamiento y juega un importante papel en el desarrollo de la capacidad de toma de decisiones y otras capacidades cognitivas. Así, lo que puede ser rutinario para el adulto, resulta ser un importante mecanismo de aprendizaje social, emocional y educacional para el niño.

Modelo de lección sobre preguntar «por qué»

Hoy vamos a discutir la importancia de preguntar «por qué» y vamos a presentar ejemplos de cómo hacerlo. Generalmente, la gente pregunta «por qué» cuando no está segura sobre algo y cuando quiere más información. También preguntamos «por qué» cuando tenemos curiosidad por saber los motivos de la gente al preguntar o hacer algo, o cuando no comprendemos esas razones o decisiones. Así, preguntar «por qué» es una valiosa habilidad que es preciso aprender.

Preguntas para discusión

1. ¿Puede alguno de vosotros poner un ejemplo de una situación en la que preguntamos «por qué»?
2. ¿Por qué preguntamos «por qué»?

Preguntar «por qué» es algo que hacemos con mucha frecuencia. En la escuela, preguntamos a nuestros maestros y compañeros; en casa, preguntamos a nuestros padres, hermanos y amigos. Sin embargo, existen formas correctas e incorrectas de preguntar «por qué». Por ejemplo, vuestro mejor amigo os dice: «No creo que pueda venir a la función de esta noche». Podéis decir: «¿Qué? No puedes hacer esto». O podríais decir: «¡Oh, qué rabia! Contaba contigo. ¿Por qué no puedes venir?». Si bien las dos son formas con que podéis responder a un amigo, sólo la segunda pregunta realmente «por qué» y da al amigo la oportunidad de explicar las razones que puede tener. Es posible que después de esta explicación se puedan arreglar las cosas. Por ejemplo, puede que vuestro amigo tenga tareas o trabajo extra y que podáis ayudarle. Es importante que recordéis que el hecho de preguntar «por qué» se puede hacer de maneras muy distintas. Con frecuencia, es preferible que especifiquéis el motivo por el cuál estáis pidiendo información pues así la gente se dará cuenta de que no estáis siendo irrespetuosos o haciéndoos los «listos».

Como veis, es bueno preguntar «por qué», ya que os proporciona información importante. Con esta información podéis tomar mejor vuestras decisiones sobre qué hacer o qué decir.

Fundamento teórico (racional) para los niños

Ventajas. El hecho de preguntar «por qué» os puede ayudar:

A. a comprender los motivos de las peticiones cuando os piden que hagáis algo;
B. a tomar una decisión sobre qué hacer;
C. a comprender exactamente qué es lo que se espera de vosotros;
D. a aprender algo nuevo;
E. a comprender mejor lo que os dicen;
F. a permitir que la otra persona sepa que escucháis y que estáis interesados.

Inconvenientes. Al no preguntar «por qué»:

A. podríais terminar haciendo algo que no os guste;
B. puede que no os enteréis de algo que sea importante saber;
C. la gente creerá que comprendéis lo que dicen cuando en realidad no lo comprendéis;
D. puede que acabéis haciendo una cosa errónea.

Guión para el educador

Lo que vamos a hacer hoy es practicar el modo de preguntar «por qué». En primer lugar, os pondré algunos ejemplos de cómo preguntar «por qué»; después podréis practicar vosotros solos.

El hecho de preguntar «por qué» es importante para conseguir más información, y no debería utilizarse de forma sarcástica o haciéndoos los «listos». Esto sólo hará que la gente se enfade y será menos probable que expliquen sus manifestaciones o peticiones.

Situación 1. Tu familia está a la mesa, comiendo los postres.

PADRE: No quiero que tu hermano o tú salgáis esta tarde a jugar.
TÚ: ¿Puedo saber por qué? Quería salir a jugar un rato.
PADRE: Pensaba que esta noche podríamos ir todos al cine.

(Asertiva) — Ésta es una respuesta asertiva porque

1. has expresado tu deseo de salir a jugar de forma educada y apropiada, sin hacer que tus padres se enfaden;
2. has expuesto tus motivos para preguntar «por qué».

PADRE: No quiero que tu hermana y tú salgáis a jugar esta tarde.
TÚ: Bueno.
PADRE: Estaba pensando que más tarde podríamos ir todos al cine.

(Pasiva) — Es una respuesta pasiva porque
1. has aceptado la petición de tu padre y no has pedido la información que querías saber;
2. no has explicado los motivos por los que necesitabas la información.

PADRE: Quiero que tú y tu hermana os quedéis en casa esta tarde.
TÚ: ¡Oh, papá! ¡Esta tarde no! ¿Qué problema hay en que salgamos a jugar?
PADRE: Muy bien, de acuerdo, tú lo has querido. Más tarde íbamos a ir todos al cine, pero tú te puedes quedar en casa y estudiar.

(Agresiva) — Ésta es una respuesta agresiva porque
1. has sido irrespetuoso y has llevado la contraria a tu padre;
2. no has pedido información adicional y no has expuesto los motivos por los que necesitabas la información;
3. has fallado al exponer tu punto de vista.

Situación 2. Has dicho algo que ha molestado a tu amigo Jim y se ha ido. Otro amigo dice:

AMIGO: Creo que no debieras haberle dicho eso a Jim.
TÚ: ¿Por qué piensas eso?

(Asertiva) — Ésta es una respuesta asertiva porque
1. has mostrado interés por lo que dice la otra persona;
2. comprenderás mejor cómo se siente la otra persona.

AMIGO: Creo que no debieras haberle dicho eso a Jim.
TÚ: ¿Eh?

(Pasiva) — Esta respuesta es pasiva porque
1. no sabes por qué la otra persona piensa de esa forma ya que no se lo has preguntado;
2. puede que la otra persona piense que no te importa porque no le has preguntado por qué o explicado cómo te sientes.

AMIGO: Creo que no debieras haberle dicho eso a Jim.
TÚ: ¿Ah, sí? ¡Y a ti qué te importa!

(Agresiva) — Es una respuesta agresiva porque
1. eres grosero y poco considerado con los sentimientos de la otra persona;
2. probablemente has hecho que se enfaden los dos, Jim y el otro amigo;
3. no has aprendido nada de esta situación.

Guiones de práctica

Situación 1. Un amigo quiere que le ayudes. Te gustaría saber qué es lo que quiere que hagas.

OTRO: ¿Qué te parece si después del colegio vienes conmigo a casa y me ayudas en algunas cosas?
TÚ: ¿A qué tipo de cosas te refieres?
OTRO: Algunas cosillas que tengo que hacerle a la bicicleta, para las que necesito tu ayuda.

Situación 2. Tu hermano busca que alguien le ayude en una tarea. Puesto que tú ya tienes planes hechos, te gustaría saber si es una cosa tan importante.

OTRO: ¿Estarás libre más tarde? Creo que necesitaré ayuda.
TÚ: ¿En qué necesitas ayuda?
OTRO: Voy a poner en orden algunas cosas en el garage y necesitaré ayuda.
TÚ: Lo siento, pero no puedo/Vale, te ayudaré.

Situación 3. Has sido acusado de algo, pero no estás seguro de qué. Quieres más información.

OTRO: Siempre haces montañas de un grano de arena.
TÚ: No entiendo del todo a qué te refieres. ¿Qué quieres decir?

Situación 4. Estás en unos almacenes y un dependiente se te acerca.

DEPENDIENTE: Se supone que tú no puedes estar en los almacenes. Tendrás que irte.
TÚ: ¿Por qué? Sólo quiero comprar algo.
DEPENDIENTE: Tienes que estar acompañado de un adulto. Es nuestra norma.

Situación 5. Estás en una cafetería y la cuenta es demasiado alta.

TÚ: ¡Señor! Creo que hay un error. ¿Me podría explicar este recargo?
CAMARERO: Sí. Esto es por el queso extra del bocadillo.
TÚ: Ah, no me di cuenta de que era extra. Gracias.

Situación 6. Tu padre te dice lo siguiente:

PADRE: A partir de ahora, los fines de semana te acostarás a las nueve.
TÚ: ¿Por qué a las nueve? Es muy temprano.
PADRE: Queremos asegurarnos de que duermes lo suficiente para levantarte pronto para ir al colegio.
TÚ: ¿Podemos probar a las diez y ver si funciona?
PADRE: Bien. Probemos a las nueve y media durante un tiempo y veremos cómo va.

Situación 7. Alguien te pide que le prestes tu chaqueta nueva que, por cierto, es muy cara.

OTRO: ¿Te puedo coger prestada tu bonita chaqueta nueva?
TÚ: ¿Por qué quieres cogerla?
OTRO: Voy a ir al campo de excursión y la chaqueta quedaría muy bien.
TÚ: Lo siento, pero esta chaqueta es sólo para ocasiones especiales. No me gustaría que se ensuciara.

Situación 8. Tu hermano/a quiere que le lleves sus libros de la escuela a casa.

HERMANO: ¿Me podrías llevar esto a casa?
TÚ: ¿Por qué necesitas que los lleve yo?
HERMANO: Tengo que llevar mi disfraz para la obra de teatro a casa y no podré llevar las dos cosas a la vez.

Sugerencias de deberes para casa

1. La próxima ocasión en que alguien te pida que hagas algo, anótalo. Imagina como mínimo tres formas distintas de preguntar por qué. Entonces, responde:
   a. ¿Cómo se habría sentido/contestado la otra persona en cada una de las tres formas?
   b. ¿Qué tipo de información hubieras conseguido en cada una de las formas?
   c. ¿Cuál hubiera sido la mejor forma de preguntar por qué?
2. La próxima vez que mires la televisión, toma nota de:
   a. Cuántas veces aparece la pregunta «por qué» o algo similar. (Pon como mínimo 5 ejemplos.)
   b. Las veces que la gente debió preguntar por qué y no lo hizo. ¿Por qué no lo hicieron? (Pon como mínimo 2 ejemplos.)
   c. Las veces que el preguntar por qué no fue apropiado o no fue hecho correctamente. (Pon como mínimo 2 ejemplos.)

Módulo 7: Solicitar cambio de conducta

Fundamento teórico (racional) para el educador

Algunas veces es importante dejar que los demás sepan que su comportamiento nos molesta o trastorna. Esto no siempre es fácil de hacer puesto que, a veces, la gente se siente amenazada y reacciona de forma defensiva. Sin embargo, otras veces el individuo no es consciente de que hace algo que es molesto. En esta situación, un comentario o una petición hecha diplomáticamente puede ser una información bien recibida. En la mayoría de casos, el acto de solicitar un cambio en la conducta de otra persona puede ser mutuamente beneficioso. La persona que hace la petición puede ser capaz de cambiar una situación incómoda, y la persona a quien se le solicita el cambio recibe una información necesaria.

Los estudios sobre el contenido de la interacción diádica han establecido que cuando la gente se comunica entre sí, constantemente registra las reacciones del otro y adapta su propio comportamiento en consonancia. Una petición de cambio de conducta realizada con mucha habilidad puede servir de medio más inmediato de facilitación de este proceso. Es importante subrayar que las tentativas sin tacto e impulsivas para hacer esto pueden dar como resultado que la otra persona se sienta intimidada, enfadada y que esté a la defensiva.

En los niños, especialmente en los que tienen unos estilos sociales inmaduros, el hecho de aprender a solicitar un cambio de conducta de forma apropiada llega a ser incluso más trascendental. En las interacciones con los compañeros, así como en las interacciones niño-adulto, la habilidad para solicitar un cambio de conducta permite al niño tener un mayor impacto en el medio ambiente social al tiempo que reduce el riesgo de ser antagónico o perturbador. De esta forma, el niño puede asumir un papel más activo en el desarrollo y reestructuración del medio ambiente social.

Modelo de lección sobre «solicitar cambio de conducta»

Hoy vamos a hablar sobre la forma de pedir a alguien que deje de hacer o que cambie lo que está haciendo. Algunas veces, la gente hace cosas que nos molestan o irritan, si bien puede que no sepan que nos están molestando. Cuando sucede esto, la situación puede resultar muy incómoda. No es fácil decirle a la gente que lo que hacen nos está molestando, especialmente si la persona involucrada es un adulto o un buen amigo. El riesgo es que si no lo hacéis correctamente, la persona se enfadará con vosotros. Al mismo tiempo, si no decís nada, podéis acabar enfadándoos. Por lo tanto, es importante decir algo, y es aun *más* importante decirlo de forma amable, respetuosa y considerada. Precisamente, hablaremos de la forma de hacer esto.

Vamos a imaginar que vosotros y vuestro mejor amigo estáis estudiando juntos en la biblioteca para un examen importante. Vuestro amigo empieza a tararear una canción, sin darse cuenta de que esto os molesta. ¿Qué podéis hacer?

Preguntas para discusión

1. ¿Qué podría ocurrir si decidierais no decir nada?
2. ¿Qué sucedería si dijerais algo?
3. ¿Cómo diríais algo de manera que vuestro amigo no se enfadara?

Como véis, podríais reaccionar de muchas formas ante vuestro amigo. Pero si quisiérais conservar esa amistad, probablemente diríais algo parecido a: «Oye, Karen, me cuesta mucho estudiar si tarareas una canción. ¿Te importaría no tararear o hacerlo un poco más bajo? Gracias». Al hablar a vuestro amigo sobre el tarareo de la canción le estais pidiendo que cambie esta conducta porque os molesta. Lo bueno de hacerlo así es que lo decís de una forma amable que permite que vuestro amigo sepa que no estáis enfadados. También le demuestra a vuestro amigo que sois corteses y considerados. Imaginaros qué hubiera sucedido si hubierais dicho: «Oye, Karen, ¡corta ya!» o «Venga, Karen, no seas pelma. Para de tararear, ¿vale?». *Recordad que queréis que la otra persona cambie de conducta. No queréis humillarla.*

Fundamento teórico (racional) para los niños

Ventajas. Al solicitar de forma adecuada a una persona que cambie su conducta:

A. permitís que la persona sepa que algo que está haciendo os hace sentir incómodos o, incluso, enfadados;
B. podéis hacer que la persona sea consciente de algo que está haciendo, ya que puede que no se dé cuenta;
C. podéis permitir que la persona sepa que os importa lo suficiente como para hablarle de la conducta problema.

Inconvenientes. Si no solicitáis de forma adecuada a una persona que cambie su conducta:

A. podríais acabar enfadados o frustrados con lo que está haciendo esa persona;
B. podéis hacer enfadar a un amigo o perderlo, puede que le hayáis amenazado o sido groseros con él;
C. no ayudáis a la persona a comprender que algo de lo que hace os molesta.

Guión para el educador

Podéis ver lo importante que es solicitar un cambio de conducta cuando es necesario y lo importante que es hacerlo de forma considerada y respetuosa. Os voy a poner unos cuantos ejemplos más de cómo pedir a la gente que deje de hacer o que cambie lo que está haciendo. Después de esto, todos practicaremos el solicitar un cambio de conducta en los demás.

Situación 1. Una persona, que está sentada delante de ti en el cine, habla tan alto que te cuesta oír la película.

TÚ: Perdone, pero tengo alguna dificultad para oír la película. ¿Le importaría hablar más bajito?

OTRO: ¡Oh, no me daba cuenta! Lo siento...

TÚ: Gracias/Muchas gracias.

(Asertiva) — Ésta es una respuesta asertiva porque
1. le has dicho a la persona la conducta que querías que cambiara;
2. has conseguido que, sin humillarla, la persona esté más callada;
3. has sido amable, y a la vez le has dicho a la persona educadamente lo que querías.

TÚ: (Hablando alto, pero sin dirigirte a la persona que está hablando) ¡Cielos! Sería fantástico poder oír la película.
OTRO: (Puede que no se dé cuenta que te refieres a él; no responde.)

O

¿Me hablas a mí?
TÚ: Más o menos.
OTRO: ¿Por qué no lo decías, pues?

(Pasiva) — Es una respuesta pasiva porque
1. no te has dirigido directamente a la persona;
2. la persona podía haberte entendido mal o no haber oído tu petición de cambio de conducta.

TÚ: Me haces perder el hilo de la película. ¿Te importaría cerrar la boca?
OTRO: No tienes por qué decírmelo de esta forma. No sabía que alguien pudiera oírme.

(Agresiva) — Es una respuesta agresiva porque
1. has expuesto tu opinión, pero de forma grosera;
2. puede que acabes teniendo una discusión o incluso una pelea.

Situación 2. Tus padres aún te llaman con un apodo que utilizaban cuando eras más pequeño y a ti no te gusta.

TÚ: Papá, me gustaría que no me llamarais más así. Me hace pasar vergüenza delante de mis amigos.
PADRE: Lo siento. No sabía que te molestara. Es una costumbre.
TÚ: Bueno, en casa no me importa. Es sólo cuando vamos a algún sitio.
PADRE: La próxima vez tendré más cuidado.

(Asertiva) — Ésta es una respuesta asertiva porque
1. tu padre comprende mejor tus sentimientos;
2. tratas este problema de forma madura y directa, y explicas qué comportamiento es el que te molesta.

TÚ: (Refunfuñas por lo bajo porque tus padres te han llamado por tu apodo delante de algunos de tus amigos.)
PADRE: ¿Qué te pasa? ¿Estás molesto por algo?
TÚ: ¡Oh, no! Sólo estaba pensando en algo.
PADRE: ¡Ah, bueno!

(Pasiva) — Esta respuesta es pasiva porque
1. no has pedido a tus padres que cambiaran una conducta que te molesta muchísimo;
2. probablemente, la próxima vez te enfadarás más;
3. probablemente, tus padres continuarán utilizando ese apodo.

TÚ: ¡Mamá! Con ese estúpido nombre me haces sentir como un idiota cuando salimos fuera. ¿No podrías callarte? ¡No soporto salir contigo!

MADRE: ¿Qué te pasa? No sé de qué me estás hablando. Te he tratado de la misma forma que lo hago siempre.

TÚ: Odio que me llames «nene».

MADRE: No tienes por qué ser tan grosero. No sabía que eso te molestara. ¡Más te valdría que fueras más educado!

(Agresiva) — Es una respuesta agresiva porque

1. has hecho que tu madre se enfade contigo;
2. no has expresado claramente tus sentimientos.

Guiones de práctica

Situación 1. Estás estudiando para un examen. Tu hermano ha invitado a unos amigos y están haciendo ruido.

TÚ: ¿Os importaría bajar un poco el volumen de la música? ¡Estoy intentando estudiar! No puedo trabajar con tanto ruido.

OTRO: Perdona, no sabíamos que estabas estudiando.

TÚ: Gracias.

Situación 2. Un compañero de clase se cuela en la cola del bar y tú crees que esto no es correcto.

TÚ: Por favor, ¿te importaría no colarte? No es justo para el resto de los que estamos en la cola.

OTRO: Lo siento, no pensaba que os fuera a importar.

TÚ: Gracias. Escucha, mañana ¿por qué no hacemos la cola juntos?

Situación 3. Un amigo se está burlando de ti y no te gusta.

TÚ: Me gustaría que dejaras de burlarte y de tomarme el pelo. Pensaba que éramos amigos.

AMIGO: ¡*Somos* amigos! Sólo intentaba hacerme el gracioso. Intentaré no hacerlo.

TÚ: Gracias.

Situación 4. Tus amigos y tú vais juntos hacia la escuela. Llevas muchos libros, cosa que hace que andes más despacio.

TÚ: ¡Oíd, chicos!, ¿os importaría andar más despacio? Estos libros pesan mucho.

AMIGO: Perdona, andaremos más despacio.

TÚ: Gracias.

Situación 5. Intentas explicar una cosa y tu amigo te interrumpe constantemente.

TÚ: Estoy intentando explicar algo, ¿te podrías esperar hasta que termine y entonces escuchamos tu historia?

AMIGO: Sólo quería hacer unos comentarios.

TÚ: Bueno, preferiría que esperases hasta que yo termine.

AMIGO: De acuerdo.

Situación 6. Tu amigo y tú estáis jugando en el patio.

TÚ: ¿Sabes, (nombre)?, hace mucho rato que tienes la pelota. Deja que los demás juguemos con ella también.
AMIGO: ¡Tienes razón! Toma, juega con ella durante un rato.
TÚ: Creo que era mejor decírtelo antes de que alguien se enfadara.
AMIGO: Por supuesto.

Situación 7. Tus amigos están jugando a algo y quieres unirte a ellos, pero no dejan que otros niños jueguen.

TÚ: Me gustaría que me dejarais jugar a mí también. Todos deberíamos tener la oportunidad de jugar.
OTRO: Vale. Podemos hacer turnos.
TÚ: ¡Fantástico! Gracias.

Situación 8. Intentas hacer un dibujo y uno de los niños está moviendo la mesa continuamente.

TÚ: ¿Podrías dejar de mover la mesa? No puedo dibujar si la mueves.
OTRO: Yo no estoy moviendo la mesa.
TÚ: Sí que lo estás haciendo. Cada vez que te inclinas, la mesa se mueve.
OTRO: De acuerdo. Busquemos la manera de que la mesa esté estable.

Sugerencias de deberes para casa

1. Pensad en algo que haya hecho o dicho alguien y que os moleste. Contestad a las siguientes preguntas:
   a. ¿Por qué no has dicho nada todavía?
   b. ¿Puedes escribir tres formas distintas de expresar tu queja?
   c. ¿Cómo reaccionaría a cada una de ellas esa persona? ¿Por qué?
   d. ¿Cuál es la mejor forma? ¿Por qué?
   e. ¿Se te ocurre otra forma mejor de decirlo?
2. Coge el problema del que has hablado en el ejercicio anterior y lo que le hubieras dicho a la persona, y practica diciendo esto hasta que te sientas cómodo haciéndolo.
   a. Busca a la persona implicada y solicítale el cambio de conducta deseado.
   b. Después, escribe lo que has dicho y la forma en que ha reaccionado la persona.
   c. ¿Podías haber dicho o hecho algo mejor? Si es así, ¿qué? ¿Por qué es mejor?

Módulo 8: Defender los propios derechos

Fundamento teórico (racional) para el educador

Cuando oímos a la gente hablar sobre la asertividad, con frecuencia se refieren a la defensa de los propios derechos. Si bien la asertividad implica una gama más amplia de comportamientos y situaciones, parece que el hecho de defender los propios derechos pone claramente a prueba la capacidad de ser asertivo. *Específicamente, defender los propios derechos se refiere al acto de afirmación de uno mismo en situaciones en las que han sido infringidos o violados por otros, bien a propósito o accidentalmente.* Con esto, pretendemos incluir no sólo aquellos derechos constitucionales/legales que todos tenemos garantizados, sino también aquellos derechos que son inherentes a las interacciones sociales. En atención a la simplicidad, nos referiremos a éstos como los derechos establecidos y protegidos por las normas de la educación y del mutuo respeto de la interacción social.

Aprender a defender los propios derechos es, en realidad, un proceso de tres etapas. En primer lugar, el individuo debe llegar a ser consciente de sus derechos, debe comprenderlos. Este aspecto es una cuestión del desarrollo, puesto que la adquisición de esta comprensión depende del desarrollo intelectual, así como del desarrollo social. En segundo lugar, el individuo debe ser capaz de comprender cuándo, de hecho, se han violado sus derechos. Como en el primer punto, el nivel de madurez social del niño sirve como medida de la capacidad para reconocer cuándo sucede esto. En tercer lugar, una vez que el individuo comprende cuáles son sus derechos y cuándo están amenazados, es sumamente importante aprender a comunicar a los demás que están infringiendo los propios derechos personales. La habilidad con que un individuo es capaz de hacer esto es otro aspecto de la capacidad para defender los propios derechos de forma apropiada.

Este módulo se centra en el desarrollo de habilidades que hacen referencia a la capacidad para comunicar a los demás cuándo están infringiendo los derechos de otros. Una definición más clara sobre cuáles son estos derechos es de una importancia secundaria. En los niños, es de gran importancia la habilidad en esta área. A medida que los niños maduran, aumentan sus derechos y responsabilidades. De esta forma, aprender la manera de proteger y «defender» estos derechos es una característica del desarrollo de las habilidades sociales.

Modelo de lección sobre defender los propios derechos

Hoy vamos a discutir por qué y cómo deberíais defender vuestros derechos. Por defender vuestros derechos entendemos que hagáis que los demás sepan cuándo no os tratan de forma justa o cuándo os hacen algo que no os gusta. A veces, esto puede consistir simplemente en comunicar a los demás lo que pueden esperar de vosotros y, otras veces, puede implicar el tener que adoptar una actitud firme y establecer unos límites. Por supuesto, esto puede resultar un poco difícil de hacer, pero debéis recordar que lo que en realidad estáis haciendo es protegeros a vosotros mismos.

¿Qué pasaría si un día, en el colegio, unos niños os quisieran poner a prueba para ver cuántas amenazas sois capaces de soportar? Imaginaos que se acercan a vosotros durante el recreo y os dicen que no podéis utilizar un determinado sector del patio. ¿Qué haríais? Bien, sabéis que tenéis el *derecho* de utilizar todo el patio y también sabéis que ellos *no* tienen ningún derecho para mandaros. Éste es un ejemplo de cuándo es importante defender los propios derechos.

Preguntas para discusión

1. ¿Por qué es importante, en esta situación, defender vuestros propios derechos?
2. ¿Qué sucedería si no lo hicierais?
3. ¿Qué les diríais a esos niños en esta situación?

Esta situación es muy dura, pero probablemente sería peor si no os defendierais. Quiza podríais decir algo parecido a: «Este patio nos pertenece a todos y todos tenemos que compartirlo. No me podéis decir que no puedo utilizar una parte del patio; no es justo. Si intentáis detenerme, o molestarme otra vez, se lo diré al profesor». Es posible que se burlen de vosotros o incluso que se enfurezcan, pero al menos les habríais comunicado que no os ibais a dejar avasallar.

Éste era un caso extremo en el que se haría necesario defender vuestros derechos. Habrá ocasiones en las que los demás ni siquiera sabrán que lo que están haciendo va en contra de vuestros derechos. La simple situación de que nos den una gaseosa caliente en un restaurante es otro ejemplo. En este caso, estáis pagando por una gaseosa buena, fría, y es vuestro derecho obtener lo que pagáis. Si no hacéis valer o defendéis vuestros derechos, no sólo se aprovecharán de vosotros, sino que puede que esto le vuelva a suceder a otra persona o, tal vez, a vosotros mismos en el futuro. Por lo tanto, es importante que hagáis valer vuestros derechos.

Preguntas para discusión

1. ¿Alguno de vosotros puede poner un ejemplo de una situación en la que deberíais defender vuestros derechos?
2. ¿Cuáles son vuestros *derechos* en este caso?
3. ¿Qué podría suceder si no dijerais o hicierais algo?
4. ¿Qué sería mejor decir en esta situación? ¿Por qué?

Fundamento teórico (racional) para los niños

Es importante admitir que defender los propios derechos incluye varias categorías de habilidades que ya hemos discutido previamente. Para obtener información adicional sobre las «ventajas» e «inconvenientes», remitirse a los módulos sobre quejas, decir «no», preguntar «por qué» y solicitar cambios de conducta.

Ventajas. Defender nuestros propios derechos hace que los demás sepan:

A. que pensáis que han violado vuestros derechos o que se han aprovechado de vosotros;
B. que creéis que habéis sido tratados injustamente;
C. que os *defenderéis* si es necesario;
D. cuáles son vuestros «límites»; es decir, cómo queréis que os traten y qué cosas *no* aguantaréis;

E. que os «defendísteis», por lo que os podéis sentir seguros y orgullosos de vosotros mismos.

Inconvenientes. Al no defender vuestros propios derechos:

A. permitís y, posiblemente, alentáis a los demás para que se aprovechen de vosotros;
B. puede que perdáis cosas que, por derecho, son vuestras;
C. puede que seáis tratados injustamente por los demás y que os pierdan el respeto;
D. permitís que los demás se aprovechen de vosotros y os traten injustamente, lo cual puede hacer que perdáis confianza y respeto en vosotros mismos.

Guión para el educador

Como probablemente os habréis dado cuenta, existen muchas y diferentes situaciones en las que sería conveniente que defendierais vuestros derechos. Lo que vamos a hacer a continuación es revisar unos cuantos ejemplos más que yo os mostraré. Cuando hayamos hecho esto, todos tendremos la oportunidad de practicar la forma de defender nuestros derechos.

Situación 1. Un amigo y tú estáis jugando a un juego de mesa. Tu amigo te dice:

AMIGO: ¡No puedes hacer esto! No creo que puedas mover la ficha de esta manera.
TÚ: Sí que puedo. Me he leído las reglas detenidamente.
AMIGO: Pero yo nunca he jugado así.
TÚ: Bueno, las reglas dicen que puedo mover de esta manera. Si quieres, te las puedo traer y lo miras tú mismo.

(Asertiva) — Esta respuesta es asertiva porque
1. has hecho aceptar tu opinión ofreciendo información;
2. has hecho aceptar tu opinión sin que tu amigo se molestara;
3. has sugerido la solución del problema al ofrecer la comprobación de las reglas.

AMIGO: ¡No puedes hacer esto! No creo que puedas mover la ficha de esta manera.
TÚ: ¿Estás seguro? ¡Caramba!, creía haber leído que se podía hacer.
AMIGO: ¿Sí? Yo nunca he jugado de esta manera.
TÚ: Bueno, podemos jugar a tu manera.

(Pasiva) — Es una respuesta pasiva porque
1. si bien crees que tienes razón, no te has mantenido firme;
2. puede que te enfades un poco con tu amigo;
3. puede que te enfades contigo mismo por no haber defendido lo que crees.

AMIGO: ¡No puedes hacer esto! No creo que puedas mover la ficha de esta manera.
TÚ: ¡Oh, sí! ¿Qué te apuestas? Pensaba que sabías jugar a este juego.
AMIGO: ¿Sí? Yo nunca he jugado así.
TÚ: ¡Mala suerte! Estás jugando a mi manera, que es la correcta.

(Agresiva) — Es una respuesta agresiva porque
1. es posible que tengas razón, pero puedes estar molestando a tu amigo porque te muestras mandón con respecto a tu opinión;

2. tu amigo tendrá menos ganas de jugar contigo otra vez.

Situación 2. Estás en unos almacenes buscando un regalo para un amigo. Uno de los dependientes se acerca a ti.

DEPENDIENTE: Si no vas a comprar nada, tendrás que irte.
TÚ: Estoy buscando un regalo. Si encuentro algo que me guste lo compraré.
DEPENDIENTE: Entonces, de acuerdo. Pero siempre que compres algo.

(Asertiva)—Es una respuesta asertiva porque
1. has defendido tu derecho a comprar sin que el dependiente se enfurezca contigo;
2. ahora, probablemente el dependiente te será de más ayuda.

DEPENDIENTE: Si no vas a comprar nada, tendrás que irte.
TÚ: Sólo estoy mirando.
DEPENDIENTE: ¿Vas a comprar algo o no?
TÚ: Quizá.

(Pasiva)—Ésta es una respuesta pasiva porque
1. sólo has defendido a medias tu derecho a comprar;
2. puede que el dependiente, aun así, te pida que te vayas.

DEPENDIENTE: Si no vas a comprar nada, tendrás que irte.
TÚ: ¡Inténtalo! Sé que no puedes obligarme a que me vaya.
DEPENDIENTE: Lo siento, si no tienes idea de comprar algo, tendrás que irte.
TÚ: ¿Quién querría comprar en este almacén de poca monta?

(Agresiva)—Ésta es una respuesta agresiva porque
1. has hecho que el dependiente se enfade, y no has explicado el motivo por el cual estás allí;
2. dada tu mala actitud, es posible que te pidan que te vayas.

Guiones de práctica

Situación 1. Alguien te pidió que le prestases un disco hace bastante tiempo. Tú ya se lo has reclamado una vez.

TÚ: Perdona (nombre), ¿te acordarás de devolverme el disco mañana?
OTRO: Lo siento. La última vez me olvidé. Intentaré acordarme.
TÚ: Por favor, no te olvides. Quiero que me lo devuelvas.

Situación 2. Acabas de comprar un helado y te han dado mal el cambio.

TÚ: Perdone. Creo que me ha dado mal el cambio.
DEPENDIENTE: ¿De verdad? Cuánto dinero me has dado?
TÚ: Bueno, le he dado setenta y cinco centavos, con lo que me tiene que devolver quince.
DEPENDIENTE: ¡Oh!, lo siento. Tienes razón. Aquí tienes.

Situación 3. Estás haciendo cola en el comedor y alguien se cuela justo delante tuyo.

TÚ: ¡Oye! No te puedes colar. No es justo para los demás.

OTRO: ¡Bah! ¿a quién le importa?
TÚ: A mí. Llevo más de diez minutos esperando. Creo que es mejor que te vayas al final de la cola y esperes tu turno.

Situación 4. Alguien de la clase te acusa injustamente de haber hablado cuando la maestra salió de la clase un momento.

TÚ: Señora Jacobs, yo no hacía ruido. Había varios niños hablando, pero yo no era uno de ellos.
MAESTRA: Está bien. No quiero que esto vuelva a ocurrir otra vez.

Situación 5. Has comprado una maqueta nueva y te das cuenta de que falta una parte. Vuelves a la tienda.

TÚ: Perdone, señora. Acabo de comprar esta maqueta y falta una pieza. Me gustaría cambiarla por otra.
DEPENDIENTE: ¿Tienes el ticket de compra? No me acuerdo de ti.
TÚ: Sí, aquí lo tiene.
DEPENDIENTE: Vale, no hay problema. ¿Por qué no vas a la estantería y coges tú mismo una nueva?

Situación 6. Tus padres organizan una fiesta en casa e invitan a unos amigos. Te han dicho que tienes que acostarte dos horas antes de lo habitual.

TÚ: Papá, no creo que sea justo que tenga que irme a la cama tan pronto. ¿No podría hacer otra cosa?
PADRE: No sé. Esta fiesta es sólo para adultos. Quizá podrías mirar la televisión en tu habitación. ¿Qué te parece?
TÚ: Fabuloso. Gracias.

Situación 7. Tu hermana te dice que te toca lavar los platos. Los lavaste ayer y sabes que no te toca a ti.

TÚ: Oye, no es justo. Ayer los lavé yo. Hoy te toca a ti.
HERMANA: Yo no puedo. Esta noche tengo que hacer muchos deberes. ¿No los puedes lavar tú?
TÚ: Eso es diferente. Esta noche los lavaré yo y mañana los lavas tú, ¿de acuerdo?
HERMANA: Vale, buena idea.

Situación 8. Estás mirando una película que pasan en televisión y tu padre entra en la habitación y cambia el canal sin decirte nada.

TÚ: ¡Oh!, papá, hace rato que miro la película del segundo canal y me gustaría ver qué pasa. ¿Podrías volver a poner ese canal?
PADRE: Ahora hacen las noticias y no quiero perdérmelas.
TÚ: Bueno, pero aunque sólo sea por esta noche, ¿no podrías mirar las noticias de última hora? Oye, ¿te importaría mirar las noticias del tercer canal que empiezan después de la película?
PADRE: Bueno, me parece bien.

Sugerencias de deberes para casa

1. Intentad pensar, como mínimo, en una situación en el colegio y en una situación en casa en la que debierais haber defendido vuestros derechos.
   a. ¿Por qué no lo hicisteis?
   b. ¿Qué podríais haber dicho? (Poned, como mínimo, un ejemplo bueno y otro malo para cada situación.)
   c. ¿Cuál sería la mejor forma de solucionar el problema o de ser asertivo en cada caso?
2. Inventad una situación en la que sea fácil y otra en la que sea difícil defender vuestros derechos. ¿Cómo solucionaríais estos problemas? ¿Por qué es buena esta solución?
3. Haced una lista tan larga como podáis de todas las cosas «buenas» que pueden resultar de defender vuestros derechos. Utilizad vuestra propia experiencia.

Módulo 9: Conversaciones

Fundamento teórico (racional) para el educador

Cada día se mantienen conversaciones sobre cualquier tema que se pueda imaginar. Las conversaciones pueden ser formales e informales, pueden estar orientadas hacia un cometido o no tener una orientación particular, puede durar varias horas o sólo unos segundos, y pueden variar en contenido desde la importancia extrema hasta la insignificancia. Sea cual sea el caso, lo que es evidente es que las conversaciones sirven como vehículo principal de intercambio de información entre dos o más personas. De esta forma, no es difícil comprender las razones por las que el individuo que conoce las intrincaciones de «conversar» tiene una inequívoca ventaja social sobre el que no las conoce.

La literatura científica y educativa ensalza las ventajas de ser un buen conversador y de interactuar con habilidad. Saber cómo participar en las conversaciones es una ventaja inestimable. De hecho, la cantidad de libros de psicología «moderna» para adultos disponible sobre la forma de llegar a ser un mejor y más efectivo conversador apoya esta aseveración. Habitualmente, la mayoría de la gente es capaz de adquirir las habilidades básicas para la conversación a través del normal desarrollo social, emocional e intelectual. Generalmente, los que más practican llegan a ser más hábiles y eruditos en el «sutil arte» de la conversación.

En sí misma, la conversación comprende tres fases: 1) *iniciación* 2) *mantenimiento* y 3) *terminación*. El éxito de la conversación precisa de pericia en cada área. Con frecuencia, el comienzo toma la forma de una presentación, salutación o pregunta. El proceso inicial pone en marcha la conversación y facilita la inclusión de nuevos participantes. Generalmente, el cuerpo de la conversación está compuesto por la porción principal del diálogo. El último componente, la terminación, es la conclusión de la conversación. Ésta puede hacerse, bien por mutuo acuerdo de los participantes, bien porque un individuo se retire de la conversación. La pericia en la iniciación, participación y terminación de una conversación tiene muchas consecuencias. Los participantes no sólo tienden a sentirse mejor con la conversación, sino también con los otros participantes, aumentando así la probabilidad de futuros encuentros.

En los niños, la conversación es un mecanismo esencial y un medio para el aprendizaje y el desarrollo social. Las interacciones con los compañeros, así como las interacciones niño-adulto (padres, maestros...) en su mayor parte están basadas en la comunicación diádica y en grupo. Por ello, cuanta mayor facilidad tenga un niño en el arte de conversar, mayor será su aportación en el desarrollo social, emocional e intelectual. El conocimiento sobre la forma de participar en las conversaciones contribuye a la capacidad del niño para obtener información y compartirla.

Este módulo puede dividirse en tres unidades independientes: 1) iniciar conversaciones, 2) mantener conversaciones y 3) terminar conversaciones. Una vez que los niños hayan practicado los guiones, los educadores pueden separar a los niños en grupos y hacer que discutan un programa de televisión o una película que hayan visto, pues esto incrementa la espontaneidad y el uso de indicaciones no verbales. De forma individual, debe indicarse a los participantes que contribuyan a la conversación haciendo comentarios apropiados, efectuando preguntas abiertas y/o cerradas y terminando la conversación.

Modelo de lección sobre conversaciones

En las últimas sesiones hemos practicado diferentes habilidades sociales, tales como expresar cumplidos, expresar quejas y defender los propios derechos. Hoy vamos a discutir y practicar el hablar con los demás. Es algo que hacemos con la mayoría de la gente con la que nos encontramos, adultos y jóvenes, desconocidos y amigos. Sin embargo, no todo el mundo puede hacerlo con facilidad. Por esto es por lo que vamos a discutir cómo hablamos con la gente o, mejor aún, cómo llevamos a cabo conversaciones con los demás. Probablemente, os estáis preguntando por qué es *tan* importante discutir algo tan simple como las «conversaciones». La verdad es que tomar parte en una conversación es más fácil para alguna gente que para otra, porque algunas personas han aprendido y practicado estas habilidades. Pero no es sólo esto, también existen diferentes partes de la conversación que podrían resultar más difíciles que otras. Por ejemplo, aquí tenéis algunas preguntas sobre las que pensar.

Preguntas para discusión

1. ¿Cuánta gente sabe cómo iniciar una conversación?
2. ¿Cuántos de vosotros sabéis cómo tomar parte en una conversación ya iniciada?
3. ¿Cómo mantenéis una conversación?
4. ¿Qué hacéis cuando todos habéis agotado el tema de conversación?
5. ¿Cómo termináis una conversación?

Como podéis ver, no basta simplemente con saber cómo hablarle a alguien. También es importante saber cómo empezar, participar en y terminar una conversación. El riesgo es que si no sabéis cómo empezar a hablar con una persona o cómo participar cuando los demás están hablando, no tomaréis parte en muchas conversaciones. Asimismo, si detenéis (interrumpís) una conversación o la abandonáis inoportunamente, puede que, en el futuro, la gente no os deje tomar parte en sus conversaciones. Por lo tanto, *es* importante que aprendáis la manera de iniciar una conversación, mantenerla y terminarla de forma inteligente, considerada y afable. Por ejemplo, imaginad que algunos compañeros de clase hablan sobre un programa de televisión que, casualmente, visteis ayer noche que queréis participar en la conversación.

Preguntas para discusión

1. ¿Podríais ponerme unos cuantos ejemplos de cómo podríais participar en la conversación?
2. ¿Cuál de estas formas es la mejor? ¿Por qué?

Probablemente lo que deseáis hacer es acercaros al grupo y, cuando haya una breve pausa en la conversación, decir algo parecido a: «¿Estáis hablando de *La guerra de las galaxias*? Yo lo vi y también me gustó mucho». En este momento, ya tomáis parte en la conversación.

A continuación, si queréis aseguraros de que participáis en la actividad, deberíais escuchar y hacer algún comentario sobre lo que se dice.

Preguntas para discusión

1. ¿Podéis poner distintos ejemplos de cómo os podéis unir o tomar parte en una conversación o qué otras cosas podríais decir?
2. ¿Por qué es importante escuchar lo que los demás dicen?

Probablemente, una de las mejores formas de tomar parte en lo que sucede y de integrarse en la conversación es escuchando lo que se dice, haciendo preguntas y afirmaciones que tengan que ver con lo que dicen los demás. De esta forma, utilizando el ejemplo anterior, podríais decir: «¿Sabéis?, no entiendo las razones del protagonista para actuar de aquel modo. ¿Alguien lo entiende?». Después de escuchar las respuestas de los demás podríais replicar: «¡Ah, sí! No lo había pensado. Quizá es por esto que...». Al hacer preguntas y al contestar a las de los demás mantenéis la conversación. Un punto importante es que siempre deberíais intentar no saliros del tema que están hablando los demás. Si queréis cambiarlo, esperad hasta que la conversación sobre el tema se acerque a su fin y, entonces, puede empezarse un nuevo tema.

También es importante saber cuándo y cómo terminar una conversación o cómo excusaros de una conversación que continúa. En realidad, no es tan difícil. Lo que debéis hacer es aseguraros de que los demás sepan que habéis acabado o que estáis acabando, así ellos también pueden terminar.

Preguntas para discusión

1. ¿Cómo podéis hacer que los demás sepan que habéis terminado de hablar?
2. ¿Cómo salís de una conversación si os tenéis que ir?
3. ¿Por qué es importante dar a conocer a los demás que habéis terminado de hablar o que os tenéis que ir?

Utilizando el mismo ejemplo de antes, una forma adecuada de terminar la conversación sería algo parecido a: «Bueno, la semana que viene lo miraré con más atención. Quizá entonces podamos hablar más sobre el programa, ¿vale?» O si *os* tenéis que ir: «Me gustaría poder continuar hablando, pero tengo que hacer unas cosas. A lo mejor podemos volver a hablar la semana que viene. Hasta luego». En los dos ejemplos, los demás saben que habéis disfrutado de la conversación y de su compañía, y que os gustaría hablar con ellos en otra ocasión. Esto es importante porque la próxima semana probablemente será más fácil mantener la conversación. Además, cuando dejasteis la conversación, lo hicisteis de forma amistosa. Esto es bueno porque, probablemente, en el futuro querrán que participéis en sus conversaciones.

Fundamento teórico (racional) para los niños

Ventajas. Cuando participáis en conversaciones:

A. podéis conocer a y aprender de gente nueva e, incluso, hacer nuevos amigos;
B. tenéis la oportunidad de contar a los demás las cosas que os gustan;
C. no os quedáis al margen de lo que sucede;
D. podéis aprender cosas que son interesantes e importantes y que no sabíais.

Inconvenientes. Cuando no participáis en conversaciones:

A. se os pasa por alto lo que sucede;
B. no tenéis la oportunidad de conocer gente nueva e interesante;
C. perdéis la oportunidad de compartir vuestras ideas e intereses con los demás;
D. podríais quedaros al margen de otras actividades, tales como fiestas, juegos y excursiones.

Guión para el educador

Sería importante comunicar a los alumnos que las aproximaciones pasiva y agresiva, tal y como se presentaron en los módulos previos, probablemente no conducirían a establecer una conversación. El individuo pasivo evitaría el acercamiento a la conversación y al individuo agresivo, probablemente, no se le respondería.

Ahora que habéis visto la importancia de ser capaces de 1) iniciar y participar en una conversación, 2) mantenerla y 3) acabar o abandonar una conversación, sería conveniente que practicarais estas habilidades en distintas situaciones. En primer lugar, os mostraré unos cuantos ejemplos más y después vosotros solos podréis practicar el ser unos buenos conversadores.

Unirse, participar y abandonar conversaciones

Situación 1. Un grupo de gente que conoces del colegio está en la cola del cine. Te gustaría unirte a ellos.

TÚ: ¡Hola!, ¿verdad que sois del colegio Highland? Me llamo (nombre). Me pareció reconoceros.

PERSONA A: Sí. Te he visto en el bar. Me llamo (nombre), y éste se llama (nombre), éste (nombre) y éste (nombre).

TÚ: Me alegra mucho haberos encontrado. Durante semanas he estado esperando para ver esta película y no quería verla solo. ¿Os importaría que me uniera a vosotros?

PERSONA B: ¡Oh, de ningún modo! Cuantos más seamos, más reiremos.

TÚ: ¿Alguno de vosotros la ha visto antes? Espero que sea buena; ¿alguno de vosotros ha oído algo sobre ella?

(Asertiva)—Estas manifestaciones son asertivas porque
1. has esperado a que hubiera una pausa para presentarte;
2. puede que hayas hecho nuevos amigos, y has sido capaz de unirte a ellos para ver la película.

TÚ: ¡Hola, yo os conozco. ¡Fabuloso!, ahora podré ver la película con alguien.

PERSONA A: (Mira a los otros miembros del grupo.) Bueno, eh...

PERSONA B: Bueno, vale.

(Agresiva)—Ésta es agresiva porque
1. te has impuesto a los demás;
2. no estás seguro de que en realidad quieran tu compañía;
3. puede que hayas interferido en los planes del grupo.

Situación 2. Hay una niña nueva en el colegio y te gustaría conocerla y hablar con ella.

TÚ: ¡Hola!, me llamo (nombre). Me he dado cuenta de que eres nueva y creo que a lo mejor puedes necesitar ayuda.

OTRA: Me llamo (nombre). La escuela es muy grande. Me iría bien que me ayudaras.

TÚ: ¡No está tan mal! ¿Has podido encontrar todas tus clases?

OTRA: No, aún no, pero estoy contenta de haberte conocido. Me preocupaba poder hacer amigos aquí.

TÚ: Nos podríamos encontrar aquí antes de la comida y te podría presentar algunas amigas mías.

OTRA: ¡Sería fantástico! Gracias.

TÚ: Entonces, hasta luego.

(Asertiva)—Estas manifestaciones son asertivas porque

1. has ayudado a que alguien se sienta mejor;
2. puede que hayas hecho un nuevo amigo.

Guiones de práctica

Situación 1. Estás de compras en el centro de la ciudad y ves a uno de tus profesores salir de una tienda. Quieres que tus padres le conozcan.

TÚ: Perdone, señor Smith. Le he visto salir de la tienda y me gustaría que conociera a mis padres.

MAESTRO: De acuerdo (nombre). Me encantará conocerles.

TÚ: Papá, mamá, me gustaría que conocierais al señor Smith, mi profesor de educación física. Señor Smith, éstos son mis padres, el señor y la señora (nombre).

MAESTRO: ¿Cómo están ustedes? Su hijo/a es uno de mis mejores alumnos.

TÚ: ¡Oh, gracias señor Smith! Esto es porque su clase es una de mis favoritas.

PADRE: Mi hijo/a habla mucho sobre la clase de educación física.

MAESTRO: Me alegra saberlo.

TÚ: Bueno, no quiero entretenerle más. Me ha alegrado que mis padres pudieran conocerle.

MAESTRO: Estoy encantado de haberles conocido.

TÚ: Nos veremos en el colegio. Adiós.

Situación 2. Llegas tarde a la reunión de tu club. El grupo está hablando sobre la excursión de la semana que viene. Quieres unirte a ellos.

TÚ: Perdonad. Lamento llegar tarde. Me imagino que estáis hablando de la excursión. ¿Ya habéis decidido algo?

PERSONA B: No, aún no. En realidad, acabamos de empezar.

TÚ: Bien. Esperaba no haberme perdido mucho. ¿Ha sugerido ya alguien el parque del lago?

PERSONA C: Aún no. De momento hemos discutido sobre el parque de la ciudad y la playa.

TÚ: Bueno, creo que el lago del parque sería un buen sitio porque...

Situación 3. Estás en una fiesta y no conoces a nadie.

TÚ: ¡Hola, me llamo (nombre)! Me siento como un extraño. No conozco a mucha gente aquí.

PERSONA B: Me llamo (nombre). Quizá te podría presentar a unas cuantas personas.

TÚ: Me encantaría. ¿Conoces a mucha gente?

PERSONA B: A algunos, pero no a todos.

TÚ: Hay mucha gente aquí. Realmente, me gustaría conocer a unas cuantas personas más.

Situación 4. Te gustaría terminar una conversación con alguien.

TÚ: Bueno, me ha encantado hablar contigo, pero lamento tenerme que ir. / Me lo he pasado muy bien hablando contigo. Ahora me tengo que ir. Tal vez nos podríamos encontrar otra vez. / ¡Oh!, llego tarde a clase. De verdad, me gustaría acabar de hablar contigo. ¿No nos podríamos encontrar más tarde?

OTRO: De acuerdo, luego nos vemos.

TÚ: Gracias, hasta luego.

Situación 5. Después de ir a un concierto con tus amigos, quieres comentarlo con ellos.

TÚ: ¿Os ha gustado el concierto? ¿Qué os ha gustado más? / El concierto me ha parecido fantástico. ¿Qué os ha parecido a vosotros? / Me parece que no os ha gustado el concierto. ¿Tengo razón o no?

OTROS: A mí me ha parecido muy bueno, pero hacía demasiado calor.

TÚ: Sí, pero no me ha molestado demasiado. Estoy contento de que hayáis venido.

Situación 6. Un compañero de clase ha hecho algo en la clase de dibujo y te gustaría saber cómo lo ha hecho.

TÚ: Me gustó mucho el trabajo de arte que hiciste la semana pasada. ¿Estuviste mucho tiempo para hacerlo?

COMPAÑERO: ¡Oh, gracias! No, en realidad fue muy fácil.

TÚ: ¿Dónde aprendiste a hacer eso? No creo que lo hayamos hecho en la clase de dibujo.

COMPAÑERO: Me lo enseñó mi profesor de dibujo del año pasado. Hizo muchas cosas como ésta.

TÚ: ¿Crees que algún día me podrías enseñar a hacerlo?

COMPAÑERO: Por supuesto, es muy fácil.

TÚ: ¡Fantástico! Quizá el próximo lunes, en la clase de dibujo, nos podamos sentar juntos.

COMPAÑERO: Me parece bien.

TÚ: Estoy deseando que llegue el lunes. Bien, ahora tengo que irme o llegaré tarde a la clase de matemáticas. Gracias. Ya nos veremos.

COMPAÑERO: Tómatelo con calma.

Sugerencias de deberes para casa

1. En los próximos días, intentad iniciar, como mínimo, una conversación con un amigo de la escuela, con una niña o un niño nuevo del colegio y con un adulto (padre, vecino) en casa. Fijaros en la forma de iniciar la conversación, en la forma

en que se mantiene y cómo se termina. Intentad terminar por lo menos una de estas conversaciones.

2. Intentad participar en una conversación que ya esté iniciada. Prestad atención a lo que decís para uniros a ella, a cómo os mantenéis implicados en la conversación y a la forma en que termina.

Módulo 10: Empatía

Fundamento teórico (racional) para el educador

Cuando alguien cuenta una historia o una experiencia personal a otra persona, probablemente le gustará saber si la otra persona comprende lo que le está contando. Esto también sucede cuando alguien intenta comunicar una emoción o una experiencia íntima. Con frecuencia, en estas situaciones se puede saber si la persona que escucha se entera de lo que se le cuenta observando sus reacciones.

La empatía es la capacidad de conectar de forma correcta y sincera con los sentimientos y emociones de otra persona. Al hacer esto, somos capaces de lograr una comprensión subjetiva de lo que la otra persona está experimentando. Al empatizar, compartimos las emociones de otra persona: entusiasmo, tristeza, alegría, optimismo. Además de compartir conjuntamente lo que nos cuentan, intentamos sentir lo mismo que ellos sienten. En cierto sentido, nos estamos abriendo a ellos, igual que ellos se abren a nosotros.

Poseer la capacidad de empatizar es una ventaja, significa que se comprende, que se está preocupado, que se es sensible, respetuoso y de confianza. Naturalmente, estos atributos llevarían, por sí mismos, a aumentar el atractivo social de una persona. No es necesario decir que las amistades, especialmente las íntimas, son prácticamente imposibles sin el elemento de la comprensión empática.

En los niños, llegar a saber empatizar y aprender la forma de comunicar empatía es una medida de su madurez social. Las amistades pueden tener más sentido; palabras tales como *confianza, sentimientos* y *comprensión* adquieren un significado real y, al adquirir empatía, el individuo se aleja de un estado de aislamiento social. El objetivo de este módulo consiste en enseñar a los jóvenes la forma de comunicar empatía, confiamos en que se formen una mejor idea del significado y de la importancia de la empatía.

Modelo de lección sobre empatía

Hoy vamos a hablar sobre la empatía. Empatía significa ser capaz de sentir y comprender lo que otra persona siente. Por ejemplo, si un amigo vuestro está triste, o incluso llorando, ¿os sentís tristes? Si un compañero de clase se está riendo mucho por algo, ¿os encontráis con que también tenéis ganas de reír o sonreír? Si alguien a quien conocéis se emociona por unas buenas noticias, ¿os sentís también emocionados? Si habéis contestado con un «sí» a todas estas preguntas, lo que habéis sentido es una forma de empatía. La empatía significa, en realidad, comprender cómo se siente o cómo piensa una persona y darle a conocer que podéis compartir esos sentimientos (sentiros como esa persona se siente).

Es importante recordar que para que lleguéis a saber «empatizar», debéis aprender a conocer cómo se sienten los demás. Como las otras habilidades, aprender a «empatizar» requiere de tiempo y práctica. Por ejemplo, ya debéis saber qué se siente al estar triste, alegre, solo, entusiasmado o, incluso, atemorizado. También debéis conocer qué situaciones os pueden hacer sentir de estos estados de ánimo. Ya conocéis algunas de estas cosas, lo cual quiere decir que probablemente tenéis la capacidad de compartir sentimientos y de empatizar.

Preguntas para discusión

1. ¿Qué cosas hacen que la gente esté contenta, triste, sola, emocionada, atemorizada?
2. ¿Podéis describir cada uno de estos sentimientos?
3. ¿Alguna vez os sentís tristes, alegres, atemorizados, emocionados cuando alguien os cuenta ese tipo de relatos? ¿Por qué?

Ahora que sabéis que tenéis cierta capacidad para empatizar, es importante que aprendáis a utilizarla correctamente. Generalmente, cuando empatizáis, intentáis ayudar a alguien a que se sienta mejor haciéndole saber que comprendéis o que *intentáis* comprender cómo *se* siente. Por ejemplo, si un amigo os dice que está muy triste porque ha perdido a su perro, puede que hagáis que se sienta un poco mejor si le decís algo parecido a: «Me apena oír esto, a mí también me gustaba mucho Sparky. Es una noticia muy triste». Al decir esto, comunicáis a vuestro amigo que compartís su tristeza y que os gustaría ofrecerle consuelo. En esta situación, estáis mostrando empatía. Sinceramente os sentís mal por vuestro amigo y queréis ayudarle para que se sienta mejor.

Sin embargo, no tenéis que empatizar sólo en situaciones tristes o desdichadas; también podéis compartir la alegría de alguien. Por ejemplo, imaginaros que vuestra hermana se acaba de enterar de que ha ganado el primer premio en un concurso de dibujo por una pintura en la que trabajó mucho. Cuando acaban las clases, se os acerca corriendo y saltando de alegría: «¡Adivina! ¡He ganado el primer premio! Estoy tan emocionada que no me lo puedo creer». Compartís la emoción de vuestra hermana: «¡Oh, es fantástico! ¡Sabía que ganarías! ¡Es fabuloso!». Os sentís emocionados por vuestra hermana y vuestra reacción hace que ella lo sepa. Probablemente, habéis ayudado a que se sienta incluso más feliz.

1. ¿Puede alguno de vosotros poner ejemplos de otras situaciones en las que la empatía sea importante?
2. En cada uno de estos casos, ¿qué comunica vuestra empatía a la persona que experimenta la emoción?
3. ¿Creéis que siempre podéis llegar a empatizar, sin importar cuál sea la situación? ¿Por qué sí? ¿Por qué no?

Existen muchas maneras de descubrir cómo se sienten los demás. En primer lugar, es importante escuchar lo que los otros nos transmiten al describirnos sus sentimientos. Probablemente, ésta es la mejor manera de comprender cómo se sienten. El hecho de observar detenidamente a la otra persona también ayuda. Podéis descubrir mucho a través de la expresión facial de la gente (sonriente, apariencia triste...), de sus gestos, la posición de sus manos, brazos, de su cuerpo en general, y de su modo de comportarse.

Fundamento teórico (racional) para los niños

Ventajas. Ser capaces de compartir los sentimientos de alguien:

A. puede ayudar a que la gente sienta que alguien se preocupa por ella;

B. puede hacerles más felices porque pueden compartir sus sentimientos con vosotros.

El compartir los sentimientos de alguien o empatizar puede:

A. haceros sentir bien al saber que habéis ayudado a mejorar las cosas;
B. ayudaros a comprender mejor a los demás;
C. ayudaros a aprender de las experiencias de otra persona porque sentís lo que siente;
D. facilitar el que seáis amigos íntimos porque habéis compartido sentimientos especiales.

Inconvenientes. Si no sois empáticos:

A. la gente no compartirá sus sentimientos e ideas con vosotros;
B. es posible que los demás tengan menos deseos de escucharos y de intentar comprenderos;
C. puede que os sea difícil tener amigos íntimos;
D. no seréis capaces de compartir las emociones y sentimientos de los demás.

Guión para el educador: empatía

Espero que comprendáis qué es la empatía y cuán importante es que la expreséis a los demás. Para que practiquemos un poco más, primero os pondré unos cuantos ejemplos que haremos juntos. Después, tendréis la oportunidad de practicar vosotros solos.

Situación 1. Tu padre acaba de anunciar a la familia que ha sido ascendido y que le han subido el sueldo. Está muy orgulloso y contento.

PADRE: Quiero que seáis los primeros en saber que hoy me han ascendido de categoría y subido el sueldo. ¿Verdad que son buenas noticias?
TÚ: ¡Es fantástico! Me alegro mucho. ¡Te lo merecías!
PADRE: Gracias (nombre), pero sin una familia tan fabulosa como la mía esto no hubiera sucedido.
TÚ: Estamos muy contentos y orgullosos de ti.

(Asertiva)—Estas manifestaciones son asertivas porque
1. has hecho que tu padre supiera que estás interesado por lo que cuenta y siente;
2. has hecho que tu padre supiera que compartes su alegría;
3. has expresado un sentimiento sincero y probablemente has hecho que tu padre se sienta más feliz al saber que le comprendes.

PADRE: Quiero que seáis los primeros en saber que hoy me han ascendido de categoría y subido el suelo. ¿Verdad que es fantástico?
TÚ: ¡Hum! / ¡Oh!
PADRE: Bueno, todos me habéis ayudado para que esto fuera posible.
TÚ: En realidad no / ¡Vamos, hombre!

(Pasiva)—Estas manifestaciones son pasivas porque
1. al no compartir la experiencia positiva, quitas parte de la emoción de la ocasión;
2. has manifestado que, en realidad, no te importa.

PADRE: Quiero que seáis los primeros en saber que hoy me han subido el sueldo y ascendido de categoría. ¿Verdad que es fantástico?
TÚ: ¿Por qué has tardado tanto?
PADRE: Bueno, todos habéis ayudado a hacer esto posible.
TÚ: Sí. Si no fuera por nosotros, aún estarías esperando un ascenso.

(Agresiva)—Estas manifestaciones son agresivas porque
1. probablemente has hecho que tu padre se enfade;
2. has hecho que una ocasión feliz lo fuera menos;
3. has actuado de forma egoísta y egocéntrica.

Situación 2. El mejor amigo de tu hermano se ha marchado hoy. Sabes que se siente muy triste. Te acercas a él.

TÚ: Siento mucho que te sientas mal, Tom. A todos nos caía muy bien Bill. Es triste verle marchar.
HERMANO: Ya sabes que era mi mejor amigo.
TÚ: Lo sé. Tal vez puedas escribirle o llamarle de vez en cuando.
HERMANO: Sí, creo que sí.
TÚ: Espero que pronto te encuentres mejor. Quizá más tarde podamos hacer algo, ¿vale?

(Asertiva)—Estas respuestas son asertivas porque
1. has ayudado a tu hermano a sentirse un poco mejor;
2. probablemente agradece tus sentimientos.

TÚ: He oído que Bill se ha ido.
HERMANO: Ya sabes, era mi mejor amigo.
TÚ: Sí.

(Pasiva)—Esta manifestación es pasiva porque
1. en realidad no has ayudado a que tu hermano se sintiera diferente;
2. probablemente piensa que no te importan sus sentimientos.

TÚ: ¡Oh, vamos, hombre! ¡Anímate! No es el fin del mundo.
HERMANO: Ya sabes que era mi mejor amigo.
TÚ: ¿Y qué? Tienes muchos amigos.
HERMANO: No como Bill.

(Agresiva)—Esta manifestación es agresiva porque
1. no has resultado de gran ayuda;
2. puede que hayas hecho que tu hermano se sienta peor o incluso furioso contigo.

Guiones de práctica

Situación 1. Ves que un niño pequeño está llorando fuera de una tienda. Quieres ayudarle.

TÚ: ¿Qué te pasa? ¿Por qué lloras?
OTRO: No puedo encontrar a mi tío. Estoy de visita y me he perdido.
TÚ: Debes estar asustado, cuando uno se pierde se asusta. Te ayudaré a buscarlo.
OTRO: Gracias.

Situación 2. Tu padre está sentado en la cocina, solo, y parece un poco triste.

TÚ: ¿Qué te pasa, papá? ¿Ha ocurrido algo?
PADRE: En realidad, no. Simplemente que algunas cosas no acaban de ir bien.
TÚ: No me gusta que te sientas así. ¿Puedo hacer algo para animarte un poco?
PADRE: Sí. ¿Por qué no vamos a dar un paseo? Sería agradable.

Situación 3. Tu profesora se acaba de enterar de que ha ganado el premio anual de enseñanza.

TÚ: ¡Felicidades, señorita Taylor! Hoy, en la comida, me he enterado de la buena noticia.
PROFESORA: Gracias. Eres muy amable.
TÚ: Sé que todos los niños están muy contentos y orgullosos de usted, igual que yo. Debe sentirse muy contenta.

Situación 4. Te has dado cuenta de que durante las últimas semanas uno de tus amigos no se comporta como él es en realidad. Estás un poco preocupado.

TÚ: ¿Qué tal te va, (nombre)? ¿Algo va mal? Últimamente no eres el mismo.
AMIGO: No me encuentro demasiado bien. Fui al médico y me dijo que tendré que ir al hospital para hacerme unas pruebas.
TÚ: ¡Caramba, lo siento! Me imagino que estás un poco preocupado. ¿Sabes cuánto tiempo estarás allí?
AMIGO: Es posible que no sea mucho.
TÚ: ¿Puedo ayudarte de algún modo? Me siento mal por no haberte dicho nada antes.
AMIGO: Gracias. En realidad me has hecho sentir un poco mejor. No pensaba que a alguien le importara.

Situación 5. Estás hablando con algunos amigos sobre la película de monstruos que acabáis de ver. Uno de tus amigos dice:

AMIGO: Chico, me asusté mucho cuando salió aquella mano.
TÚ: Sí, sé lo que quieres decir. A mí también me asustó.
AMIGO: De verdad que hacía un gran esfuerzo por mantener los ojos abiertos.
TÚ: ¡Oh sí! Yo, por ejemplo, me he perdido la escena siguiente porque tenía los ojos cerrados.

Situación 6. Un compañero de clase pierde en las elecciones para ser el encargado de la clase y se siente algo mal.

TÚ: ¡Qué mala suerte que no ganaras hoy! Pensaba que lo conseguirías.
COMPAÑERO: Yo también. Me pregunto qué ha ido mal.
TÚ: Procura no sentirte tan mal, aunque siempre es difícil saber perder. El año pasado perdí unas elecciones de la clase y me lo tomé muy mal.
COMPAÑERO: ¿De verdad? ¿Qué pasó?
TÚ: En realidad, conseguí superarlo con bastante rapidez.
COMPAÑERO: Bueno, está bien. Esto me hace sentir un poco mejor.

Situación 7. Uno de los niños de tu curso viene sonriendo y muy contento por algo que ha sucedido en la clase de gimnasia.

TÚ: Se te ve muy contento. ¿Qué ha pasado?
OTRO: Me han escogido para el equipo de las estrellas.
TÚ: ¡Es fantástico! Debes estar muy contento.
OTRO: Pues sí, estoy deseando que llegue el día del entreno.

Sugerencias de deberes para casa

En los periódicos se pueden leer muchas historias sobre gente que experimenta todo tipo de emociones (sentimientos). Buscad un ejemplo de una historia triste, una alegre y una en la que alguien tenga noticias emocionantes. Imaginaos que conocéis a esa persona e intentad explicar una forma de empatizar con sus sentimientos. Escribid lo que diríais. ¿Qué efecto creéis que podéis haber provocado en la otra persona?

Módulo 11: Habilidades sociales no verbales

Fundamento teórico (racional) para el educador

Una importante faceta para ser un hábil conversador consiste en ser capaz de utilizar señales no verbales que ilustren o subrayen lo que se dice. Cuando los componentes verbales y las indicaciones no verbales son congruentes, la comunicación es óptimamente clara.

Las indicaciones no verbales ayudan a proporcionar intercambio de información entre la gente, además de expresar el afecto y la intensidad del mensaje verbal. Los investigadores han hallado que la comunicación no verbal juega un importante papel en la dirección de las interacciones y en la definición de las relaciones entre la gente. También señala cambios en los papeles del que habla y del que escucha. De esta forma, es fácil comprender cómo unas deficientes habilidades no verbales pueden afectar no sólo al contenido de lo que se dice, sino también al desarrollo de la conversación.

Generalmente, el componente no verbal de la comunicación debiera apoyar al componente verbal. Las inconsistencias entre los dos aspectos posiblemente resultarán en malentendidos, comunicación ineficaz, dobles mensajes y malestar por parte de los que interactúan. Además de aprender las indicaciones y los gestos no verbales más importantes, es necesario reconocer la interrelación entre la comunicación no verbal y la verbal. En los niños, como en los adultos, es esencial la habilidad en el uso de la comunicación no verbal. El joven que haya desarrollado este aspecto de sus habilidades sociales será un conversador más efectivo.

Nota: Este módulo se puede acompañar con «charadas». Se hacen las tarjetas con situaciones que implican la expresión de sentimientos y que requieren el uso de gestos no verbales (por ejemplo, «Estás contento de ver a tu amigo cuando vuelve de vacaciones»), que los niños pueden representar. También se puede sugerir que los niños describan una película que hayan visto recientemente y comentar los gestos no verbales tanto del que habla como del que escucha.

Modelo de lección sobre habilidades no verbales

Hoy vamos a hablar sobre algo que todos utilizamos y que vemos utilizar a los demás cuando hablan: la comunicación no verbal o hablar sin palabras. Dejad que os muestre lo que quiero decir. Imaginaos que un amigo se acerca a vosotros mientras estáis jugando en la calle o comprando. A medida que vuestro amigo se os acerca, sonréis, hacéis un ademán con la mano y decís «¡Hola!». Sin embargo, vuestro amigo sólo os mira y dice ¡Hola! sin ninguna expresión en su cara. ¿Cómo os sentirías? Bien, vuestro amigo ha *hablado* tanto como vosotros, pero probablemente vosotros habéis *comunicado* más. ¿Qué falta en la comunicación de vuestro amigo?

Las cosas que notáis que faltan o que son incorrectas son lo que llamamos señales no verbales. Cada vez que hablamos con otra persona estamos dando y recibiendo constantemente señales no verbales. Cuando sonreís, fruncís el ceño, miráis sorprendidos, parecéis tristes, cuando parecéis enfadados, saludáis con la mano y hacéis muchas otras expresiones y gestos, os estáis comunicando sin palabras. Al hacer estas cosas, facilitáis que los demás comprendan *exactamente* lo que queréis decir. Por ejemplo, si dijerais a alguien: «Estoy furioso» y simplemente parecierais un poco enfadados, puede que la otra persona no estuviera tan impresionada como si realmente parecierais muy enfadados. Si tuvierais que decirle a vuestro amigo que su chiste era muy divertido pero no sonrierais, vuestro amigo tendría dificultades para creeros.

Preguntas para discusión

1. ¿Podéis poner otros ejemplos de señales no verbales?
2. ¿Ayuda la comunicación no verbal a comprender el sentido o el mensaje?
3. ¿Cómo ayuda a comprender el sentido?
4. ¿Qué sucedería si no utilizarais señales no verbales cuando tuvierais que decir algo?

Existen muchos y diferentes tipos de señales no verbales, y todos ellos son importantes. Sin embargo, ya que algunas de estas señales se utilizan más que otras, existen cinco que realmente es conveniente conocer. Éstas son: el *contacto ocular*, los *gestos faciales*, los *gestos de las manos y de los brazos*, la *postura* y la *distancia en que os halláis, de pie o sentados, con respecto a la otra persona.* Dejad que os ponga un ejemplo de cada una de estas señales. Cuando hablamos del contacto ocular nos referimos a mirar a la otra persona cuando estamos hablando con ella. Los gestos faciales se refieren a las expresiones que hacéis con vuestra cara. Cuando sonreís, estáis haciendo un gesto facial. Con los gestos de las manos y de los brazos nos referimos a las cosas que decís con vuestras manos y brazos. Por ejemplo, cuando hacéis un ademán de «¡Hola!» o «¡Adiós!» a otra persona, estáis utilizando un gesto de mano y brazo.

Vuestra postura también es una forma de comunicación no verbal porque podéis dar distintos mensajes sólo por el modo en que estáis de pie o sentados. Por ejemplo, si habláis con alguien y esa persona está inclinada en su silla mirando al suelo, os está enviando un mensaje similar a «Estoy aburrido» o «Estoy cansado». El último tipo de señal no verbal del que hablaremos es la llamada «proximidad», o lo cerca o lejos que estamos de la otra persona. Si bien puede que no seamos conscientes de esto, con mucha frecuencia utilizamos esta señal. Por ejemplo, si estuvierais hablando con un amigo y, lentamente, éste retrocediera, ¿no pensaríais que intenta deciros algo?

Preguntas para discusión

1. ¿Cuántos ejemplos diferentes me podéis poner de cada una de las siguientes señales no verbales:
   Contacto ocular
   Gestos faciales
   Gestos de manos y brazos
   Postura
   Proximidad (cuán cerca o lejos estáis de la otra persona)?
2. ¿Qué significado tiene cada uno?
3. En algunos de los ejemplos que habéis puesto, ¿podéis explicar cómo o por qué son importantes?

Es muy probable que os déis cuenta de que es habitual utilizar varias señales no verbales diferentes al mismo tiempo. Al hacer esto, podéis hacer que lo que decís resulte aún *más* comprensible. Sin embargo, es muy importante que recordéis que cuando utilicéis alguna de estas señales, éstas deben armonizar con lo que intentáis decir. Cuando esto no sucede, a la gente no sólo le cuesta más comprender lo que decís, sino que también puede que piensen que *estáis* confundidos. Por lo tanto, así como es importante pensar cuidadosamente lo que vais a decir, también lo es la forma en que lo vais a decir no verbalmente. Si las dos se corresponden, lo habréis hecho muy bien; si no se corresponden, puede que vuestra comunicación no resulte clara.

Fundamento teórico (racional) para los niños

Ventajas. Utilizar la comunicación no verbal de forma correcta:

A. puede ayudar a hacer que lo que decís sea más fácil de comprender;
B. puede hacer que lo que decís sea más divertido o interesante para el que escucha;
C. puede facilitar el expresar ideas o sentimientos difíciles;
D. ayuda a que la gente sepa cuándo es su turno para hablar y cuándo se termina la conversación.

Inconvenientes. Al no utilizar la comunicación no verbal o al utilizarla incorrectamente:

A. os costará dar sentido a vuestro mensaje;
B. puede que os cueste más mantener el interés de la gente por lo que decís;
C. vuestras conversaciones pueden parecer torpes y haceros sentir incómodos;
D. podríais dar a los demás una impresión o mensaje erróneos;
E. facilitáis que los demás os malinterpreten.

Guión para el educador

Os voy a mostrar unos cuantos ejemplos más de cómo la gente utiliza las señales no verbales. Cuando termine, practicaréis algunas vosotros solos.

Los siguientes ejemplos contrastan el uso *apropiado* de las señales no verbales con el uso *inapropiado* o *escaso* de las señales no verbales. Lo absurdo de algunos de los ejemplos muestra la importancia de la utilización adecuada.

Situación 1. Estás muy contento al recibir un regalo de tus padres que has esperado durante mucho tiempo.

TÚ: (Con señales no verbales apropiadas: sonrisas, contacto ocular.) Gracias, mamá y papá. ¡Es fantástico! ¡Es justo lo que quería!
PADRE: Bueno, te lo merecías.
TÚ: Gracias, de verdad.

(Apropiada)—Es un uso apropiado de la comunicación no verbal porque

1. estás expresando correctamente que estás contento (es decir, sonriendo, con contacto ocular).

TÚ: (*Sin* señales no verbales: inexpresivo y sin afecto.)
Gracias, mamá y papá. Es fantástico. Es justo lo que quería.

PADRE: Bueno, parece que no te haga mucha ilusión.
TÚ: Sí que me hace.

(Poco clara)—La comunicación es poco clara porque
1. lo que dices no coincide con tu mensaje no verbal;
2. te hace parecer un farsante.

TÚ: (Con señales no verbales *antagónicas:* ceño fruncido, hombros caídos, sin contacto ocular.)
Gracias, mamá y papá. Es fantástico. Es justo lo que quería.
PADRE: ¿Qué te pasa? ¿No te encuentras bien?
TÚ: No. Estoy bien.

(Inapropiada)—Ésta es una utilización de la comunicación no verbal inapropiada porque
1. parece que te sientas forzado a decir eso;
2. actúas como si en realidad no quisieras decir eso.

Situación 2. Estás entusiasmado con un gran y exótico pez que has visto en el acuario. Se lo cuentas a tus amigos.

TÚ: (Con señales no verbales apropiadas: sonrisas, contacto ocular, gestos de manos, proximidad.)
¡Chico, era enorme! Era tan grande como un caballo.
AMIGO: ¡Oh, qué grande!

(Apropiada)—Esta manifestación no verbal es apropiada porque
1. los gestos de tus manos expresan el «gran tamaño» del pez;
2. das la impresión de estar entusiasmado.

TÚ: (*Sin* señales no verbales: inexpresivo, sin entonación en la voz.) Chico, era enorme. Parecía del tamaño de un camión.
AMIGO: ¿Cómo era de grande?
TÚ: Muy grande.

(Poco clara)—Ésta es poco clara porque
1. tus gestos no están a tono con lo que dices;
2. no pareces entusiasmado con el tamaño del pez.

TÚ: (Con las señales no verbales *incorrectas:* ceño fruncido, mirada a lo lejos, sin gestos.)
¡Chico, era enorme! Parecía del tamaño de un camión.
AMIGO: ¿Qué? ¿Cómo era de grande?
TÚ: Ya sabes, así de grande.
AMIGO: ¿De qué estás hablando?

(Inapropiada)—Esta respuesta es inapropiada porque
1. le das a tu amigo la impresión de que no sabes lo que significa «grande»;
2. tus amigos no te creerán porque lo que dices no armoniza con los gestos de tus manos.

Guiones de práctica

Nota: Debe animarse a los estudiantes a que se concentren en desarrollar sus propias rutinas no verbales para acompañar los guiones de práctica. Se suministran algunas pautas sobre los comportamientos no verbales apropiados.

Situación 1. Una amiga tuya ha estado en un hospital durante un tiempo. Ahora ha vuelto a asistir a las clases. Te acercas y te quedas de pie junto a ella. Estás contenta por su vuelta al colegio. La miras y sonríes.

TÚ: ¡Bienvenida! ¿Ya te encuentras bien?
AMIGA: ¡Oh, sí! ¿Qué ha pasado por aquí?
TÚ: Bueno, te hemos encontrado mucho a faltar. No han sucedido demasiadas cosas.
AMIGA: Estoy contenta de haber vuelto.

Situación 2. Te has enterado de unas malas noticias en relación a un compañero de clase. Le quieres decir algo. Te diriges hacia tu compañero y te pones a su lado. Al hablar, lo miras a los ojos. Tu expresión facial es seria y de preocupación.

TÚ: (Nombre), siento mucho lo que ha sucedido. ¿Puedo hacer algo para ayudar?
COMPAÑERO: Gracias. Pronto mejorarán las cosas.
TÚ: Bueno, si quieres hablar con alguien llámame, ¿vale?
COMPAÑERO: Sí. Gracias.

Situación 3. Casualmente te has encontrado a un amigo que hacía tiempo que no veías. Cuando estás frente a él, tu expresión es de sorpresa y alegría a un tiempo. (Comportamientos no verbales sugeridos: expresión sorprendida, sonriente, contacto ocular y el cuerpo vuelto hacia él.)

TÚ: ¡Hola (nombre)! ¿Cómo te ha ido durante este tiempo? ¡Qué alegría volver a verte!
AMIGO: Sí. ¿Qué tal te ha ido a ti?
TÚ: ¡Muy bien! ¡Oh, estoy muy sorprendido de verte!

Situación 4. Les estás contando a unos amigos tu experiencia de cuando subiste a la montaña rusa. Mientras hablas con tus amigos, tienes una expresión de entusiasmo en tu cara. Estás sonriendo y haces gestos con las manos para contarles cómo fue la vuelta. (Comportamientos no verbales sugeridos: contacto ocular, sonriente, gestos con las manos.)

TÚ: Empezó subiendo una pendiente muy pronunciada y, cuando llegabas arriba de todo, podías ver todo el parque de atracciones.
AMIGO: ¿Iba muy rápido?
TÚ: Entonces iba despacio. Pero una vez pasamos la cima, se lanzó directamente hacia abajo por la pista. Me tuve que agarrar a la barandilla.
AMIGO: ¡Oh, parece muy divertido!

Situación 5. Alguien te pide que le indiques la forma de ir a una gasolinera. Cuando le explicas el camino, haces gestos con las manos para señalar los giros a la derecha e izquierda... (Comportamientos no verbales sugeridos: contacto ocular, gestos de manos.)

TÚ: A ver, déjeme pensar. Continúe por esta calle hasta que llegue a un cruce. Allí, encontrará dos iglesias. Gire a la izquierda y continúe por esa calle hasta pasar tres manzanas. Encontrará la gasolinera a su derecha.

OTRO: Gracias.

Situación 6. Estás describiendo una escena de miedo de una película que has visto. Tienes una expresión de miedo en tu cara y tu voz es grave, como un susurro. Haces movimientos de manos y de cuerpo para mostrar lo que sucedió. (Comportamientos no verbales sugeridos: expresión de miedo, gestos, entonación de voz).

TÚ: Abieron la puerta y la habitación estaba completamente oscura. Era muy misterioso. Entraron en la habitación y, de repente, detrás de ellos, se cerró la puerta de golpe.

OTRO: ¿Qué pasó?

TÚ: Entonces, el chico dijo «Shhh, ¿habéis oído eso?»

Situación 7. Alguien te ha acusado injustamente de haber copiado en el examen. Estás de frente a esa persona y le miras a los ojos. Tienes una expresión de enfado en tu cara.

TÚ: ¡No es cierto! Yo no he copiado. Nunca lo haría.

OTRO: Yo te vi.

TÚ: ¿Qué viste exactamente? Creo que te lo estás inventando.

OTRO: ¿Por qué iba a hacerlo?

TÚ: No lo sé. Pero, me estoy enfadando.

Situación 8. Estás comprando papel para envolver un regalo y describes cuánto papel vas a necesitar. Haces gestos de manos para mostrar el tamaño de la caja. (Comportamientos no verbales sugeridos: contacto ocular, gestos de manos.)

TÚ: Necesito papel para una caja de esta longitud y de esta amplitud.

Situación 9. Ves un insecto interesante y llamas a tus amigos para que vengan a verlo. (Comportamientos no verbales sugeridos: contacto ocular, gestos de manos.)

TÚ: ¡Eh! Venid aquí y mirad esto.

Situación 10. Tu profesor te acaba de decir que has ganado el concurso de la clase de dibujo. Tienes una expresión de emoción y alegría en tu cara. (Comportamientos no verbales sugeridos: expresión facial de emoción, contacto ocular.)

TÚ: ¡Es fantástico!

Sugerencias de deberes para casa

1. Mirad un programa de televisión en casa con el volumen a cero. Escribid lo que creéis que dicen según las señales no verbales que observéis.
2. Observad a otros alumnos en el colegio y a los miembros de tu familia, y escribid la forma en que se comunican no verbalmente.
3. Observad a dos personas cuando están hablando entre ellas. Escribid los distintos comportamientos no verbales que utilizan para hacer que el otro sepa que le está escuchando y que le presta atención.
4. Buscad fotografías en revistas y periódicos de gente que hace que los demás sepan cómo se siente a través de la comunicación no verbal. ¿Qué intentan comunicar?

Módulo 12: Interacciones con estatus diferentes

Fundamento teórico (racional) para el educador

Generalmente, las diferencias de estatus implican las estructuras jerárquicas que se crean en los grupos, asignando unos niveles de prestigio más elevados a ciertos individuos o subgrupos que a otros. Estas diferencias de estatus proceden de variables tales como el grado en que un individuo es tomado en estima o afecto, la autoridad y poder de un individuo dentro de un grupo y la edad del individuo.

Las diferencias de estatus juegan un importante papel en nuestra comunicación diaria. Cuando le pedimos un aumento de sueldo a nuestro jefe, cuando hacemos una entrevista para un trabajo o, incluso, cuando hablamos con el gerente de unos almacenes (restaurante), nos hallamos en una interacción con estatus diferente. En todos estos ejemplos, la forma en que abordamos a la otra persona es algo distinta de la forma en que nos dirigimos a un compañero. Sea por respeto a la persona y a su posición, sea por el protocolo establecido, con frecuencia existe la necesidad de adaptar lo que decimos, así como la forma en que lo decimos, para que se ajuste al estatus de la persona a la que nos dirigimos.

Los adultos se relacionan con otros adultos en diversas interacciones sociales, limitando, con frecuencia, su diferente estatus a las relaciones laborales. Sin embargo, en los niños las interacciones con los adultos no sólo son frecuentes sino que generalmente exigen respeto debido a la diferencia de estatus. Estas interacciones niño-adulto comprenden los encuentros con los padres, maestros, vecinos, consejeros, parientes y otros adultos. La comunicación con los padres es, quizá, la más frecuente y con mayores consecuencias inicialmente; de modo que sirve de medio para desarrollar las habilidades para interacciones con estatus diferentes. De hecho, los investigadores han concluido que los niños tienden a generalizar la relación de estatus diferente con sus padres a otros adultos. El desarrollo de esta habilidad en el niño puede contribuir a la facilidad y éxito con que se relacione con el mundo de los adultos.

Modelo de lección sobre las interacciones con estatus diferentes

Hoy vamos a hablar sobre las interacciones con estatus diferentes. Con esto nos referimos a la forma en que habláis a la gente cuyo estatus es diferente al vuestro como, por ejemplo, vuestros padres, maestros y otros adultos. Estoy seguro de que os dais cuenta de que no habláis a los adultos de la misma forma que habláis a otro niño. Lo más probable es que si estuvierais enfadados con vuestra madre o con vuestro padre, no diríais las mismas cosas que las que diríais a uno de vuestros compañeros de clase. Si lo hicierais, probablemente os meteríais en un lío.

Lo que hace que hablar con los adultos sea distinto de hablar con vuestros amigos y compañeros es el hecho de que ellos mandan o se hallan en una posición de autoridad; ellos tienen el mando. Por esto, se espera de nosotros que los tratemos con respeto. Por ejemplo, si los adultos os dijeran o hicieran algo que no os gustase, no deberíais brincar y chillar o decirles que os vais a chivar. ¡Esto sería estúpido por vuestra parte! Sin embargo, existen formas apropiadas y efectivas de comunicarle a un adulto que estáis molestos con él. En cierto modo, esta sección es similar a la de defender los propios derechos. Aquí, sin embargo, estáis tratando con adultos.

Preguntas para discusión

1. ¿Puede alguno de vosotros decir lo que significa «interacciones con estatus diferentes»?
2. ¿Cuántos ejemplos podéis poner de gente que tenga un estatus diferente al vuestro?
3. ¿Interactuáis con esta gente de forma distinta a como lo hacéis con vuestros amigos?

Es fácil darse cuenta que el hecho de aprender a hablar con los adultos de forma socialmente apropiada puede resultar beneficioso. Os ayudará a llevaros mejor con los adultos y hará que les resulte más fácil hablar con vosotros y comprenderos. Más adelante, cuando queráis conseguir un empleo, o cuando busquéis un trabajo para el verano, el que sepáis cómo hablar al entrevistador probablemente os resultará de gran ayuda. ¿Os imagináis lo que podría suceder si le pidierais empleo a un gerente de unos almacenes de la misma forma en que pediríais a vuestro mejor amigo que os hiciera un favor? Probablemente, el resultado sería que no os concederían el puesto de trabajo. Es importante que recordéis que si tratáis a los adultos con respeto, ellos, posiblemente, os tratarán con más respeto. Pero, al igual que cuando pedimos favores, la gente no siempre hará lo que vosotros les pidáis, aun tratándoles respetuosamente. Si éste es el caso, pensad de nuevo lo que estáis haciendo. Entonces, si todavía creéis que es importante, intentadlo de nuevo.

Fundamento teórico (racional) para los niños

Ventajas. Al ser hábiles en las interacciones con estatus diferentes:

A. podéis congeniar mejor con los adultos (es decir, con vuestros padres y profesores);
B. tenéis mayores posibilidades de conseguir un trabajo o de pedir favores a los adultos;
C. os tratarán como si fuerais mayores;
D. los adultos os prestarán más atención;
E. puede que os sea más fácil entenderos con los chicos mayores.

Inconvenientes. Al no tener habilidad en las interacciones con estatus diferentes:

A. puede que tengáis problemas al comunicaros con los adultos (es decir, con vuestros padres y profesores);
B. puede que os encontréis con que los adultos os escuchan menos;
C. puede que os dé vergüenza hablar con los adultos;
D. puede que os resulte difícil conseguir un trabajo;
E. puede que los chicos mayores (es decir, vuestros hermanos o hermanas, o vuestros vecinos) no quieran relacionarse con vosotros.

Guión para el educador

Situación 1. Tus padres no quieren que vayas a la casa de un amigo que organiza una fiesta. Quieren que te quedes al cuidado de tu hermano/a pequeño/a. Tú quieres ir a la fiesta.

PADRE: Sabes que quiero que te quedes en casa esta noche. Tienes que hacer de canguro.
TÚ: ¡Vaya, hombre! Hace mucho que deseaba ir a esta fiesta. No me importa hacer de canguro, pero esta fiesta es especial.
PADRE: Bueno, nosotros tenemos planes para esta noche. Lo siento, pero no queda otra alternativa.
TÚ: Bueno. No me gusta, pero supongo que tendré ocasión de ir a otras fiestas.
PADRE: La próxima vez nos aseguraremos de que puedas ir, ¿vale?

(Asertiva)—Esta manifestación es asertiva porque
1. has expuesto tu punto de vista;
2. has sido cortés y respetuoso.

PADRE: Sabes que quiero que te quedes en casa esta noche. Tienes que hacer de canguro.
TÚ: ¡Vaya, hombre!
PADRE: Lo siento, pero ya hemos hecho planes, o sea que para de quejarte.

(Pasiva)—Esta respuesta es pasiva porque
1. no has permitido que tus padres supieran tus motivos;
2. has actuado como un «quejica».

PADRE: Sabes que quiero que te quedes en casa esta noche. Tienes que hacer de canguro.
TÚ: ¿Qué? ¿Otra vez? ¿Por qué no hacéis que venga una canguro?
PADRE: ¡No me levantes la voz! ¡Y deja ya de quejarte!

(Agresiva)—Ésta es una respuesta agresiva porque
1. al ser grosero, has hecho que tu padre se enfadara;
2. has echado a perder tus posibilidades de ir a la fiesta;
3. no has dicho por qué no querías hacer de canguro.

Situación 2. Tu tío se está burlando de ti en broma, pero a ti no te hace mucha gracia. Quieres que sepa que te molesta.

TÚ: Perdona tío Harry, sé que lo dices en broma, pero esto me avergüenza y me molesta un poco.
TÍO: Lo siento. No pensaba que te molestara.
TÚ: Lo sé, por eso sabía que te lo podía decir.

(Asertiva)—Esta manifestación es asertiva porque
1. has puesto de manifiesto, de forma clara, que estás descontento, pero lo has hecho de forma cortés y respetuosa;
2. probablemente, tu tío dejará de tomarte el pelo.

TÚ: (Dejas que tu tío continúe hasta que te molesta tanto que te vas a tu habitación. Tu tío no se da cuenta de que pase algo.)

(Pasiva)—Esta respuesta es pasiva porque
1. no has expuesto tus sentimientos;
2. probablemente, tu tío pensará que has sido un grosero.

TÚ: ¿Quieres dejar ya de tomarme el pelo? No me hace ninguna gracia.
TÍO: Bueno, pero no es preciso que seas grosero conmigo.
TÚ: ¡Lo de siempre! No me gusta.
TÍO: ¡Será mejor que aprendas modales!

(Agresiva)—Esta respuesta es agresiva porque
1. puede que tu poco respeto y grosería hayan herido a tu tío o le hayan hecho enfadar;
2. probablemente has empeorado las cosas.

Guiones de práctica

Situación 1. Tu profesor te hace un cumplido por la alta calificación que has obtenido en un examen.

MAESTRO: Has hecho un buen examen (nombre).
TÚ: Muchas gracias. Estudié mucho.
MAESTRO: Sí, se nota. Continúa así.
TÚ: Muchas gracias. Lo intentaré.

Situación 2. Perteneces al comité de baile de tu colegio y tienes que pedirle permiso al director para utilizar el gimnasio para el baile.

TÚ: Perdone, señor director. Soy un miembro del comité de baile y me gustaría saber si nos da permiso para utilizar el gimnasio.
DIRECTOR: Te podré dar una contestación si facilitas toda la información que necesito.
TÚ: De acuerdo. Me reuniré con el resto del comité para que me ayuden a redactar nuestro proyecto.

Situación 3. Un problema de matemáticas que tu profesor ha explicado. Tú no lo entiendes. Quieres pedirle ayuda.

TÚ: Perdone, señor White, pero no he entendido bien el último problema. ¿Me lo podría volver a explicar, por favor?
MAESTRO: Sí. ¿Qué es lo que no entendiste?
TÚ: Bueno, me sería de gran ayuda si pudiera explicármelo desde el principio.

Situación 4. Tu madre te ha reñido por romper un vaso de vidrio y crees que no es culpa tuya.

TÚ: Mamá, no quiero replicarte, pero creo que no debes reñirme. Yo ni siquiera sabía que el vaso estaba roto.
MADRE: Lo siento. Pensaba que intentabas esconderlo.
TÚ: No. De verdad que yo no lo sabía.

Situación 5. Tu padre te ha preparado uno de tus platos favoritos para comer y quieres que sepa que se lo agradeces.

TÚ: Gracias, papá. Sé que sabes que éste es mi plato favorito.
PADRE: Bueno, te lo merecías. Has trabajado mucho.
TÚ: Sin embargo, no tenías por qué hacerlo. Pero, gracias.

Situación 6. No estás de acuerdo con tu profesora en una pregunta del examen que ha puntuado como errónea. Quieres darle tu opinión.

TÚ: Perdone, señorita Jones, pero creo que uno de los problemas que ha puntuado como erróneo es correcto. Creo que mi respuesta es correcta.
MAESTRA: Dejame ver. No lo creo. Debes haber entendido mal la pregunta.
TÚ: Lo volveré a leer. Pensaba que había puesto la respuesta correcta, pero me puedo haber equivocado.
MAESTRA: Compruébalo primero y después lo podemos discutir.

Situación 7. A todos tus amigos sus padres les dan una asignación semanal y tú crees que es hora de pedir una a tus padres.

TÚ: Papá, ¿crees que podría ganarme una semanada haciendo algunas tareas de la casa?
PADRE: ¿En qué has pensado?
TÚ: Creo que podría hacer algún trabajo extra en el garaje y encargándome del cuidado del jardín.
PADRE: Muy bien. Veamos lo que podemos darte de semanada.
TÚ: ¡Fabuloso! Gracias.

Situación 8. Dentro de poco se celebra un baile especial y quieres comprarte ropa nueva, pero no tienes suficiente dinero. Quieres pedir a tus padres que te ayuden.

TÚ: Mamá, ¿me podrías prestar dinero para comprarme ropa nueva para el baile? Te lo agradecería mucho.
MADRE: ¿De verdad necesitas algo nuevo? Tienes muchas cosas para ponerte.
TÚ: Lo sé, pero este baile es especial.
MADRE: De acuerdo, creo que podré hacer algo.
TÚ: ¡Fantástico! Gracias.

Situación 9. Te gustaría conseguir un empleo para los fines de semana en el colmado del barrio para ganar un poco de dinero para tus gastos. Pides hablar con el dueño.

TÚ: Perdone, señor Smith, ¿tiene algún trabajo disponible para los fines de semana? Me gustaría trabajar media jornada para poderme ganar algún dinero.
DUEÑO: Ahora mismo no tenemos ningún trabajo disponible, pero si me das tu nombre y teléfono te llamaremos en cuanto tengamos alguno.
TÚ: Me parece muy bien. Gracias.

Situación 10. Un vecino adulto es el entrenador del equipo de una pequeña liga y te gustaría que te diera algunas indicaciones sobre tu lanzamiento.

TÚ: Señor Jones, puesto que sabe mucho de béisbol, ¿cree que podría enseñarme a lanzar una pelota en curva?
ENTRENADOR: Claro que sí. ¿Qué tal te va este fin de semana?
TÚ: Gracias. Traeré mi pelota y mi guante.

Sugerencias de deberes para casa

1. Escribid tres ejemplos de interacciones con estatus diferentes que hayáis observado o en las que hayáis participado. Incluid un ejemplo de casa, otro del colegio y uno de vuestro vecindario (o al ir de compras...).
2. Escribid un ejemplo de una interacción con estatus diferente en la que alguien se comportó de forma inapropiada. ¿Qué hizo mal? ¿Cómo lo podía haber hecho mejor?

Módulo 13: Interacciones con el sexo opuesto

Fundamento teórico (racional) para el educador

Cuando la mayoría de la gente llega a la vida adulta, probablemente no se sienten tan turbados, ansiosos e incómodos en las interacciones con el sexo opuesto como en la infancia y adolescencia. Como adultos, tenemos mayor habilidad y confianza en el área de la interacción social con el sexo opuesto. Sin embargo, esto no ocurre en todos los adultos, así como tampoco todos los adultos tienen el mismo nivel de habilidades. Los investigadores han demostrado que la falta de habilidades sociales en las interacciones con el sexo opuesto puede ser un factor que contribuya a la ansiedad social en los adultos. Afortunadamente, los programas de tratamiento ideados para enseñar estas habilidades han ayudado a reducir la ansiedad e incompetencia en los encuentros sociales con el sexo opuesto.

Si bien la importancia de la interacción entre ambos sexos no se hace completamente manifiesta hasta la adolescencia, generalmente se cree que las bases psicosociales preliminares de estas habilidades se empiezan a desarrollar a una edad mucho más temprana. Si bien el desarrollo del papel sexual empieza pronto en la infancia y progresa a lo largo de la adolescencia, las manifestaciones, tanto físicas como conductuales de la sexualidad durante la preadolescencia son más aparentes. De esta forma, en los jóvenes el desarrollo de habilidades en las interacciones con el sexo opuesto puede servir de gran ayuda para el desarrollo social entre ambos sexos.

El propósito de este módulo consiste en desarrollar habilidades en el área de la interacción social entre ambos sexos. Estas habilidades ayudarán a los jóvenes a prepararse para extender el ámbito de la interacción con sus compañeros. Así pues, el módulo se centra en las interacciones entre ambos sexos con respecto a la comunicación interpersonal.

Modelo de lección sobre las interacciones con el sexo opuesto

Hoy vamos a hablar sobre un tipo de interacción con los compañeros, lo cual significa hablar y salir con otros chicos de vuestra edad, como por ejemplo, vuestros compañeros de clase y amigos. Generalmente, las niñas se sienten bien hablando y relacionándose con otras niñas, y lo mismo les sucede a los niños con respecto a otros niños, pero las niñas y los niños pueden aprender a sentirse igualmente bien unas con otros. Por lo tanto, cuando hablamos de la interacción con los compañeros también nos referimos al hecho de que los niños hablen con las niñas y las niñas con los niños.

Preguntas para discusión

1. ¿Alguno de vosotros sabe por qué parece que resulta más fácil a un niño hablar con otro niño o a una niña hablar con otra niña?
2. (Niños) ¿Qué os impide hablar más con las niñas?

3. (Niñas) ¿Qué os impide hablar más con los niños?
4. ¿Sobre qué tipos de cosas podéis hablar?

Hoy intentaremos ayudar a todos los que estáis aquí a haceros más amigos con todos, tanto con los niños como con las niñas. También intentaremos deshacernos de algunas de las cosas que pueden entorpecer estas amistades. Todos podéis aprender y compartir cosas con todos los demás, y no debería importar si hablamos de niños o niñas, hombres o mujeres. Lo que sucede es que a veces no sabemos cómo hablarle a otro niño o niña. Por ejemplo, Mary necesita pedir prestado un bolígrafo porque al suyo se le ha terminado la tinta. No hay otras niñas sentadas cerca de ella y no puede levantarse de su asiento durante la clase. Mary no quiere pedírselo al niño que está a su lado porque es tímida. ¿Qué debería hacer?

Preguntas para discusión

1. ¿Por qué creéis que Mary es tan tímida?
2. ¿Sería tan tímida si fuera una niña la que se sienta a su lado?
3. ¿Es difícil para las niñas de vuestra clase hablar con los niños, o para los niños hablar con las niñas?
4. ¿Podéis poner otro ejemplo en el que un niño tenga el problema del que hablamos?
5. ¿Qué tipo de problemas podría causar el no hablar con los niños y con las niñas?

Fundamento teórico (racional) para los niños

Ventajas. Al tener habilidades para hablar o para jugar tanto con los niños como con las niñas:

A. os podéis sentir mejor al hablar con los niños o con las niñas;
B. podéis conocer a más gente y tener más amigos;
C. los demás se sentirán mejor al hablar con vosotros.

Inconvenientes. Al no tener habilidades en las interacciones con el sexo opuesto:

A. puede que tengáis dificultades para conocer y hacer nuevas amistades con niños y niñas;
B. (para los niños) puede resultaros difícil conversar socialmente con las niñas;
C. (para las niñas) puede resultaros difícil conversar socialmente con los niños;
D. puede que tengáis problemas o que os sintáis violentos al hablar con los niños y las niñas de vuestra clase.

Guión para el educador

(Se recomienda establecer los guiones de práctica de forma que todos impliquen interacciones entre ambos sexos. Los guiones ideados para los módulos anteriores se pueden utilizar en esta sección si la práctica diádica involucra a los dos sexos.)

Como veis, todo sería mucho más fácil, e incluso puede que tuvierais más amigos, si no permitierais que cosas como éstas os preocuparan. Al principio, todo el mundo se siente un poco tímido pero, una vez superada esta timidez, os lo podéis pasar mejor y sentiros mucho más a gusto. Dejad que os ponga unos cuantos ejemplos más de problemas y situaciones en los que sería conveniente saber cómo hablar con la gente del sexo opuesto. Después, podréis practicar vosotros solos.

Situación 1. Hay un/a niño/a nuevo/a en el colegio y te das cuenta de que está algo desorientado/a con los números de las clases.

TÚ: ¡Hola!, me llamo (nombre). Me imagino que cuando uno es nuevo aquí resulta fácil desorientarse y perderse.
OTRO: Sí. Es un colegio muy grande. Me llamo (nombre).
TÚ: Bueno, es bastante fácil enseñarte el camino. ¿Cuál es el número de tu aula? Te indicaré por dónde tienes que ir.
OTRO: ¡Caramba! Gracias. Me será de gran ayuda.

(Asertiva)—Esta respuesta es asertiva porque
1. has ayudado a alguien a resolver un problema;
2. puede que hayas hecho un nuevo amigo.

TÚ: Supongo que te has perdido, ¿verdad?
OTRO: Sí. Es un colegio muy grande.
TÚ: Bueno, ya nos veremos por aquí.
OTRO: Vale.

(Pasiva)—Es una respuesta pasiva porque
1. no has ayudado a esa persona nueva;
2. puede que le hayas hecho sentirse peor por haberse perdido, tan sólo porque no podías hablarle al ser del sexo opuesto.

TÚ: Debes de ser nuevo aquí, pareces perdido y fuera de lugar.
OTRO: Bueno, es un colegio muy grande.
TÚ: No es tan grande.
OTRO: Para mí sí.

(Agresiva)—Esta respuesta es agresiva porque
1. no has ayudado a esa persona nueva;
2. has sido grosero y desconsiderado.

Situación 2. Vas a hacer una fiesta y te has olvidado de invitar a uno de tus compañeros de clase que te gustaría que viniera. Después del colegio, quieres invitarlo a que venga.

TÚ: Oye (nombre), no sé por qué se me ha olvidado invitarte a mi fiesta. Lo he hecho sin querer. ¿Crees que todavía podrás venir?
COMPAÑERO: Claro que sí. Me gustaría mucho ir a tu fiesta. Me preguntaba por qué no me habías invitado.
TÚ: Bueno, ha sido un error estúpido. Me alegra que puedas venir.

(Asertiva)—Es una respuesta asertiva porque
1. te has excusado por tu error;
2. has invitado educadamente a tu amigo a la fiesta.

TÚ: ¿Sabes, (nombre)? Voy a hacer una fiesta.
COMPAÑERO: Sí, he oído algo sobre esto.

TÚ: Supongo que podrás venir.
COMPAÑERO: No sé. Ya veremos.

(Pasiva)—Esta respuesta es pasiva porque
1. no has explicado el motivo por el cual no invitaste a tu amigo de buen principio;
2. parece como si en realidad no quisieras invitarle.

TÚ: Espero que no pienses que me he olvidado de invitarte a mi fiesta.
COMPAÑERO: No estaba tan seguro.
TÚ: ¡Muchas gracias! Pensaba que éramos amigos.
COMPAÑERO: Me preguntaba si había algún problema.
TÚ: Bueno. Puedes venir.

(Agresiva)—Es una respuesta agresiva porque
1. no te has disculpado o explicado tu error;
2. la nueva invitación es grosera y no muy amistosa;
3. has dudado de la amistad de tu compañero.

Guiones de práctica

Situación 1. Estás jugando a fútbol y quieres pedirle a otra persona que se una a tu equipo.

TÚ: Oye (nombre), venga, necesitamos otro jugador. ¿Te gustaría jugar en nuestro equipo?
OTRO: Sí. Aunque no soy muy bueno.
TÚ: Venga, hombre, probablemente eres tan bueno como cualquiera de nosotros.
OTRO: ¡Vale! ¿Dónde queréis que juegue?

Situación 2. Alguien de tu clase te cogió prestado un bolígrafo y aún no te lo ha devuelto. Quieres pedirle que te lo devuelva.

TÚ: Perdona (nombre), ¿me puedes devolver el bolígrafo que te presté? Lo necesito.
OTRO: ¡Oh!, me había olvidado de que lo tenía. Claro que sí. Ahora mismo te lo doy.
TÚ: Gracias.
OTRO: Aquí lo tienes, y gracias por prestármelo.

Situación 3. Necesitas un libro para un trabajo que estás haciendo y te das cuenta de que lo ha cogido alguien a quien no conoces mucho. Quieres preguntarle a esa persona cuándo terminará de utilizarlo.

TÚ: Perdona, me llamo (nombre). ¿Te llamas (nombre)?
OTRO: Sí, ¿por qué?
TÚ: ¡Oh!, sé que has cogido el libro que estoy buscando y me gustaría saber cuándo terminarás de utilizarlo.
OTRO: De hecho, ya no lo necesito. Si quieres, puedes cogerlo.
TÚ: ¡Fantástico! Gracias.

Situación 4. Hay una persona en tu clase que te parece que es interesante (divertida, lista...). Quieres conocerla mejor.

TÚ: La historia que has contado hoy en clase era muy interesante. ¿Sabes alguna otra parecida? Me gustaría oírla.
OTRO: Claro que sí, pero ahora mismo no tengo tiempo.
TÚ: ¿Qué te parece si nos encontramos mañana cuando acaben las clases?
OTRO: Vale. Sé de otros niños a los que también les gustaría venir.
TÚ: Me parece bien, que vengan también ellos.

Situación 5. Estás sentado en el autobús y un niño/a de tu colegio está sentado en el asiento contiguo al tuyo. Te gustaría iniciar una conversación.

TÚ: ¡Hola!, me llamo (nombre). Te conozco del colegio. ¿Vives cerca de aquí?
OTRO: Sí. Yo también te he visto en el colegio. Nos acabamos de mudar del otro lado de la ciudad.
TÚ: Pensaba que eras nuevo aquí. ¿Cómo te llamas?
OTRO: Me llamo (nombre). Eres la primera persona que conozco del barrio. ¿Hay otros niños del colegio que vivan por aquí?
TÚ: Claro que sí. Mira, si quieres, mañana podemos ir con un grupo de niños del vecindario al colegio.
OTRO: ¡Fantástico! ¿Dónde nos encontramos?

Situación 6. Como presidente del comité de baile de los estudiantes tienes que pedir a otros alumnos que te ayuden a adornar la sala. Hay una persona en tu clase a quien te gustaría pedírselo porque has oído que ya lo había hecho anteriormente.

TÚ: Perdona (nombre). He oído que el año pasado ayudaste en la fiesta de la clase y que quedó muy bien.
OTRO: ¿Quién te lo ha dicho?
TÚ: Algunos niños de tu clase. ¿Querrías ayudarnos a decorar la sala para el baile de la semana que viene?
OTRO: Claro que sí. Necesitaremos algunas buenas ideas para los adornos.
TÚ: Bueno, ¿por qué no nos encontramos el viernes a las tres de la tarde y hablamos de esto?
OTRO: De acuerdo, allí estaré.
TÚ: Gracias.

Situación 7. Has oído que alguien del colegio ha estado diciendo cosas malas sobre ti. Quieres saber si es cierto.

TÚ: ¡Hola, (nombre)! Me gustaría preguntarte algo muy importante. ¿Te va bien?
OTRO: Sí. ¿De qué se trata?
TÚ: Bueno, me han dicho que me has estado criticando y me gustaría saber si es verdad.
OTRO: Sí, pero sólo estaba bromeando.
TÚ: Aunque sólo estuvieras bromeando, no es agradable. Además, *ellos* no pensaban que estuvieras bromeando.
OTRO: Lo siento. No pensaba que fuera a ocurrir esto. Les diré que estaba bromeando.
TÚ: Vale. Gracias.

Sugerencias de deberes para casa

1. Escribid un ejemplo de una interacción con el sexo opuesto entre niños que hayáis visto en la televisión o en el cine. Describid la interacción. ¿Qué sucedió? ¿Qué se podía haber mejorado?
2. Escribid un ejemplo de una interacción con el sexo opuesto entre adultos, que hayáis visto en un programa de televisión o en el cine que no funcionara porque una de las personas tenía pocas habilidades sociales. ¿Qué debería haber hecho esa persona? ¿De qué forma podrían haber terminado las cosas si esa persona hubiera tenido buenas habilidades sociales?
3. Iniciad, como mínimo, una conversación en el colegio con alguien del sexo opuesto con quien puede que os hagáis amigos.

Módulo 14: Tomar decisiones

Fundamento teórico (racional) para el educador

«Es tan difícil decidirse». «No puedo decidirme». Éstas son frases que oímos con cierta frecuencia. Probablemente, se piensa que es fácil tomar una decisión simple, como por ejemplo, decidir qué ropa ponerse, qué hacer o qué comprar. Pero para mucha gente esto no es así. Sin embargo, el problema se vuelve mucho más difícil cuando se debe hacer una elección cuyo resultado puede tener unas consecuencias importantes. Lo que incluiría decidir una carrera, decisiones relacionadas con grandes cantidades de dinero (como por ejemplo, comprar un coche o una casa), o decisiones que implican un riesgo personal o económico. Sea cual sea la decisión, tener la capacidad para decidir de forma inteligente, sin vacilar o aplazar la toma de la decisión, es una habilidad vital.

Entonces, ¿cuál es la causa de que algunas personas tomen decisiones mejor que otras? Los investigadores sugieren que los individuos que son hábiles tomando decisiones tienen la capacidad de organizar las opciones relevantes eficazmente y de clasificarlas según sus ventajas e inconvenientes. Una vez hecho esto, la persona con habilidad para tomar decisiones escoge la que parece ser la mejor línea de acción y, entonces, actúa. Esta combinación de organización, elección y actuación hábiles es lo que constituye la toma de decisiones. Por supuesto, incluso la persona que mejor toma decisiones puede, ocasionalmente, equivocarse al hacer la elección «correcta». Sin embargo, se ha demostrado que las personas que reflexionan y meditan sus opciones y elecciones, al igual que las que son impulsivas al tomar decisiones, son menos eficaces que los individuos que abordan las decisiones de una forma determinada y organizada.

Socialmente, a las personas que mejor toman decisiones se las suele considerar de forma positiva y se las reconoce como competentes, seguras de sí mismas y organizadas. Muchas veces, a los individuos que destacan por su capacidad de tomar decisiones se les escoge como líderes de grupos, clubs o actividades. De esta forma, a esta capacidad se le asocia un gran premio (es decir, el estatus social). El niño que ha aprendido las habilidades para tomar decisiones suele ser reconocido por sus compañeros, maestros y padres como más maduro e inteligente. Funcionalmente, esta capacidad ayuda al niño a eliminar o reducir los inconvenientes, la ansiedad y las molestias de ser indeciso, mejorando, así, la calidad global de sus interacciones sociales.

Modelo de lección sobre tomar decisiones

Hoy vamos a hablar sobre la toma de decisiones. Probablemente os estáis preguntando por qué es importante hablar sobre este tema. En realidad, no siempre es fácil saber tomar una decisión. Estoy seguro de que todos vosotros recordáis alguna ocasión en la que teníais dudas o no podíais decidiros sobre algo. Seguramente os sentisteis un poco estúpidos e incluso frustrados y enfadados con vosotros mismos porque no erais capaces de decidiros. Como veis, en alguna ocasión la mayoría de la gente se ha encontrado en una situación en la que le costaba tomar una decisión.

Constantemente os encontráis con situaciones en las que tenéis que tomar decisiones sobre qué ropa poneros, qué hacer para comer, a qué película ver y con quién queréis ir a verla. Este tipo de cosas posiblemente no son difíciles de decidir, pero, de vez en cuando, también tenéis que tomar decisiones más importantes. Algunas de éstas comprenden decisiones sobre el tipo de trabajo que, a la larga, queréis desempeñar, decisiones sobre si «acompañar» o no a vuestros amigos cuando hacen algo que no es correcto, y si deberíais o no invitar a alguien (una cita) a que saliera con vosotros. Creo que todos estáis de acuerdo en que cosas como éstas *son* un poco más difíciles de decidir.

Preguntas para discusión

1. ¿Puede alguno de vosotros poner ejemplos de decisiones con las que os enfrentéis cada día?
2. ¿Habéis tenido alguna vez problemas para tomar una decisión en alguna de estas situaciones? ¿Cuáles?
3. ¿Cómo os sentíais cuando intentabais decidiros y no podíais?
4. ¿Cómo os afecta el no poder decidiros?

¿Qué deberíais hacer cuando tenéis que tomar una decisión? Si bien habéis tomado decisiones sobre cosas muy diferentes, algunas importantes, otras no tanto, existe un método básico que podéis utilizar para tomar decisiones. En primer lugar, tenéis que estar seguros de que sabéis cuáles son vuestras opciones. Esto implica que tenéis que pensar en todas las formas importantes de comportaros o que podéis escoger. En segundo lugar, tenéis que calcular las ventajas y las consecuencias de cada una de vuestras principales opciones. En tercer lugar, tendríais que empezar a haceros una idea sobre lo que debéis hacer. A continuación, llega la parte más difícil, hacerlo. Cuanto más práctica tengáis en hacer los tres primeros pasos, más fácil os será «hacerlo».

Por ejemplo, hay tres películas distintas que queréis ver y tenéis que escoger una de ellas. No os podéis decidir. Por lo tanto, lo que debéis hacer es: 1) pensar sobre vuestras opciones: ir a ver la película 1, la película 2, la película 3, o no ir al cine; después 2) pensar sobre las ventajas e inconvenientes de cada película: la película 1 parece buena, pero nadie quiere ir a verla con vosotros, la película 2 debe ser buena, pero la entrada para verla es más cara que las otras, la película 3 tiene buenas perspectivas y la proyectan en una sala que está a tan sólo tres manzanas de vuestra casa y, finalmente, no os queréis quedar en casa esta noche; 3) escoged una cosa a hacer: decidís ver la película 3. Ahora, todo lo que queda por hacer es 4) ir al cine y pasarlo bien.

Preguntas para discusión

1. ¿Podéis poner algunos ejemplos de decisiones que sean difíciles de tomar?
2. En cada caso, ¿cuáles son vuestras opciones?
3. ¿Cuáles son las ventajas y los inconvenientes de cada opción?
4. En cada caso, ¿cuál es la mejor opción?

Fundamento teórico (racional) para los niños

Ventajas. La capacidad para tomar decisiones rápida, eficaz e inteligentemente:

A. os puede ayudar a reducir vuestros sentimientos de frustración cuando tenéis que hacer una elección;

B. os puede ayudar a ser más eficaces en las situaciones sociales;
C. os ayudará a no perder el tiempo intentando tomar decisiones;
D. puede aumentar las posibilidades de que los demás respeten vuestra opinión.

Inconvenientes. Al no ser capaces de decidir:
A. podéis perder buenas oportunidades y experiencias;
B. puede que los demás os tengan menos confianza;
C. acabáis perdiendo el tiempo;
D. podéis acabar sintiéndoos frustrados;
E. puede que los demás terminen «decidiendo» por vosotros.

Guión para el educador

Una vez llegados a este punto, es importante que recordéis que una parte de la toma de decisiones consiste en hacer lo que habéis escogido hacer. Os pondré unos cuantos ejemplos más de situaciones en las que os enfrentáis con la toma de una decisión y de la forma en que os tenéis que decidir. Después de esto, podréis practicar la toma de decisiones vosotros solos.

Situación 1. Tus padres te han pedido que te lleves a tu hermano pequeño al cine contigo. En realidad, tú no quieres. Es una decisión difícil de tomar.

1. Tus opciones son:
   a. Llevarte a tu hermano.
   b. No llevarte a tu hermano.
   c. No ir al cine.
2. Las consecuencias buenas y malas son:
   a. Tus padres estarán contentos, pero puede que tú no te lo pases tan bien.
   b. Te sentirás mal porque posiblemente decepcionarás a tus padres y es posible que tu hermano piense que no le quieres.
   c. Sobre todo, deseas ir al cine.
3. Tu elección es:
   a. Llevarás a tu hermano contigo; así tus padres estarán contentos y puede que, de todas formas, te lo pases muy bien.
4. Tu acción es:
   a. Ir al cine con tu hermano.

Situación 2. Estás buscando una tarjeta de felicitación para el cumpleaños de tu padre y te cuesta decidirte por una.

1. Tus opciones son:
   a. Tarjeta A.
   b. Tarjeta B.
   c. Tarjeta C.
2. Las consecuencias buenas y malas son:
   a. Tarjeta A: a ti te gusta pero puede que sea demasiado tonta para tu padre.
   b. Tarjeta B: a tu padre le gustará pues tiene una fotografía de su afición preferida, pero tú crees que es anticuada.
   c. Tarjeta C: ésta es muy bonita. Te gusta y crees que a tu padre también le gustará. Sin embargo, es bastante cara (30 centavos más que las otras).

3. Tu elección es:
   a. Te decides por la tarjeta C porque es una tarjeta de felicitación de cumpleaños muy bonita y sabes que a tu padre le gustará. Además, 30 centavos más no es tanto.
4. Tu acción es:
   a. Comprar la tarjeta C.

Guiones de práctica

A continuación se presentan algunos ejemplos en los que se ha de tomar una decisión. Hacer que cada niño invente su propio guión basándose en el ejemplo. Asegurarse de recalcar que cada niño siga cuidadosamente el procedimiento:

1. identificar las opciones;
2. decidir lo bueno y lo malo de cada una;
3. escoger una;
4. actuar.

Al principio, hacer que los niños verbalicen la forma en que toman sus decisiones. Después, hacer que lo hagan sin verbalizar y pedirles luego que expliquen lo que hicieron después de haber hecho una elección.

Situación 1. Toda tu familia irá al cine el sábado por la noche. Unos amigos te han invitado a ir a una fiesta también el sábado por la noche. ¿Qué vas a hacer?

Situación 2. Para el año que viene tienes la opción de escoger entre una clase que te gusta mucho y otra en la que estarán todos tus amigos. ¿Cuál vas a escoger?

Situación 3. Tres personas te han pedido que te sientes con ellos durante la comida. A ti te caen todos bien y no quieres herir los sentimientos de ninguno. También sabes que entre ellos no se llevan muy bien. ¿Con quién te vas a sentar?

Situación 4. Tus abuelos te dejan escoger entre recibir un pequeño detalle como regalo por tu cumpleaños y otro para las Navidades, o recibir sólo un buen regalo para las Navidades. ¿Cuál de estas opciones vas a escoger?

Situación 5. Tienes tres maneras de ganar dinero durante las vacaciones de verano. Tus padres te darán 15 dólares a la semana por encargarte del cuidado de tu hermana pequeña. Tus vecinos (amigos de tus padres) te darán 20 dólares a la semana por ayudarles a limpiar su casa. El dueño del supermercado te ofrece un trabajo de empaquetar comestibles, ganando las propinas (entre 10 y 30 dólares a la semana). Todos estos trabajos implican la misma cantidad de tiempo. ¿Cuál escogerás?

Situación 6. Sólo tienes 5 dólares de paga. Pronto será el cumpleaños de uno de tus amigos y debes decidir entre hacerle un regalo a tu amigo o comprarte la camiseta que tanto te gusta y que cuesta casi 5 dólares. ¿Qué harás?

Situación 7. Quieres comprarte tres discos que te gustan muchísimo, pero sólo tienes dinero para uno. ¿Cuál escogerás?

Situación 8. Tus padres se han ofrecido para llevaros a ti y a dos de tus amigos a pasar el día en la playa. Tienes tres amigos íntimos y no quieres herir los sentimientos de nadie. ¿A qué amigos vas a invitar?

Situación 9. Alguien de la clase ha copiado en un examen y tu sabes quién ha sido. Te encuentras en una situación difícil porque conoces mucho a esa persona, pero al mismo tiempo sabes que lo que ha hecho está muy mal. El maestro está molesto con toda la clase y crees que eso no es justo. ¿Qué vas a hacer?

Situación 10. Tu mejor amigo te ha regalado un jersey para tu cumpleaños. A tu amigo le gusta tanto ese jersey que tiene uno igual. Personalmente no te gusta en absoluto. Sólo puedes devolverlo a la tienda durante los dos días siguientes. ¿Qué vas a hacer?

Sugerencias de deberes para casa

1. Intentad recordar una ocasión en la que hicisteis una elección mala o incorrecta e intentad ver si podéis imaginaros la decisión que teníais que tomar. Utilizando el procedimiento que habéis estado practicando, escoged de nuevo lo que haríais. ¿Habéis hecho la misma elección? ¿Por qué? ¿Habéis hecho otra elección? ¿Por qué?
2. Observad a la gente de vuestro entorno cuando se encuentren en situaciones en las que tengan que tomar una decisión. ¿Alguna de estas personas es impulsiva (se decide sin pensarlo)? ¿Alguna de estas personas se tiene que pensar las opciones una y otra vez para tomar una decisión? ¿Alguna de estas personas la ha pospuesto (aplazar el tomar la decisión innecesariamente)? ¿Por qué les habría ayudado tomar una decisión rápida e inteligente?

Módulo 15: Interacciones de grupo

Fundamento teórico (racional) para el educador

Entendemos por interacciones de grupo las situaciones en las que tres o más individuos se comunican entre sí. Es precisamente esto lo que hace que las interacciones de grupo resulten algo más difíciles que las interacciones diádicas. Es decir, hay más gente a la que dirigirse verbal y no verbalmente y a la que prestar atención. En las conversaciones de «uno-a-uno» generalmente es más fácil seguir el hilo de lo que se dice y de cómo se dice. En las interacciones de grupo, este proceso se vuelve más complicado.

En las interacciones de grupo se amplían las reglas que rigen en la comunicación diádica. Cada participante debe aprender la forma de compartir las manifestaciones del que habla y evitar monopolizarlas. Al mismo tiempo, los participantes deben asegurarse de que forman parte de la interacción. Además, cada participante debe responsabilizarse de que sus contribuciones sean pertinentes con el interés del grupo.

Las interacciones de grupo también tienden a incrementar la susceptibilidad e inseguridad de un individuo en la participación social. La persona que, generalmente, evita comprometerse en interacciones sociales diádicas con frecuencia, es aún más reticente en un grupo. De hecho, no es extraño que una persona sea capaz de participar en díadas sociales y que experimente ansiedad e inseguridad en interacciones de grupo.

En los niños y adolescentes, las habilidades sociales en las interacciones de grupo son una parte importante del éxito del desarrollo psicosocial. En los niños, posiblemente más que en los adultos, las actividades de grupo de compañeros son un importante componente de la vida diaria. Las actividades escolares, los juegos, los equipos de deporte, los clubs y las actividades extraescolares todas ellas implican, de algún modo, las relaciones de grupo. El niño que es incapaz de disfrutar de estas actividades debido a unas deficientes habilidades sociales, tiene una desventaja a nivel social. El niño con habilidades es capaz de desarrollar la confianza en sí mismo y una sensación de seguridad en la mayoría de situaciones sociales. Así, el desarrollo de habilidades en las interacciones de grupo tiene, para los niños, importantes consecuencias a corto y largo plazo.

Modelo de lección sobre interacciones de grupo

Hoy vamos a hablar sobre las interacciones de grupo. Por interacciones de grupo entendemos las situaciones en las que tres o más personas interactúan o hablan entre ellas. Estoy seguro de que casi a diario os encontráis en situaciones en las que estáis con un grupo de amigos o compañeros, hablando o haciendo cosas juntos. Esto es una interacción de grupo; es muy importante que aprendáis la forma de hablar y comportaros cuando formáis parte de un grupo. Del mismo modo que es importante saber cómo hablar con otra persona, también lo es el hecho de tener habilidades sociales en las interacciones de grupo.

Puesto que frecuentemente estáis con grupos de gente, si no tenéis estas habilidades puede hacer que en ocasiones os sintáis incómodos y, posiblemente, avergonzados.

Preguntas para discusión

1. ¿Cuántos ejemplos diferentes sobre interacciones de grupo se os ocurren?
2. ¿Son las interacciones de grupo una parte importante de lo que hacéis cada día? ¿Por qué?
3. ¿Qué sucedería si no tuvierais habilidades en las interacciones de grupo?
4. ¿Por qué es importante que tengáis estas habilidades?

Básicamente, son tres los aspectos principales que deberíais tener en cuenta en las interacciones de grupo. En primer lugar, es muy importante que *escuchéis lo que cuentan los demás.* Esto no sólo *os* permitirá saber lo que sucede, sino que también hará que *ellos* sepan que os interesa lo que cuentan. En segundo lugar, deberíais *ser asertivos (hablar alto) cuando queréis contar algo*. Si no lo hacéis, los demás no sabrán lo que pensáis y vosotros no seréis capaces de contarles las cosas que creáis que son importantes. Por otra parte, debéis tener cuidado de no hablar demasiado e impedir, así, que los demás tengan la oportunidad de hablar. Cuando suceda esto, la gente perderá interés por lo que contéis. También es importante que os aseguréis de que lo que decís está relacionado con lo que el grupo está discutiendo o haciendo. En tercer lugar, cuando participéis —escuchéis y habléis— en una interacción de grupo, es importante que *incluyáis a tantos miembros de grupo como os sea posible.* Si termináis prestando atención o hablando tan sólo a una persona, puede que el resto de la gente pierda interés. Si queréis hablar con alguien en particular, disponerlo de forma que podáis hacerlo más tarde.

Preguntas para discusión

1. Cuando habláis con un grupo de gente, ¿por qué es importante
   a. escuchar atentamente a cada uno;
   b. hablar alto cuando queréis decir algo relevante;
   c. intentar incluir a todos los miembros del grupo en la interacción?
2. ¿Qué tipo de cosas pueden suceder cuando no se siguen estas reglas?

Fundamento teórico (racional) para los niños

Ventajas. Las habilidades sociales en las interacciones de grupo o el sentiros cómodos estando con un grupo de gente os puede ayudar a:

A. conocer a más gente y a hacer más amigos;
B. participar con mayor facilidad en las actividades de grupo (es decir, juegos, deportes, clubs...);
C. compartir vuestras ideas con un mayor número de gente;
D. estar al corriente de las actividades de vuestros amigos y compañeros;
E. participar con mayor facilidad en las discusiones de la clase.

Inconvenientes. Al no tener habilidades sociales en las interacciones de grupo:

A. os puede resultar difícil participar en las actividades de grupo;
B. os podéis encontrar al margen de las actividades de grupo (es decir, juegos, deportes, clubs...);
C. os puede resultar difícil conocer nueva gente y hacer nuevos amigos;
D. os podéis sentir ansiosos y avergonzados al hablar en clase.

Guión para el educador

Para ayudaros a comprender mejor de lo que estamos hablando, os voy a poner un ejemplo de la forma en que deberíais participar en una interacción de grupo. Os enseñaré el tipo de cosas que pueden resultar incorrectas y la forma de tratarlas. Después de esto, practicaréis algunas interacciones de grupo entre vosotros.

Situación 1. Unos amigos y tú estáis haciendo planes para la excursión del próximo sábado.

AMIGO A: Nos lo podríamos pasar muy bien porque el parque también tiene una piscina.
TÚ: ¿De verdad? ¡Eso es fantástico! Sólo espero que no llueva o pase cualquier cosa.
AMIGO B: Sí, eso lo podría estropear todo.
AMIGO C: Quizá deberíamos coger una de las áreas cubiertas para hacer la excursión.
TÚ: Es una buena idea. Así estaríamos bien aunque lloviera.
AMIGO B: Sí, pero creo que se tiene que pagar para poder utilizar esas áreas cubiertas.
AMIGO A: ¿Cuánto cuesta? A lo mejor podríamos pagarlo entre todos.
TÚ: Podríamos intentarlo. Todo depende de cuánto cueste. ¿Por qué no llamamos y lo preguntamos?
AMIGO A: Buena idea. Llamaré al parque.
AMIGO B: Vale. ¿Por qué no nos vemos mañana y acabamos de concretar los planes?

(Asertiva)—Estas respuestas son asertivas porque
1. has aportado información útil;
2. has hecho buenas sugerencias;
3. has ayudado a mantener la conversación.

AMIGO A: Nos lo podríamos pasar muy bien porque el parque también tiene una piscina.
TÚ: ¿De verdad? De hecho, no me gusta mucho bañarme. El año pasado casi me ahogo en la playa. Pasé mucho miedo. ¿Y qué pasaría si lloviese? Oíd, ¿por qué no salimos fuera a jugar un rato a la pelota?
AMIGO B: Espero que no llueva. Lo podría estropear todo.
TÚ: Quizá podríamos ir al cine en lugar de ir de excursión. Hay una película que me gustaría mucho ver.
AMIGO C: No, mejor hagamos los planes de la excursión. Además, podríamos conseguir ir a una de esas áreas cubiertas.
TÚ: Supongo que nadie quiere jugar a pelota.
AMIGO B: Esas áreas cubiertas, ¿no hay que pagarlas? Creo que sí.
AMIGO C: ¿Sabes cuánto cuestan? Quizá podríamos repartirnos los gastos.
TÚ: Espero que no sea mucho. Estoy intentando ahorrar cuanto puedo para comprarme un disco nuevo. Es el que tanto se oye en la radio.
AMIGO A: Quizá deberíamos llamar al parque, ¿no? Llamaré yo.
TÚ: Oye (nombre), ¿te acuerdas de la última vez que tú y yo fuimos al parque? Te acuerdas que...

(Inapropiada)—Estas respuestas son inapropiadas porque
1. tus comentarios se desvían del tema de conversación;
2. estás imponiendo tus propios planes e ideas al grupo;
3. actúas como si no te preocuparan las ideas de los demás.

Guiones de práctica

Los siguientes ejemplos son temas que se sugieren para la discusión e interacción de grupo. Los alumnos pueden utilizar estos temas para estructurar sus propios guiones. Es importante que presten atención a las reglas de interacción de grupo descritas previamente y que a continuación remarcamos:

1. Escuchar atentamente a todos los participantes.
2. Hablar alto cuando se tenga algo importante que decir.
3. Intentar incluir a todos los miembros del grupo en la conversación.

Situación 1. Unos amigos y tú estáis hablando sobre un programa de televisión que hicieron anoche. Quieres que sepan que te gustó y los motivos por los que te gustó.

Situación 2. Eres un miembro del comité de baile y fiestas de la clase y os encontráis para discutir los planes para la celebración del carnaval. Incluye en tu conversación el hecho de llevar o no disfraces y el tipo de comida que te gustase que hubiera.

Situación 3. Algunos niños de tu barrio se han reunido para organizar un partido de béisbol. Estáis discutiendo dónde podéis jugar y quién va a seleccionar los equipos.

Situación 4. Estás discutiendo con tus compañeros de clase el regalo de cumpleaños de vuestro profesor. Sugiere diferentes tipos de regalos.

Situación 5. Estás con un grupo de familiares (es decir, tíos, tías, primos) y habláis del lugar para hacer una reunión familiar. Los adultos quieren saber la opinión de los niños.

Situación 6. Vuestra profesora ha preguntado a la clase adónde os gustaría ir de excursión. Ella ha sugerido el museo, el parque y una fábrica de ropa. Entre todo el grupo debéis decidiros por una de estas propuestas.

Situación 7. Tu grupo de excursionismo está planeando una actividad para aumentar los fondos, y discutís lo que podríais hacer. Algunas de las sugerencias son lavar coches, vender pasteles y vender galletas.

Situación 8. Estás discutiendo con varios amigos qué película ir a ver. Cada uno de vosotros quiere ver una película diferente. Como grupo, discutir y decidiros por una.

Sugerencias de deberes para casa

1. Participad en la próxima interacción de grupo que creáis que es interesante. Observad a cada participante y prestad atención a si siguen las tres reglas principales. Después, escribid lo que os ha parecido la interacción.
   a. ¿Seguían las reglas?
   b. En caso negativo, ¿qué hacían mal?
   c. ¿Qué se podía haber hecho para mejorar la interacción?
2. Escribid las distintas maneras de comportaros cuando estáis en interacciones de grupo en comparación a cuando estáis hablando sólo con una persona. ¿Por qué son importantes estas diferencias?

Módulo 16: Afrontar los conflictos: enseñanza de la resolución de conflictos

Fundamento teórico (racional) para el educador

La mayoría de las teorías sobre el desarrollo psicológico infantil incluyen algún elemento de conflicto, bien intrapersonal, interpersonal o social. Por lo tanto, no es sorprendente que el conflicto juegue un importante papel en el desarrollo psicosocial del individuo. El proceso de búsqueda de la resolución del conflicto puede fomentar, pues, la exploración y comunicación sociales. Sin embargo, por definición, el conflicto comienza con el desacuerdo o malentendimiento y, por consiguiente, puede dar como resultado consecuencias negativas. Así, la forma en que se trata el conflicto es la que determina su utilidad social. La resolución sosegada de un conflicto contribuye a la comprensión y a la comunicación abierta; la transgresión de las diferentes posiciones resulta en un ulterior deterioro social.

A lo largo de la historia, el conflicto, en sus diversas formas, ha tenido un peso importante en el desarrollo de los individuos y de las sociedades. Sin embargo, en el último siglo se han llevado a cabo muchos análisis sistemáticos para explorar los procesos implicados en la resolución de conflictos. Lógicamente, la mayoría de los procesos involucrados en la resolución de los conflictos interpersonales son similares a los que juegan un papel en la resolución de los conflictos sociales, ideológicos e internacionales. Las diferencias se basan en la buena voluntad de las partes implicadas para autodominarse y comprometerse en una comunicación racional abierta.

En la interacción humana se considera que la capacidad para resolver conflictos es una habilidad madura y conveniente, que puede ser de gran provecho para el individuo. Puesto que el conflicto es una parte integrante de la interacción social, la capacidad para afrontarlo eficazmente contribuye a un medio ambiente social más sano, más productivo. En muchas sociedades, a los individuos que son capaces de resolver conflictos se les considera sumamente humanitarios y protectores de la conciencia social. Por ello, la habilidad implicada en la resolución de conflictos no sólo se centra en un proceso particular de resolución y cambio, sino que también abarca consideraciones sobre las actitudes. Ambas son importantes y debieran servir de características integrantes del desarrollo psicológico de cada individuo.

También es importante señalar que las discusiones y los desacuerdos son, frecuentemente, la consecuencia de una necesidad de confirmación social de nuestras creencias y actitudes. Cuando nuestras opiniones no son compartidas, sentimos una disonancia que necesita resolverse. Un aspecto importante de la madurez social es la comprensión y la capacidad de aceptar el hecho de que siempre existirá cierto grado de ambigüedad o incongruencia. En otras palabras, la gente necesita aprender, darse cuenta y sentirse bien ante la idea de que no todos los problemas tienen solución.

Modelo de lección sobre resolución de conflictos

Hoy vamos a hablar sobre lo que se ha dado en llamar «resolución de conflictos». Con esta denominación nos referimos a la forma en que la gente soluciona los problemas que tiene con otras personas. Estos problemas, o conflictos, pueden ser sobre cualquier cosa y pueden implicar el desacuerdo, el malentendimiento o una diferencia de opiniones y creencias. Por ejemplo, si un amigo vuestro no está de acuerdo con vosotros con respecto a la regla de un juego al que estáis jugando, esto es un conflicto. Si vuestros padres esperasen que estuvierais en casa una hora antes de la que pensabais, esto podría dar como resultado un conflicto. Si uno de los miembros del grupo con el que estáis quiere hacer una cosa y vosotros otra, esto es un conflicto.

Cada una de las situaciones que acabo de describir podrían fácilmente desmandarse y llegar a ser un problema real. En realidad, cada vez que tenéis un desacuerdo o un malentendido con alguien puede convertirse en una situación grave, siempre y cuando carezcáis de las habilidades necesarias de resolución de conflictos. Cuando esto suceda, probablemente os encontraréis discutiendo —no hablando— o incluso peleando por los asuntos en cuestión. Así es como acabáis perdiendo amigos, haciendo enemigos o creándoos problemas con vuestros padres y otros adultos. Por lo tanto, es fácil comprender por qué es importante aprender a discutir, controlar o resolver estos problemas antes de que se vuelvan graves.

Preguntas para discusión

1. ¿Puede alguno de vosotros poner ejemplos de diferentes conflictos que haya tenido con sus amigos? ¿Y con su familia? ¿Y con los compañeros de clase?
2. ¿Qué sucede cuando estos conflictos se os escapan de las manos? ¿Cómo os sentís? ¿Cómo se siente la otra persona?
3. ¿Qué sucede si «resolvéis» estos problemas antes de que lleguen a ser graves?
4. ¿Podéis solucionar conflictos incluso cuando son graves? ¿Por qué?

Aprender a solucionar conflictos no es siempre tan difícil, aunque existen varias cosas que deberíais recordar. La más importante es que debéis acordaros de pensar cómo estáis actuando e intentar estar tranquilos. Esto es, probablemente, lo más complicado de aprender puesto que es muy fácil enfadarse con la otra persona. Si ocurre esto, tendréis más posibilidades de solucionar vuestras diferencias si podéis discutir hábilmente vuestro enfado. Por lo tanto, cuando os déis cuenta de que hay un problema, tomaros algún tiempo para reflexionar sobre él antes de decir o hacer algo.

Cuando estéis preparados para intentar resolver el conflicto, hay varios pasos que os ayudarán para que os resulte un poco más fácil. En primer lugar, deberíais hablar con las otras personas implicadas y saber lo que tienen que decir, descubrir cómo se sienten o lo que quieren. Esto os dará la posibilidad de comunicarles vuestra postura. Si no hacéis esto, no sabréis en qué consiste exactamente el problema y haréis que sea prácticamente imposible resolver el conflicto de una forma aceptable. En segundo lugar, es importante que decidáis cuán diferentes son en realidad vuestras ideas o puntos de vista. Si no son tan diferentes, posiblemente podréis llegar a algún acuerdo. Si vuestras opiniones son muy diferentes, ved si cada parte puede ceder un poquito para resolver así algunas de vuestras diferencias. Esto ayudará a mejorar un poco la situación y, tal vez, os permitirá que más tarde podáis solucionar alguno de los otros problemas. Sin embargo, si vuestras diferencias son demasiado pronunciadas y todavía estáis en desacuerdo, quizá os gustaría decir:

«Vemos las cosas de forma diferente, por lo tanto, no tiene mucho sentido continuar discutiendo sobre esto». En tercer lugar, una vez hayáis tomado un acuerdo sobre la forma de resolver el conflicto, *haced* lo que habéis acordado. Si esperáis a ver lo que hace la otra persona o cambiáis de opinión, puede que echéis a perder cualquier acuerdo o resolución al que se haya llegado. Al hacer lo que habéis acordado, demostráis a la otra persona que respetáis el acuerdo y que sois de confianza. Por último, cuando se ha resuelto el conflicto o mientras se está resolviendo, aseguraros de permanecer en contacto con la otra persona o personas. Esto ayudará a asegurar que la resolución funciona de la forma que habíais planeado y también os permitirá evitar discusiones o problemas similares en el futuro.

Preguntas para discusión

1. ¿Puede alguno de vosotros poner un ejemplo de un conflicto que recientemente haya tenido?
   a. ¿Cuáles eran las dos opiniones o argumentos opuestos?
   b. ¿En qué aspectos se podía haber comprometido o cedido cada parte?
   c. Si había más de un punto o aspecto, ¿cuál sería el primero que intentaríais solucionar? ¿Y el segundo? ¿Y el tercero? ¿Por qué?
   d. ¿Cómo solucionaríais este conflicto?
2. ¿Por qué es importante que habléis entre vosotros para poder resolver el conflicto?

Fundamento teórico (racional) para los niños

Ventajas. La habilidad para afrontar y resolver conflictos os puede ayudar a:

A. solucionar los problemas que surjan entre vosotros y los demás;
B. resolver vuestros problemas o asuntos con los demás sin poner en peligro vuestra amistad;
C. comprender mejor a los demás;
D. hacer que los demás os comprendan mejor;
E. hacer que los demás sepan que sois imparciales, tolerantes y respetuosos;
F. que los demás os respeten más.

Inconvenientes. Al no tener habilidades en la resolución de conflictos:

A. os encontraréis implicados en más discusiones, desacuerdos y peleas;
B. os puede resultar difícil hacer y mantener amigos;
C. os puede resultar más difícil congeniar con vuestra familia, amigos y compañeros;
D. puede que los pequeños problemas entre vosotros y los demás se conviertan fácilmente en grandes problemas;
E. puede que los demás os respeten menos.

Guión para el educador

Ahora que tenéis cierta idea de lo que implica la resolución de problemas, os voy a demostrar cómo se lleva a cabo. Más tarde, tendréis la oportunidad de practicar vosotros solos la resolución de algunos conflictos que os hayáis inventado.

Situación 1. Con un grupo de amigos estás organizando una salida al cine. Has sugerido ir a ver una película que todo el mundo dice que es buena. Alguien está muy decidido a ir a ver otra película.

TÚ: ¿Por qué no vamos a ver *El monstruo que se comió a Pittsburgh*? He oído decir que es muy buena.
AMIGO A: Sí, yo también lo he oído.
AMIGO B: Yo prefiero ir a ver *El retorno de los hombres de la Luna.* He visto algunas secuencias en televisión y parece muy buena. Venga, vamos a ver ésta.
AMIGO C: Yo también prefiero esta película. Sale mi actor favorito.
TÚ: Bueno, creo que estaría bien ver las dos películas. ¿Por qué esta noche no vamos a ver una y la próxima semana vemos la otra?
AMIGO B: Me parece bien, pero, ¿por qué no vamos esta noche a ver *El retorno de los hombres de la Luna*? Creo que esta semana es la última que se proyecta.
AMIGO A: ¿Estará todavía en cartelera *El monstruo que se comió a Pittsburgh* el próximo fin de semana?
TÚ: ¡Oh, seguro! Sólo hace tres días que la han estrenado. Entonces, ¿por qué no vamos esta noche a ver *El retorno de los hombres de la Luna* y el próximo sábado vamos a ver *El monstruo que se comió a Pittsburgh*?
AMIGO B: Vale, vámonos.

(Resolución hábil del conflicto)—Esta respuesta es apropiada porque
1. has aportado información importante a la conversación;
2. has ayudado a conseguir una solución justa;
3. todos os beneficiáis de haber solucionado el problema juntos.

TÚ: ¿Por qué no vamos a ver *El monstruo que se comió a Pittsburgh*? He oído decir que es muy buena.
AMIGO A: Sí, yo también lo he oído.
AMIGO B: Yo prefiero ir a ver *El retorno de los hombres de la Luna.* He visto algunas secuencias en televisión y parece muy buena. Venga, vamos a ver ésta.
AMIGO C: Yo también prefiero esta película. Sale mi actor favorito.
TÚ: ¡Oh, venga! Sé que os gustará más *El monstruo que se comió a Pittsburgh.* Yo la quiero ver.
AMIGO B: Si, pero la podemos ver otro día. *El retorno de los hombres de la Luna* sólo la harán unos días más.
TÚ: ¿Y qué? De todas maneras esta película es mejor.
AMIGO B: Lo dudo.
TÚ: Bueno, yo me voy a verla. No quiero ver tu película.
AMIGO B: ¡Bien! De todas formas no quería ir contigo.
TÚ: ¿Quién quiere ir a ver *El monstruo que se comió a Pittsburgh*? ¡Vámonos!
AMIGO B: ¿Quién quiere ir a ver *El retorno de los hombres de la Luna*? ¡Iremos sin ellos!

(Resolución mala del conflicto)—Esta reacción fue inapropiada porque
1. no has visto o comprendido las necesidades y los sentimientos de los demás;
2. has sido demasiado enérgico;
3. no se ha encontrado una solución mutuamente beneficiosa.

Situación 2. Un compañero de clase está enfadado contigo y tú no sabes exactamente por qué. No sois demasiado amigos pero te sientes un poco incómodo ante esa situación. Las cosas se están poniendo bastante hostiles. Te diriges a tu compañero.

TÚ: Oye (nombre), me gustaría saber por qué estás enfadado conmigo. Me gustaría arreglar las cosas.
COMPAÑERO: ¡Oh, seguro que lo harías! Eres un chismoso. ¡Déjame tranquilo!
TÚ: De verdad (nombre), no sé de qué me hablas. Hazme un favor: explícame qué pasa.
COMPAÑERO: ¡Cómo si no lo supieses!
TÚ: De verdad que no lo sé.
COMPAÑERO: Supongo que fue otro el que se lo contó al profesor, ¿no?
TÚ: Yo no he hablado de ti con el profesor. Ni siquiera sé qué ha pasado. Puedes preguntárselo a (nombre del profesor).
COMPAÑERO: Bueno, si tú no lo hiciste, ¿quién lo hizo?
TÚ: No lo sé, pero si quieres te acompaño a preguntárselo al profesor. No quiero que estés enfadado conmigo, no tienes ningún motivo para estarlo.
COMPAÑERO: No, lo haré yo solo.
TÚ: De acuerdo, espero que las cosas se arreglen entre nosotros. Prefiero tenerte como amigo que como enemigo.
COMPAÑERO: Vale. Lamento haberme enfadado tanto.
TÚ: Está bien. Estoy contento de que las cosas vayan mejor entre nosotros.

(Resolución hábil del conflicto)—Esta reacción es apropiada porque
1. has mostrado respeto por la otra persona;
2. estás intentando solucionar este problema;
3. probablemente has conseguido salvar la amistad al discutir el problema y al saber lo que realmente había sucedido.

TÚ: Oye (nombre), me gustaría saber por qué estás enfadado conmigo. Me gustaría arreglar las cosas.
COMPAÑERO: ¡Oh, seguro que sí! Eres un chismoso. ¡Déjame tranquilo!
TÚ: No sé de lo que me estás hablando, pero te has equivocado de persona.
COMPAÑERO: ¡Ya lo creo!
TÚ: De acuerdo, he intentado ser amable, si no te gusta, es tu problema.
COMPAÑERO: Muy bien, apártate de mi camino.
TÚ: No te preocupes. No pienso ir detrás tuyo.

(Resolución mala del conflicto)—Esta reacción es inapropiada porque
1. al enfadarte, has hecho que tu compañero aún se enfadara más contigo;
2. no has explicado lo que en realidad sucedió.

Guiones de práctica

Esta sección ofrece guiones en los que son convenientes las habilidades de resolución de conflictos. Hacer que los participantes elaboren sus propios guiones, asegurándose de que incorporan los principales pasos discutidos y que a continuación se remarcan:

1. Detenerse a pensar antes de decir o hacer algo.
2. Hablar con la otra persona o personas para descubrir en qué consiste el problema.
3. Llegar a algún acuerdo sobre la forma de tratar el problema.
4. Hacer lo que se ha acordado.

Situación 1. Tus padres han dicho que tu hermano/a o bien tú hagáis de canguro esta noche. Los dos tenéis planes para esta noche. Resolved este problema.

Situación 2. Estás jugando a un juego con unos amigos y uno te acusa de hacer trampas. De verdad crees que no has hecho nada incorrecto. Resuelve este problema.

Situación 3. Tus padres están enfadados contigo porque creen que no has hecho todas tus tareas. Han decidido no darte tu asignación semanal. No estás seguro de lo que debías haber hecho y no has hecho, y crees que reaccionan injustamente. Resuelve este problema.

Situación 4. Estás descontento por algo que un compañero ha dicho sobre ti. Quieres saber por qué dijo eso y hacerle saber que estás disgustado. Te gustaría solucionar este problema.

Situación 5. Un amigo y tú encontráis una entrada de cine con la que podréis entrar gratis. Los dos decís que la visteis primero. Resuelve este problema.

Situación 6. Involuntariamente derramas pintura sobre el jersey de un compañero. Tu compañero está muy molesto porque el jersey era nuevo. Te acusa de haber derramado la pintura a propósito. Sabes que no es cierto. Resuelve este problema.

Situación 7. Tu maestra sospecha que en el examen has copiado de un compañero. Está un poco enfadada contigo. Sabes que no copiaste y te sientes molesto por ser acusado de esto. Resuelve este problema.

Situación 8. Unos amigos y tú estáis discutiendo sobre un programa de televisión. Acabáis discutiendo sobre el actor que hacía el papel principal. Todos creéis que tenéis razón. Resuelve este problema.

Sugerencias de deberes para casa

1. En las películas de la televisión siempre se describen conflictos entre las personas. Escribid lo que sucede en uno de estos conflictos. ¿Se han utilizado unas buenas habilidades de resolución de problemas? ¿Por qué? ¿Por qué no? ¿Qué deberían haber hecho los participantes?
2. Pensad sobre el último conflicto que tuvisteis con alguien y que no se solucionó. ¿Qué es lo que fue mal? ¿Qué podíais haber hecho para que las cosas resultaran mejor? ¿Cómo unas buenas habilidades de resolución de conflictos podrían haber cambiado lo que sucedió?

Capítulo 6

Aspectos clínicos y logísticos de la enseñanza de habilidades sociales infantiles

Aspectos especiales de la enseñanza

Como previamente se mencionó, los programas de enseñanza de habilidades sociales infantiles se centran principalmente en dos áreas: el tratamiento de los déficits específicos de habilidades sociales y el desarrollo y perfeccionamiento de las capacidades sociales normativas como medida preventiva. En ambos casos pueden surgir varios aspectos relacionados con el diseño, aplicación y ramificación del tipo de intervención. Los médicos, los maestros y los trabajadores al cuidado de los niños implicados en la enseñanza de habilidades sociales infantiles refieren que se encuentran con ocasionales problemas clínicos y logísticos que pueden entorpecer la eficacia del programa. Por lo tanto, en este capítulo trataremos las áreas problemáticas más comunes a fin de proporcionar a los educadores de habilidades sociales una guía mediadora básica.

Por supuesto, también surgirán nuevos aspectos, ya que la enseñanza de habilidades sociales se ofrece a poblaciones mayores y más diversas. Por consiguiente, se aconseja a los educadores y a los diseñadores del programa que busquen y revisen los datos relevantes sobre el medio ambiente social, cultural y psicológico del individuo. También es indispensable que los padres, el personal escolar y, sobre todo, el niño, conozcan y aprueben el propósito y la modificación del formato y contenido de la intervención.

Aunque los educadores tendrán que adaptar individualmente el programa de enseñanza de habilidades sociales a las necesidades de la población específica con la que estén trabajando, puede resultar útil que previamente revisen los aspectos clínicos que se presentan en este capítulo. El objetivo principal de este capítulo no consiste en servir como sustituto de la enseñanza y supervisión de los educadores; además, en un único capítulo no se pueden tratar de manera eficaz muchos aspectos clínicos complejos. Sin embargo, los educadores no deberían dudar en buscar, en caso de necesitarlo, la supervisión y/o consultar con psicólogos y educadores que tengan más experiencia y que puedan proporcionar una inestimable práctica clínica e información. Afortunadamente, el programa que se describe en el libro se ha aplicado en una amplia variedad de ámbitos (escuelas, clínicas, hospitales) y en diversas poblaciones (en niños normales, maladaptados, agresivos, retraídos, de alto riesgo y en pacientes psiquiátricos ambulatorios). Como resultado de estas distintas aplicaciones, se han identificado y, posteriormente, resuelto, muchos aspectos clínicos. Para comodidad de los educadores, detallamos los principales aspectos clínicos a considerar que, si bien no son tratados adecuadamente, pueden limitar la eficacia del programa.

Intervalo de edad de los grupos

Al crear los módulos fue necesario desarrollar la consistencia de acuerdo a las capacidades según el nivel de edad de la población objeto de enseñanza, manteniendo un intervalo de 8 a 12 años aproximadamente. Del mismo modo, al utilizar los guiones de discusión y práctica es preciso adaptarlos conforme a la capacidad cognitiva, a la madurez social y a los niveles de destreza de los niños. En general, a excepción de cuando se trabaja con poblaciones especiales, las edades de los niños del grupo pueden servir de medida satisfactoria de la homogeneidad de estas variables. También, a excepción de cuando la composición de los grupos esté determinada por áreas de deficiencia de habilidades, se aconseja que los grupos sean razonablemente homogéneos con respecto a la edad. La experiencia y la investigación sugieren que la disparidad de edades en una población, si no existen temas o áreas de contenido unificados, puede afectar adversamente al resultado. Por ejemplo, un niño de cinco años y otro de once tendrían menos puntos en común sobre los que basar la práctica de la interacción social que dos niños de la misma edad. Hemos encontrado que las combinaciones de los cursos tercero y cuarto, cuarto y quinto, y quinto y sexto son las mejores, caso de ser necesario combinar diferentes cursos.

Proporción sexual del grupo

Los módulos de enseñanza de habilidades sociales presentados en el capítulo 5 asumen una composición sexual mixta de los grupos de enseñanza. Sin embargo, estos módulos se pueden adaptar fácilmente a grupos del mismo sexo, puesto que enfatizan más las habilidades de comunicación generales que la interacción entre ambos sexos. La única excepción, el Módulo 13, «Interacciones con el sexo opuesto», se centra en el desarrollo y perfeccionamiento de habilidades de interacción relacionados específicamente con la comunicación social entre sexos.

Sin embargo, existen ventajas e inconvenientes en las diversas formas posibles de componer el grupo de enseñanza. De forma ideal, la composición equilibrada de un grupo según el sexo proporcionaría mayor flexibilidad y amplitud al desarrollar los guiones de *role-play,* así como también una información más equilibrada de los sujetos con respecto a los aspectos idiosincrásicos, basados en el papel sexual. Por otra parte, en ciertas edades de algunos grupos es posible que los niños y las niñas deseen interactuar socialmente unos con otras. Por lo tanto, es importante tener en cuenta la edad de los sujetos al crear los guiones de interacción entre ambos sexos.

Diferencias étnicas y culturales

Puesto que, con frecuencia, las actitudes en las escuelas reflejan las actitudes y expectativas sociales prevalentes, las diferencias étnicas y culturales en la población de enseñanza proporcionan un valioso aspecto a tener en cuenta. Los niños, algunas veces expuestos a unas perspectivas rígidas y restringidas, pueden explorar otros puntos de vista y tratar éstos y otros aspectos relacionados en el contexto de la enseñanza de habilidades sociales. Es responsabilidad del educador asegurar que las diversas actitudes y perspectivas de la población de enseñanza estén igualmente representadas e integradas dentro del diseño del programa. El mejor medio para lograr esto consiste en animar a todos los niños participantes a que aporten ideas para los guiones de enseñanza y práctica. Además, a lo largo de la enseñanza debería dirigirse el contenido de las discusiones del grupo para identificar aspectos relacionados con las diferencias étnicas y culturales. Una vez se han identificado, se destaca los aspectos. Si se pasan por alto tales diferencias, las normas y los estilos conductuales de un grupo pueden imponerse inadvertidamente al otro grupo.

En primer lugar, el hecho de descuidar la minoría y las diferencias étnicas o culturales puede transmitir un mensaje de insensibilidad, de irrespetuosidad o de ignorancia del medio ambiente social del niño. Sin duda, si el objeto de la enseñanza consiste en conducir al respeto mutuo, es obligada la comprensión y aceptación de las diferencias individuales. Los niños y sus familias se pueden oponer a programas de enseñanza que no traten auténticas diferencias culturales. De esta forma, el fracaso para reconocer y aceptar la legitimación de estilos culturales alternativos puede dar como resultado un programa socialmente ineficaz. Como rasgo más grave, las ramificaciones éticas y psicológicas de tal descuido podrían ser bastante nocivas y acabar en una posible desconfianza, resentimiento u oposición a los programas de competencia social actuales o del futuro. A la inversa, la exploración, discusión y el *role-play* de diversas respuestas influidas culturalmente facilitan una mayor generalización transcultural, reducen el prejuicio y aumentan el orgullo intracultural. Además, la amplia conciencia étnica entre los miembros del grupo constituye un objetivo positivo y conveniente que intensifica diversos comportamientos prosociales.

Tamaño del grupo

La enseñanza de habilidades sociales infantiles parece mejorar su eficacia al realizarse una intervención en grupo. Sin embargo, los métodos de enseñanza se pueden adaptar fácilmente para trabajar individualmente, con díadas y también con grupos pequeños. Las estrategias de enseñanza y entrenamiento descritas en los capítulos anteriores de este libro han sido seleccionadas y creadas para la instrucción de grupo. Algunas estrategias (por ejemplo, el ensayo conductual y el *role-play*) suponen la participación de dos o más niños. Sin embargo, en la enseñanza de habilidades sociales individual el educador puede representar el papel del «otro» y utilizar eficazmente los módulos de enseñanza.

En la enseñanza a grupos grandes o a una clase, los asistentes y ayudantes, si los hay, pueden jugar un importante papel. Si bien las instrucciones, la imitación y la discusión se pueden llevar a cabo en grandes grupos, el ensayo conductual y una discusión más profunda requieren de un formato de grupo pequeño. Por este motivo, los asistentes y ayudantes pueden facilitar la discusión en grupos más pequeños y supervisar las estrategias de la práctica. Generalmente, estos grupos constan de 4 a 6 niños. En conjunto, el tamaño de los grupos en los programas previos oscilan de 5 a 30 niños. Sin embargo, no hay inconvenientes para que se altere el tamaño de la clase a fin de adaptarlo a las necesidades y recursos de la escuela, clínica o institución. Los educadores deben saber que el uso del programa en grupos grandes (por ejemplo, más de 20 miembros) puede presentar problemas si no se dispone de ayudantes o de coeducadores.

Las principales dificultades a superar al dirigir un grupo grande sin ayudantes comprenden: 1) el problema de dar a cada uno de los participantes elogios e información adecuada; 2) la necesidad de adaptar la fase de los «guiones entre los educadores» del módulo; 3) las posibles dificultades de manejar un gran número de niños sin ayuda, dado el incremento de ruido e interacciones; 4) la posibilidad de una reducción de la comprensión por parte de los miembros del grupo debido al incremento de distracciones y a la reducción de oportunidades de hacerle preguntas relacionadas con el módulo al educador; y 5) la dificultad para averiguar y asegurar la validez social de las respuestas y temas debido al gran número de participantes.

Así pues, sugerimos que cuando se trabaje con grupos grandes, o bien se consigan ayudantes o asistentes (y que se les entrene de acuerdo con esto), o bien se asigne un tiempo extra para hacer frente a los aspectos mencionados. Nuestra experiencia nos ha mostrado que la estrategia más beneficiosa y razonable para dirigir grupos grandes o, incluso, pequeños, es utilizar coeducadores. El hecho de utilizar coeducadores permite incrementar la imitación, los elogios, la información y la estimulación; también facilita la manejabilidad y participación del grupo. En caso de que fuera difícil disponer de un coeducador o ayudante, es importante que el educador conozca bien el módulo, que practique previa e insistentemente y que evite leer todo el módulo al grupo. Esta medida reducirá la posibilidad de aburrimiento, toda vez que aumentará la espontaneidad y entusiasmo tanto del educador como de los niños. Además, cuando el educador está solo, resulta incluso más vital hacer uso del humor, mostrar entusiasmo, afecto, autenticidad y amabilidad puesto que no tiene una ayuda para «perfeccionar» el proceso o que le sirva de caja de resonancia. Asimismo, en ningún caso se desaconseja el uso de la creatividad por el simple hecho de utilizar módulos. De esta forma, los educadores «solos» necesitan mantener la atención, interés y entusiasmo del grupo tal como antes se ha señalado a fin de asegurar la eficacia de la enseñanza. Sin embargo, el uso de coeducadores no contraindica el uso de estos componentes terapéuticos. Con todo, los educadores que trabajen solos necesitan prestar más atención a estas estrategias facilitadoras para compensar la ausencia de un segundo educador.

Frecuencia de encuentros del grupo

Si bien algunas veces el educador puede determinar la frecuencia y duración de las sesiones de enseñanza, es la logística del medio ambiente de la enseñanza la que, con frecuencia, dicta estas variables. Dentro del marco escolar, la sustitución del tiempo del plan de estudios de la clase por la enseñanza de habilidades sociales puede ocasionar dificultades. Sin embargo, a medida que los maestros reconozcan cada vez más el valor de la clase en la educación afectiva y social de los niños, tendrán más deseos de incluir este tipo de intervención en su plan de estudios.

Se han llevado a cabo aplicaciones previas de este programa de enseñanza en marcos escolares (Mannarino, Michelson, Marchione y Martin, 1983; Michelson y Wood, 1980a; Sugai, 1978), en marcos médicos y psiquiátricos (Michelson y cols., 1981) y en programas de residencia comunitaria (Sugai, 1978). En la mayoría de los casos, las sesiones de enseñanza se han organizado semanal o bisemanalmente (durando cada sesión de 45 a 60 minutos). Ambos tipos de organización de las sesiones lograron los objetivos de la enseñanza de forma satisfactoria, y no interfirieron con las otras actividades cotidianas. También se debe advertir que las modificaciones del contenido y formato de los módulos influyen en el tiempo que se necesita para realizar el módulo. Las características de los niños y la experiencia del educador también pueden afectar la cantidad de tiempo requerido. Además, si bien los niños pueden beneficiarse de la explicación de todos los módulos, independientemente de su nivel de experiencia previo, los educadores deberían sentirse con la libertad de seleccionar las áreas de contenido que satisfagan las necesidades específicas de sus niños. En este caso, la cantidad de tiempo necesario para la realización del programa variará según las determinadas necesidades del niño o del grupo.

Importancia de la cooperación de los padres

El programa de enseñanza de habilidades sociales no pretende reemplazar el papel de los padres como agentes de socialización. En cambio, el programa es suplementario y más efectivo con el apoyo y la participación de los padres. Por este motivo, resulta de gran importancia su cooperación en la realización del programa y en el apoyo de la participación de sus hijos.

Nuestra experiencia en diseñar y realizar la enseñanza de habilidades sociales con niños sugiere que el mejor medio para asegurar y mantener el apoyo de los padres consiste en familiarizarlos con el contenido del programa, en subrayar la naturaleza suplementaria del programa y en integrar, siempre que sea posible, las ideas y preocupaciones de los padres en el diseño del programa. De manera casi generalizada, los padres ofrecen poca objeción a un programa que por sí mismo conduzca al desarrollo sólido y normativo de sus hijos. Cuando se les expone una descripción de las ventajas y de los posibles riesgos del niño, y una rápida revisión de la literatura relacionada con la importancia del desarrollo normal afectivo y social, por lo general, los padres se muestran cooperadores y lo apoyan.

Importancia de la cooperación del personal de la escuela

Dado que frecuentemente los miembros del personal escolar participan en la identificación de los niños con problemas en el desarrollo de habilidades sociales y en la realización y administración de los programas de enseñanza, su cooperación es esencial. Los maestros, consejeros y administradores están implicados bien en el diseño, bien en la realización de un programa de enseñanza de habilidades sociales eficaz, y pueden jugar un importante papel en la instrucción, evaluación y valoración reales del programa y de los niños que participan en él. Estos individuos también tienen una importante función como coordinadores entre los padres y la comunidad. Para fomentar y apoyar sus esfuerzos, es importante que la comunicación permanezca abierta a todos los niveles del sistema del colegio en el que se lleva a cabo la intervención de la enseñanza de habilidades sociales, y que el programa sea lo suficientemente flexible como para dar cabida a sus preocupaciones específicas.

Mantenimiento de la atención durante la enseñanza

En ocasiones, mantener la atención de los niños en el programa de enseñanza puede ser un problema. Sin embargo, dado que las áreas de contenido tratan las necesidades y ansiedades sociales específicas de estos niños, y puesto que los guiones y situaciones están tomados directamente de sus propias experiencias, el nivel de interés tiende a ser elevado.

En el caso de que el interés y la participación comiencen a disminuir, existen varias estrategias que pueden ayudar a restablecer la atención. En primer lugar, el educador puede motivar a los estudiantes en la discusión o actividad formulando preguntas relacionadas con el tema en cuestión o pidiendo ejemplos extraídos de la experiencia personal de los niños. En segundo lugar, el educador puede hacer que el niño inicie la discusión o que formule preguntas que se refieran a un aspecto más inmediato y más relacionado con las habilidades sociales personales, que tienda a exigir una elaboración y revelación adicionales. En esta situación, el educador juega un importante papel en la facilitación de la presentación de estas ideas y en la reacción del grupo. En tercer lugar, el educador puede adjudicar responsabilidad adicional a los niños haciendo que asuman los papeles de moderadores de la discusión y de tutores de los compañeros. Esta estrategia se vale de la presión de los compañeros de forma supervisada y constructiva, a la vez que proporciona a los niños un sentimiento positivo de responsabilidad y de liderato. En cuarto lugar, en el caso de que estos procedimientos no incrementasen la atención durante la enseñanza, podría ser necesario instituir un programa de reforzamiento material, externo, para recompensar a los niños por su participación. Sin embargo, esta última estrategia generalmente no es necesaria. Como comprobación, se alienta a que se vuelva a examinar el material de contenido y los métodos de la presentación de los módulos de enseñanza para determinar si, en efecto, tratan las necesidades y capacidades de los niños participantes. Finalmente, el humor, entusiasmo y autenticidad estimulan a los niños y siempre deberían incorporarse en el programa de enseñanza.

Cuando la enseñanza fracasa

Como los autores han comprobado, es posible que algunos de los participantes en el programa de enseñanza no muestren progresos en sus habilidades sociales. Estos niños justifican una atención adicional, especialmente para identificar las áreas de habilidades deficientes y los posibles motivos por los que no han progresado.

La evaluación del niño a través de la observación, el autoinforme y el informe de los compañeros puede ayudar a delimitar las áreas en las que puede ser útil un tratamiento o reestructuración de las estrategias y objetivos. El problema a tratar generalmente estará en una de las tres áreas que se describen a continuación.

En primer lugar, es posible que los compañeros, padres y otras personas del medio ambiente social del niño no refuercen la habilidad que se desarrolla. En este caso, el aspecto principal puede ser la validez social. Si la habilidad no es útil o aceptable en el ambiente cotidiano del niño, puede que se tenga que volver a diseñar la intervención para acomodarla a estos parámetros sociales.

En segundo lugar, existen limitaciones reales en la cantidad de tiempo disponible para el programa de enseñanza de habilidades sociales, particularmente en el marco de grupos. Puede que resulte un tiempo insuficiente para que el niño asimile, integre, practique y aplique lo que le han enseñado. Si se demuestra que esto es un factor limitativo y se dispone de tiempo y recursos, una solución sencilla consistiría en proporcionar enseñanza y práctica adicionales en las áreas señaladas de deficiencia de habilidades sociales.

En tercer lugar, aparte de indicadores más obvios de deficiencia de habilidades sociales, tales como la conducta asocial o antisocial, la ausencia de respuesta del niño a la enseñanza puede tener una etiología más sutil. La existencia de problemas emocionales, cognitivos y médicos puede inhibir los efectos de la enseñanza y complicar además la evaluación correcta del problema social del niño. Los educadores de habilidades sociales deberían considerar estas posibilidades cuando trabajen con un niño que no responda a la intervención de la enseñanza, especialmente cuando puede que estos problemas no se observen con excesiva rapidez. En tal caso, la consulta a profesionales más expertos en la evaluación de los problemas cognitivos, emocionales o médicos es obligada.

Cuándo se debe remitir

A lo largo del programa de enseñanza de habilidades sociales pueden darse dos situaciones que justificarían la prudencia y consulta a un profesional. En primer lugar, tal como se acaba de describir previamente, cuando un niño no responde a la intervención de las habilidades sociales y continúa manifestando deficiencias de habilidades significativas que no están relacionadas con el comportamiento inapropiado o con las habilidades objeto de enseñanza o con estrategias de enseñanza ineficaces, entonces debe considerarse la incapacidad emocional, cognitiva y/o médica. Tal incapacidad puede que, naturalmente, no tenga tampoco relación causal. Sin embargo, sería mejor dejar esta determinación en manos de un profesional con experiencia en el diagnóstico y posible tratamiento de estos problemas.

En segundo lugar, a lo largo de la discusión, *role-play* o revelación personal, un niño puede ofrecer información o exponer preocupaciones que no estén relacionadas o que no se puedan tratar en el contexto de la enseñanza de habilidades sociales. Estos problemas pueden estar relacionados con la salud física o mental del niño, con preocupaciones referidas a los padres u otros miembros de la familia, con cuestiones de malos tratos o con dificultades escolares. Cuando estos factores se hagan evidentes, es importante que los educadores que no tengan experiencia en estas cuestiones eviten hablar de tales aspectos y que, en su lugar, busquen profesionales apropiados para la evaluación y/o consulta.

Pautas y consideraciones éticas

Muchos aspectos éticos rodean la evaluación y enseñanza de habilidades sociales infantiles. Entre ellos se incluyen las siguientes cuestiones: ¿quién enseña a los educadores?; ¿en base a qué o según qué criterios se selecciona a los niños para la enseñanza?; ¿cuáles son las posibles consecuencias negativas de enseñar a los niños habilidades sociales?; ¿quién determina cuáles son las habilidades importantes?; ¿para *quién*?; ¿tienen los niños el derecho de negarse a participar en grupos de habilidades sociales?; ¿tienen los padres el derecho de negarse a permitir que sus hijos participen en la enseñanza? Éstos y otros muchos y difíciles aspectos deberían ser considerados seriamente antes de iniciar cualquier programa de competencia social. Los educadores deben conocer su responsabilidad de conseguir la máxima sincronización entre las normas, objetivos y aspiraciones de los niños, padres, maestros, compañeros y de la sociedad —en el mejor de los casos, ¡una difícil tarea!—.

Los educadores deben conocer sus propias limitaciones, al tiempo que buscan enseñanza y experiencia adicionales cuando sea necesario. Además, los educadores tienen la obligación ética de evitar hacer peticiones injustificadas o exageradas tanto a los niños como a sus padres. De hecho, los niños y sus padres deberían ser informados de la naturaleza de la enseñanza, de sus posibles ventajas y sus potenciales inconvenientes. Por ejemplo, es bastante frecuente que los niños recientemente enseñados sean más asertivos con sus padres o hermanos. Si bien puede que el niño sólo se esté comportando asertivamente, las reacciones ante el nuevo comportamiento pueden oscilar del rechazo sutil al castigo corporal. Los educadores deben darse cuenta de que las normas familiares del individuo pueden desviarse radicalmente de las nociones de la clase media sobre las habilidades sociales apropiadas. Los educadores tienen la responsabilidad ética de informar a los niños y a sus padres de los posibles cambios conductuales, del porqué se consideran importantes para el bienestar del niño y cómo pueden reforzarse y mantenerse en el ambiente natural.

Los educadores también deben recordar que su propio comportamiento sirve de modelo a los niños. De esta forma, los educadores se deberían esforzar siempre por ser abiertos, directos, honestos, empáticos y apropiados al expresar sus opiniones, creencias, sentimientos y necesidades. Esto es igualmente válido para la interacción social con los niños, padres, maestros y colegas.

Los educadores, y en particular los maestros, necesitan reconocer las limitaciones de la enseñanza de habilidades sociales en el tratamiento de trastornos psicológicos o psiquiátricos mayores, incluidos la hiperactividad, las dificultades de aprendizaje, las psicosis infantiles y el síndrome orgánico cerebral. Los educadores tienen el deber de recomendar evaluaciones y tratamientos alternativos para los niños que manifiesten graves trastornos psicológicos. Esto no quiere decir que la enseñanza de habilidades sociales no pueda utilizarse como suplemento efectivo de tratamientos más profundos y especializados. No obstante, es importante reconocer que la enseñanza de habilidades sociales no es una panacea para todos los trastornos de la infancia. Los educadores deberían consultar con especialistas para pedir evaluación adicional cuando duden de la conveniencia de aplicar la enseñanza de habilidades sociales o de utilizar otra estrategia terapéutica.

Los educadores deberían conocer la continua necesidad de adaptar y modificar los módulos existentes a fin de lograr la máxima validez social, eficacia y generalización. Es muy probable que los grupos minoritarios de niños tengan diferentes expresiones coloquiales que —aunque no estén presentes en el vocabulario del educador— deben tenerse muy en cuenta de cara al éxito de las relaciones del niño con los compañeros. Por lo tanto, no es necesario que los educadores respeten rígidamente el uso oficial de la lengua cuando posiblemente se comprenderán y aceptarán mejor las respuestas alternativas o de jerga. Cuestiones como cuáles son las habilidades sociales que se enseñan y para quién son beneficiosas es preciso tenerlas en consideración. Los educadores también deben ser conscientes de las posibles dificultades de enseñar habilidades sociales a niños de diferentes situaciones culturales, religiosas y familiares. Ocasionalmente, habilidades tales como «defender los propios derechos», «rechazar» o «preguntar por qué» pueden ser percibidas por algunos padres como irrespetuosas, sacrílegas o, incluso, subversivas.

A continuación se presenta una exposición de principios realizada por educadores expertos en habilidades sociales y en asertividad sobre el uso de las estrategias de enseñanza de la asertividad. Si bien globalmente las recomendaciones no están relacionadas sólo con la enseñanza de habilidades sociales *infantiles,* ofrecen pautas que definen las características del educador y de la enseñanza.

Principios para la práctica ética de la enseñanza de la conducta asertiva

Con el incremento de la popularidad de la enseñanza del comportamiento asertivo se ha hecho manifiesto cierto tono de «novedad» y existen frecuentes referencias de prácticas (y de practicantes) éticamente irresponsables. Hemos oído hablar de educadores que, por ejemplo, no diferencian adecuadamente entre la asertividad y la agresividad. Otros han fracasado en aconsejar a sus clientes sobre la responsabilidad y la prudencia éticas apropiadas (por ejemplo, no les han alertado y/o preparado ante la posibilidad de las represalias u otras reacciones altamente negativas de los demás).

Este apartado es el trabajo de psicólogos y educadores profesionales (Alberti, Emmons, Fodor, Galassi, Garnett, Jakubowski y Wolfe, 1976) que han tomado parte activa en la práctica de la enseñanza de la conducta asertiva (también conocida por terapia asertiva, enseñanza de habilidades sociales y enseñanza para la competencia personal). Con esta exposición no pretendemos desalentar a los individuos no entrenados a que lleguen a ser más asertivos sin ayuda, tampoco defendemos que una persona deba tener extensas credenciales para poder ayudar a los amigos o familiares. Estos principios se ofrecen, más bien, para fomentar la enseñanza y práctica éticas y responsables de los servicios humanos profesionales. Se anima a las personas que deseen aumentar su propia asertividad o la de sus compañeros a que lo hagan, siendo conscientes de sus propias limi-

taciones y de la importancia de recurrir a la ayuda de un terapeuta/educador cualificado cuando sea necesario.

Por todo ello, manifestamos nuestro apoyo y adherencia a los principios que detallamos, e invitamos a aquellos profesionales responsables de nuestro campo y a los de otros campos a que utilicen estas técnicas, que se unan a nosotros defendiendo y practicando estos principios.

A. *Definición de la conducta asertiva.* Teniendo en cuenta estos principios y el marco ético del que partimos, definimos la conducta asertiva como aquel conjunto de conductas, emitidas por una persona en un contexto interpersonal, que expresan los sentimientos, actitudes, deseos, opiniones o derechos de esa persona directa, firme y sinceramente, a la vez que respetan los sentimientos, actitudes, deseos, opiniones y derechos de la otra(s) persona(s). Esta conducta puede incluir la manifestación de emociones tales como cólera, miedo, preocupación, esperanza, alegría, desesperación, indignación, vergüenza que, en cualquier caso, se expresan de forma que no viola los derechos de los demás. El comportamiento asertivo se diferencia del comportamiento agresivo, ya que este último, aun expresando sentimientos, actitudes, deseos, opiniones o derechos de la persona, no respeta estas características en los demás.

Aunque esta definición pretende ser global, se reconoce que cualquier definición adecuada de la conducta asertiva debe considerar varios aspectos:

1. *Propósito:* en la conducta clasificada como asertiva, el autor no tiene el propósito de herir a los demás.
2. *Conducta:* un «observador objetivo» evaluaría la conducta clasificada como asertiva como aquella conducta que en sí misma es sincera, directa, expresiva y no destructiva respecto a los demás.
3. *Efectos:* la conducta clasificada como asertiva tiene el efecto sobre el receptor de un mensaje directo y no destructivo, ante el cual una «persona razonable» no se sentiría herida.
4. *Contexto socio-cultural:* la conducta clasificada como asertiva es apropiada en el ambiente y/o la cultura en la que se manifiesta, si bien en un medio socio-cultural diferente puede no ser considerada «asertiva».

B. *Autodeterminación del cliente.* Estos principios reconocen y sostienen la dignidad inherente y los derechos iguales e inalienables de todos los hombres, tal y como se proclama en la Declaración Universal de los Derechos Humanos, aprobada por la Asamblea General de las Naciones Unidas.

De acuerdo con los preceptos de la Declaración, cada cliente (entrenado, paciente) que solicite la enseñanza de la conducta asertiva será tratado como una persona merecedora de todas las libertades y los derechos expresados en la Declaración. No se utilizará ningún procedimiento en nombre de la enseñanza de la conducta asertiva que viole estos derechos y libertades.

El comunicado de la autodeterminación del cliente incluirá intervenciones tales como:

1. el cliente será ampliamente informado de todos los procedimientos que se utilizarán;
2. el cliente tendrá la libertad de elegir entre participar o no en cualquier punto de la intervención;
3. el cliente que esté institucionalizado será también tratado con respeto y sin coacción dentro de lo que sea posible en el medio institucional;
4. al cliente se le suministrarán definiciones explícitas de la asertividad y la enseñanza asertiva;
5. el cliente será ampliamente informado en cuanto a la educación, entrenamiento, experiencia u otras calificaciones del educador(es) de la asertividad;
6. el cliente será informado de los objetivos y resultados potenciales de la enseñanza de la asertividad, incluyendo los posibles altos niveles de ansiedad y las reacciones negativas de los demás;
7. el cliente será ampliamente informado en cuanto a la responsabilidad de la asertividad del educador(es) y del cliente(s);
8. el cliente será informado en cuanto a la ética y empleo de pautas confidenciales que conciernan a diversos marcos de enseñanza de la asertividad (por ejemplo, clínico *versus* no clínico).

C. *Requisitos de los «promotores» (facilitators).* La enseñanza de la conducta asertiva es, esencialmente, un proceso terapéutico aunque, con frecuencia, profesionales que no están implicados en la prestación de un servicio «psicológico» lo practiquen en diversos marcos. Las personas de cualquier nivel profesional que se comprometan a ayudar a los demás a cambiar su comportamiento, actitudes y relaciones interpersonales deben comprender el comportamiento humano a un nivel equivalente al nivel de sus intervenciones.

Requisitos generales. Abogamos por los siguientes requisitos generales mínimos de los «promotores» en todos los niveles de la intervención (incluyendo a los «educadores en entrenamiento» antes del servicio o en servicio— que se estén preparando para la labor profesional en un área de servicios humanos reconocida, y que puede que estén llevando a cabo la enseñanza de la conducta asertiva bajo supervisión, como parte de un proyecto de investigación o de prácticas):

1. Profunda comprensión de los principios del aprendizaje y del comportamiento (equivalente a la realización de un riguroso curso de investigación sobre la teoría del aprendizaje).
2. Profunda comprensión de la ansiedad y de sus efectos en el comportamiento (equivalente a la realización de un riguroso curso de investigación sobre psicopatología).
3. Conocimiento de las limitaciones, contraindicaciones y posibles inconvenientes de la enseñanza de la conducta asertiva; familiaridad con la teoría e investigación en esta área.
4. Se recomienda firmemente a todos los profesionales que ofrezcan pruebas satisfactorias de un desempeño competente como «promotor», a través de la observación de un educador cualificado, especialmente a aquellos que no posean el doctorado o un nivel equivalente de enseñanza. Pruebas como a las que nos referimos podrían estar respaldadas por:
   a) la participación como cliente (entrenado, paciente) en la enseñanza de la conducta asertiva, un mínimo de diez horas; y
   b) la participación como «promotor» de la enseñanza de la conducta asertiva bajo supervisión, un mínimo de diez horas.

Requisitos específicos. Se considera que los siguientes requisitos adicionales son los mínimos que deben cumplir los «promotores» en los niveles de intervención indicados:

1. Enseñanza de la conducta asertiva, que comprende la enseñanza en talleres, grupos y clientes individuales no clínicos, destinada a enseñar habilidades asertivas a aquellas personas que sólo necesitan estimulación y enseñanza específica de habilidades, y en las que no existen pruebas de una deficiencia o patología emocional grave.
   a) Para los educadores en programas patrocinados por un centro de servicios humanos reconocido, por una escuela, una entidad gubernamental o corporativa, una iglesia o una organización comunitaria:
      1. un título superior en un área de servicios humanos reconocida (por ejemplo, psicólogo, asistente social, médico, salud pública, asistente técnico sanitario, educación, desarrollo humano, teología), que incluya, por lo menos, un trimestre de experiencia de campo en un centro de servicios humanos supervisado por un educador cualificado; o
      2. un certificado de asistente, maestro de escuela pública, asistente social, médico, asistente técnico sanitario o psicólogo clínico, psicólogo escolar o de servicios humanos profesionales similares, reconocido por el estado o por la sociedad profesional de la disciplina indicada; o
      3. un año de experiencia en aconsejamiento remunerado en un centro de servicios humanos reconocido, supervisado por un educador cualificado; o
      4. requisitos de los apartados *b*2 o *b*3 citados seguidamente.
   b) Para los educadores en programas que comprendan la intervención al nivel definido en este apartado, pero sin el patrocinio de un centro/organización:
      1. un título superior en un área de servicios humanos reconocida (por ejemplo, psicólogo, asistente social, médico, salud pública, asistente técnico sanitario, educación, desarrollo humano, teología), que incluya, por lo menos, un trimestre de experiencia de campo en un centro de servicios humanos supervisado por un educador cualificado; o
      2. un certificado de asistente, de asistente social, médico, asistente técnico sanitario o psicólogo clínico, psicólogo escolar o de servicios humanos profesionales similares, reconocido por el estado o por la sociedad profesional de la disciplina indicada; o
      3. los requisitos de los apartados 2.*b*2 o 2.*b*3 citados a continuación.
2. Terapia de la conducta asertiva, que incluya intervenciones clínicas con el propósito de asistir a personas que estén gravemente inhibidas por la ansiedad, que tengan deficientes habilidades sociales, que estén dominadas por la agresividad, que den pruebas de patología, o para las que estén indicados otros procedimientos terapéuticos:

a) Para los educadores en programas patrocinados por un centro de servicios humanos reconocido, por una escuela, una entidad gubernamental o corporativa, una iglesia o una organización comunitaria:
1. un título superior en un área de servicios humanos reconocida (por ejemplo, psicólogo, asistente social, médico, salud pública, asistente técnico sanitario, educación, desarrollo humano, teología), que incluya, por lo menos, un trimestre de experiencia de campo en un centro de servicios humanos supervisado por un educador cualificado; o
2. un certificado de asistente, de asistente social, médico, asistente técnico sanitario o psicólogo clínico, psicólogo escolar, reconocido por el estado o por la sociedad profesional de la disciplina individual; o
3. los requisitos del apartado *b*3 descrito a continuación.

b) Para los terapeutas que utilicen las intervenciones en el nivel definido en este apartado, pero sin el patrocinio de un centro/organización:
1. un título superior en un área de servicios humanos reconocido (por ejemplo, psicólogo, asistente social, médico, salud pública, asistente técnico sanitario, educación, desarrollo humano, teología), que incluya, por lo menos, un trimestre de experiencia de campo en un centro de servicios humanos supervisado por un educador cualificado; y
2. un certificado de asistente, de asistente social, médico, asistente técnico sanitario o psicólogo clínico, psicólogo escolar, reconocido por el estado o por la sociedad profesional de la disciplina indicada; y
3. por lo menos, un año de experiencia profesional remunerada en un centro de servicios humanos reconocido, supervisado por un educador cualificado, o
4. los requisitos en el apartado 3*d* citados a continuación.

3. La enseñanza a educadores, que comprenda la preparación de otros profesionales para que ofrezcan enseñanza/terapia de la conducta asertiva a clientes, en el marco escolar, de un centro, organización o individual.

a) Un título de doctorado en un campo de servicios humanos reconocido (por ejemplo, psicólogo, asistente social, médico, salud pública, asistente técnico sanitario, educación, desarrollo humano, teología), que incluya, por lo menos, un trimestre de experiencia de campo en un centro de servicios humanos supervisado por un educador cualificado; y

b) un certificado de asistente, de asistente social, médico, asistente técnico sanitario o psicólogo clínico, psicólogo escolar, reconocido por el estado o por la sociedad profesional de la disciplina indicada; y

c) por lo menos, un año de experiencia profesional remunerada en un centro de servicios humanos reconocido, supervisado por un educador cualificado; y

d) estudios superiores en la enseñanza/terapia de la conducta asertiva, que comprendan, por lo menos, dos de los siguientes:
1. por lo menos, treinta horas de enseñanza (facilitación) con clientes;
2. la participación, por lo menos, en dos talleres diferentes, en reuniones profesionales o en escuelas profesionales de enseñanza;
3. contribución a la literatura profesional del campo.

No consideramos que la participación en uno o dos talleres de conducta asertiva, aunque esté dirigido por un profesional con título superior, sea una cualificación adecuada para ofrecer la enseñanza de la conducta asertiva a otros, a menos que satisfaga los títulos adicionales de los apartados 2*a* y 2*b*.

Estos requisitos se presentan como pautas para los profesionales de la conducta asertiva, no se solicita un «certificado» o «título» de un centro. Incumbe a cada profesional autoevaluarse como educador/terapeuta de acuerdo con estas pautas y hacer explícito a los clientes la suficiencia de sus aptitudes como «promotor» (facilitator).

D. *Comportamiento ético de los «promotores»* (facilitators). Puesto que la estimulación y promoción de la conducta asertiva es esencialmente un procedimiento terapéutico, los valores éticos más aplicables a la práctica de la enseñanza de la conducta asertiva son los de los psicólogos. Es preciso admitir que aunque haya personas que practiquen algún tipo de enseñanza de la conducta asertiva no están, por otra parte, obligadas a ofrecer un servicio «psicológico» (es decir, los maestros, directores de personal/enseñanza).

Hay que reconocer que la metodología empleada en la enseñanza de la conducta asertiva puede comprender una amplia gama de procedimientos, algunos de los cuales no tienen un valor probado. Es responsabilidad de los «promotores» (facilitators) informar a los clientes de cualquier procedimiento experimental. Bajo ninguna circunstancia el «promotor» (facilitator) deberá «garantizar» el resultado específico de una intervención.

E. *Conveniencia de la intervención de la enseñanza de la conducta asertiva.* La enseñanza de la conducta asertiva, como cualquier intervención orientada a ayudar a la gente a cambiar, puede aplicarse ante un amplio abanico de condiciones, aunque debe evaluarse individualmente su conveniencia en cada caso. La elección formal de la enseñanza de la conducta asertiva en una intervención concreta debe tener en cuenta, por lo menos, las siguientes dimensiones:

1. *Cliente:* las características personales del cliente en cuestión (edad, sexo, etnia, institucionalización, capacidad de elección comunicada, nivel de rendimiento físico y psicológico).
2. *Problema/Objetivos:* el propósito por el que se ha buscado o recomendado la ayuda profesional (habilidades en el trabajo, inhibición grave, reducción de la ansiedad, superar la agresividad).
3. *Promotor (facilitator)*: las aptitudes personales y profesionales del promotor (facilitator) en cuestión (edad, sexo, etnia, habilidades, comprensión, ética).
4. *Ámbito:* las características del ámbito en el que se lleva a cabo la intervención (casa, escuela, trabajo, centro especializado, clínica, hospital, prisión). ¿Tiene el cliente la libertad de escoger? ¿Se evalúa sistemáticamente la efectividad del promotor (facilitator)?
5. *Tiempo/Duración:* la duración de la intervención. El tiempo empleado, ¿representa unas breves palabras de aliento, un taller de enseñanza, un esfuerzo terapéutico profundo y a largo plazo?
6. *Método:* la naturaleza de la intervención. ¿Es un procedimiento «en bloque» o un procedimiento adaptado a las necesidades del cliente? ¿Está basada la enseñanza en sólidos principios del aprendizaje y de la conducta? ¿Existe una clara diferenciación entre la agresividad, asertividad y otros conceptos? ¿Están claras las definiciones, técnicas, procedimientos y objetivos? ¿Se actúa con precaución para fomentar los pequeños pasos con éxito y minimizar las consecuencias de castigo? ¿Se presentan los «deberes para casa» tras una supervisión adecuada, con responsabilidad y sensibilidad ante los esfuerzos significativos de cambio de conducta del cliente? ¿Se informa a los clientes de que la asertividad «no siempre funciona»?
7. *Resultado:* ¿Existen procedimientos de seguimiento, bien a través del autoinforme, bien a través de otros procedimientos de postexamen?

F. *Responsabilidad social.* La enseñanza de la conducta asertiva será llevada a cabo dentro de los límites que impone la ley. Se anima a los educadores y a los clientes a que trabajen asertivamente para cambiar aquellas leyes que según ellos deben cambiarse, y a que modifiquen el sistema social en la forma en que ellos consideren apropiada —en particular, para ampliar los límites de los derechos humanos—. Para estos fines, se anima a los educadores a que faciliten el cambio responsable de habilidades a través de la enseñanza de la conducta asertiva. A todos aquellos que practican, enseñan o investigan la conducta asertiva se les insta a defender la cautela y responsabilidad ética en la aplicación de esta técnica.

Apéndice
Muestra de los instrumentos de evaluación

Muestra A: Escala de observación de habilidades sociales

La *Social Skills Observation Checklist* (Escala de observación de las habilidades sociales) (figura 1) mide conductas expresivas y receptivas en cinco áreas de contenido de habilidades sociales: 1) expresar y responder a manifestaciones positivas (por ejemplo, cumplidos, elogios); 2) expresar y responder a manifestaciones negativas (por ejemplo, quejas, críticas); 3) dar y seguir órdenes y/o peticiones; 4) iniciar y mantener conversaciones y escuchar a los demás durante la conversación; y 5) expresar y reaccionar ante los sentimientos y/o manifestaciones de comprensión, tales como «estoy triste» o «pareces muy contento».

En la escala, cada una de las cinco áreas de contenido se halla dividida en una sección de expresión y en una sección de recepción. La primera evalúa cuán bien puede el niño *expresar* cumplidos, quejas, sentimientos y demás a los adultos y a los compañeros de su misma edad, mientras que la segunda valora cúan bien *responde* el niño ante los demás (adultos o compañeros de su misma edad) cuando le hacen tales manifestaciones.

Para cada área de contenido y sus secciones de expresión y recepción hay una lista de los componentes conductuales específicos que constituyen una habilidad social concreta. Estos componentes describen los «ingredientes» mínimos necesarios para completar la habilidad social asociada. Para cada uno de estos componentes, el observador registra si el niño realizó o no la respuesta específica.

En su condición actual, la Escala de observación de las habilidades sociales tiene un campo de aplicación bastante general y puede proporcionar información adecuada en relación a las principales áreas de competencia de las habilidades sociales. Esta escala también se puede «individualizar» para niños o para comportamientos concretos, siempre y cuando se estipule el tipo específico de conducta a observar. La mayoría de los componentes específicos están definidos o descritos conductualmente y algunos incluyen ejemplos para su mejor comprensión. Sin embargo, para un niño en concreto o para un grupo especial de niños puede que sea necesario incluir una especificación complementaria a las definiciones de estos componentes de la escala con la finalidad de permitir un registro más exacto de los comportamientos objetivo. Por ejemplo, dentro de «expresar

Nombre: ____

C = Interacción Compañero/Niño
A = Interacción Adulto/Niño

Fecha: ____

Rodear una: Preenseñanza Durante la enseñanza Posenseñanza

1. Enunciados positivos (cumplidos, elogios...)
   A. Expresar enunciados positivos
      1. Contacto ocular (durante el 60% de la interacción).
      2. Afirma lo que merece especial atención (por ejemplo, «Has hecho muy bien lavando los platos»).
      3. Explica o da un razonamiento del porqué lo agradece (por ejemplo, «Ahora ya no los tendré que lavar más tarde»).
      4. Expresa elogios, afecto, aprobación, aprecio o apoyo (por ejemplo, «Gracias por tu ayuda»).

   B. Responder a enunciados positivos
      1. Contacto ocular (durante el 60% de la interacción).
      2. Expresa sentimientos ante el cumplido (por ejemplo, «Me alegra que agradezcas mi ayuda»).
      3. Expresa aprecio o agradecimiento (por ejemplo, «Gracias por decirme esto»).

	Sí	No
A. 1.		
2.		
3.		
4.		
B. 1.		
2.		
3.		
Total		

2. Enunciados negativos (quejas, críticas...)
   A. Expresar enunciados negativos.
      1. Contacto ocular (durante el 60% de la interacción).
      2. Indica *cuál* es el problema o preocupación (por ejemplo, «No has lavado los platos»).
      3. Explica sus sentimientos sobre el problema (por ejemplo, «No me gusta cuando lo dejas todo desordenado»).
      4. Pide una respuesta al problema o a los sentimientos (por ejemplo, «¿Qué crees que se puede hacer al respecto?»).
      5. Indica los pasos a seguir para solucionarlo (por ejemplo, «¿Por qué no acabas primero tu trabajo, terminas de lavar los platos y luego te vas a jugar?»).

   B. Responder a enunciados negativos.
      1. Contacto ocular (durante el 60% de la interacción mientras escucha la queja).
      2. Pide una aclaración o más detalles (por ejemplo, «¿Te refieres a los platos de la mesa?»).
      3. Expresa comprensión de los sentimientos o de la postura-actitud de los demás (por ejemplo, «Comprendo que estés enfadado por este desorden»).
      4. Expresa pensamientos, sentimientos o acepta la responsabilidad (por ejemplo, «Supongo que también tenía que haber lavado esto»).
      5. Resume los pasos para la solución (por ejemplo, «Lavaré los platos cuando termine de hacer los deberes»).

	Sí	No
A. 1.		
2.		
3.		
4.		
5.		
B. 1.		
2.		
3.		
4.		
5.		
Total		

FIGURA 1. *Escala de observación de habilidades sociales.*

3. Peticiones/Órdenes
   A. Hacer peticiones/dar órdenes
      1. Contacto ocular (durante el 60% de la interacción).
      2. Expresa *lo que* debe hacerse (por ejemplo, «Se tienen que lavar los platos»).
      3. Expresa *quién* debería hacerlo (por ejemplo, «Creo que hoy los tendría que lavar Joe»).
      4. Proporciona un razonamiento a la petición/orden (por ejemplo, «Joe no los ha lavado durante toda la semana»).
      5. Pide información en relación a la petición/orden (por ejemplo, «¿Te parece bien, Joe?»).

   B. Seguir órdenes/peticiones
      1. Contaco ocular (durante el 60% de la interacción)
      2. Da información/solicita aclaración (por ejemplo, «¿Qué platos quieres que lave?»).
      3. Reconoce la petición/orden (por ejemplo, «Quieres que hoy los lave yo»).
      4. Expresa acuerdo o rechazo y razona su negativa (por ejemplo, «Vale, ya los lavaré» o «De ninguna manera, yo los lavé dos veces la semana pasada. No me toca a mí»).

A. 1.		
2.		
3.		
4.		
5.		
B. 1.		
2.		
3.		
4.		
Total		

4. Tomar parte en conversaciones
   A. Inicar y mantener conversaciones
      1. Contacto ocular (durante el 60% de la interacción).
      2. Saludo/expresión introductoria (por ejemplo, «Hola, ¿cómo va todo?»).
      3. Expresa sus propios pensamientos, opiniones o información (por ejemplo, «Este nuevo disco es muy bueno»).
      4. Solicita la opinión, pensamientos o información de los demás (por ejemplo, «¿Qué os parece este grupo?»).
      5. Resume los puntos principales de la conversación (por ejemplo, «Éste es su mejor disco. Deberíais oírlo»).
      6. Expresión para terminar o concluir (por ejemplo, «Puede que lo oigáis esta noche. Nos veremos el martes y entonces lo comentaremos»).

   B. Escuchar a los demás durante las conversaciones
      1. Contacto ocular (durante el 60% de la interacción).
      2. Hacer preguntas sobre el tema (por ejemplo, «¿Qué quieres decir con ______»).
      3. Da o expresa información, opiniones, reacciones, sentimientos (por ejemplo, «Es fantástico», «¡Qué interesante!», «¿A quién le importa?»).

A. 1.		
2.		
3.		
4.		
5.		
6.		
B. 1.		
2.		
3.		
Total		

(Continúa)

enunciados positivos», el componente 2 requiere que el niño «afirme *lo que* merece atención especial», pero si sólo se quisiera medir la expresión de manifestaciones positivas al hacer un cumplido a otra persona por ayudar en una tarea, entonces se podría definir más este componente para que midiera sólo este tipo de enunciados.

Estos componentes específicos están situados en la escala según el orden en que posiblemente se darían en una interacción, a fin de hacer el procedimiento de observación un poco más fluido. Sin embargo, aquí, no importa si el niño realiza los componentes en un orden específico.

5. Manifestar sentimientos/empatía
   A. Expresar sentimientos/manifestar empatía
      1. Contacto ocular (durante el 60% de la interacción). 1.
      2. Expresa sentimientos o describe su estado emocional (por ejemplo, «Estoy disgustado porque se ha estropeado mi bicicleta»). 2.
      3. Solicita información/reacciones a sus sentimientos (por ejemplo, «¿Sabéis cómo se siente uno cuando se le estropea su bicicleta preferida?»). 3.
   B. Responder a sentimientos/manifestaciones de empatía
      1. Contacto ocular (durante el 60% de la interacción). 1.
      2. Suministra información/empatía (por ejemplo, «¡Oh, qué lata! Siento oír esto»). 2.

Total

Total General (Véase las áreas)

Total General (Todas las áreas)

Los observadores se limitan a registrar si un componente en concreto se produjo o no en algún momento de la interacción.

El observador (u observadores) lleva a cabo el registro de la ocurrencia o no ocurrencia de las conductas sociales específicas apuntando una C o una A en la casilla frente a la definición de los componentes del área de la habilidad. Una C denota que el comportamiento sucedió durante una interacción entre el niño observado y otro compañero (por ejemplo, un amigo, un compañero de juego, otro alumno). Una A denota que el comportamiento ocurrió durante una interacción entre el niño y un adulto (por ejemplo, un maestro, un miembro del personal, un dependiente de una tienda, un desconocido...).

Por ejemplo, si el niño iniciara una conversación con un *compañero* presentándose, entonces el observador apuntaría una C en la casilla «sí» del componente 2 (Saludo/expresión introductoria) de la sección 4 (tomar parte en conversaciones) de la Escala de observación de habilidades sociales. Si se iniciara una conversación similar con un adulto, entonces el observador escribiría una A en la casilla «sí». Sin embargo, si el niño tomara parte en una conversación con otro compañero o adulto pero *no* hiciese un saludo o una manifestación introductoria, entonces se apuntaría una C o una A en la casilla «no». Nótese que si el niño no participara en ninguna conversación, todas las casillas de la sección 4 estarían en blanco. Por lo tanto, una señal (bien una C, bien una A) en la casilla «sí» o «no» indica los componentes del área de la habilidad social que se dieron cuando se realizó el comportamiento social, y la ausencia de señales en cualquiera de las casillas indica que no se realizó o no se observó el comportamiento social. Esta distinción es importante porque la primera medida informa de que, por lo menos, se intenta hacer los comportamientos sociales y también indica los «ingredientes» que utiliza el niño; la segunda señala que el comportamiento social no se da durante el período de observación.

Antes de presentar los pasos de la valoración de la observación natural es necesario hacer un breve comentario sobre la utilización de varios observadores. Si sólo se utilizara un observador durante la evaluación, entonces los resultados reflejarían las opiniones, sesgos, expectativas y suposiciones de ese observador. A fin de evitar la dependencia de un observador, y para demostrar que las observaciones realizadas son válidas, un método frecuente de investigación consiste en emplear a dos o más observadores (llamados coobservadores) que, independientemente, observen y registren el comportamiento del niño al mismo tiempo. Utilizar a más de un observador permite hacer comparaciones entre los observadores para asegurar que concuerdan en lo que han observado *independientemente* (técnicamente denominado como «acuerdo interobservadores»).

Si un observador registra que el niño inició 10 conversaciones y un segundo observador (por ejemplo, un coobservador) también registra 10 conversaciones, entonces estos observadores están al 100% de acuerdo con respecto a sus observaciones sobre el comportamiento social del niño. Sin embargo, frecuentemente los observadores no concuerdan (generalmente porque utilizan definiciones o criterios diferentes sobre lo que constituye una conversación); puede que uno registre 10 conversaciones mientras que el otro registre sólo 5. Con ello, se da tan sólo el 50% de acuerdo entre los observadores, lo cual es demasiado bajo para ser aceptado como una observación fiable. El criterio generalmente aceptado consiste en alcanzar entre un 80 a un 100% de acuerdo entre todos los observadores. Algunas veces esto requiere que los observadores practiquen mucho y que discutan a fin de clarificar la definición del comportamiento a observar. Debe lograrse consenso sobre la forma de decidir si el comportamiento se ha dado. Una vez que todos los observadores presentan un promedio de acuerdo del 80 al 100% entre ellos, puede iniciarse la recogida de datos a través del procedimiento de la observación natural.

Pasos para la evaluación de la observación natural

1. Tener suficientes fotocopias de la hoja de observación para cada niño.
2. Para cada niño, escribir el nombre y la fecha en su hoja de observación. Indicar en cada hoja si la evaluación se lleva a cabo antes, durante o después de la enseñanza rodeando la palabra «preenseñanza», «durante la enseñanza» o «posenseñanza».
3. Leer la lista de conductas a observar y discutir con un coobservador la definición y ejemplos de cada respuesta.
4. Practicar con un sujeto y con un coobservador durante 15 minutos; discutir la forma de codificar cada respuesta (por ejemplo, una A o una C en una casilla «sí» o en una casilla «no»).
5. Durante 15 minutos, observar y registrar las respuestas de un niño mientras que, independientemente, un coobservador haga lo mismo con el mismo niño.
6. Comparar las observaciones del observador con las observaciones del coobservador. Dividir el número de acuerdos entre el observador y el coobservador por el total de acuerdos y desacuerdos de ambos y multiplicarlo por 100. Así se obtendrá el porcentaje de fiabilidad interobservadores

$$\frac{\text{Acuerdos}}{\text{Acuerdos} + \text{Desacuerdos}} \times 100 = \%$$

7. Si la fiabilidad está por debajo del 80%, se necesita mayor discusión, práctica y consenso entre los observadores. Una vez se alcance el 80% de acuerdo (fiabili-

dad), ya se puede iniciar el procedimiento de evaluación a través de la observación.

8. Escoger un marco (tal como la clase, el patio...) y recoger observaciones registrando las respuestas entre el niño y otros compañeros (C) y adultos (A). Efectuarlo escribiendo una C o una A bien en la casilla «sí», bien en la casilla «no» de cada componente.
9. El período de observación puede tener una duración específica (por ejemplo, 15 minutos) o bien se pueden hacer observaciones hasta que haya como mínimo dos observaciones niño/compañero y dos observaciones niño/adulto en cada componente individual. Esto puede resultar problemático si el niño rara vez toma parte en alguna de las áreas de contenido. Si el niño nunca presenta una respuesta en un área de contenido (por ejemplo, nunca hace cumplidos), no se puede calcular el porcentaje y, por tanto, se dejará en blanco la categoría (o se codificará X). Sin embargo, el hecho de que no se observaran respuestas en un área social concreta proporciona información sobre la baja frecuencia de este tipo de comportamientos sociales en este sujeto.
10. Una vez se terminen de hacer las observaciones, sumar individualmente las respuestas «sí» y «no» de cada categoría y determinar el número de A en las casillas «sí» y el número de C en las casillas «sí», y el número de A y C en las casillas «no». Dividir la cantidad de «sí» del código A por la suma de los «no» y «sí» de las respuestas A para determinar un porcentaje para A (interacción con los adultos). Hacer idéntico proceso con el código C. Estos dos porcentajes representan la proporción de comportamientos de habilidades sociales correctas utilizado en las interacciones con los adultos y otros compañeros (C). Se debería hallar el porcentaje de interacción tanto con los adultos como con los compañeros en las cinco áreas, hecho que resultaría en diez puntuaciones de porcentajes que oscilarían de 0 a 100%. En la figura 2 de la Muestra B se ofrece un ejemplo de la forma en que se exponen las puntuaciones en una tabla resumen.
11. Las áreas de contenido con unas puntuaciones de porcentajes más bajos son las que necesitan mayor enseñanza. Puede que se identifiquen áreas en las que no se precise de ninguna enseñanza. El educador debería ser capaz de identificar los déficits de habilidades sociales del niño y adaptar la enseñanza para incrementar la eficacia.
12. Durante la enseñanza, y una vez terminada ésta, se deberían repetir los procedimientos de la observación y comparar los resultados de la preenseñanza con los resultados obtenidos durante la enseñanza y en la posenseñanza. Este proceso de comparación puede demostrar la efectividad de la enseñanza y mostrar las áreas que aún precisan ser mejoradas.

Muestra B: Test de role-play de habilidades sociales

El *Social Skills Roley-Play Test* (Test de *role-play* de habilidades sociales) mide los mismos comportamientos y utiliza varios de los mismos procedimientos que la Escala de observación de habilidades sociales (Muestra A). Este procedimiento de evaluación que recoge datos sobre la expresión y recepción de comportamientos en las cinco áreas de habilidades sociales, se puede «individualizar» para centrarse en conductas específicas o en niños concretos, e implica múltiples observadores para asegurar la fiabilidad interobservadores.

Área de contenido	Fase de la enseñanza					
	Preenseñanza		Durante la enseñanza		Posenseñanza	
	Compañero	Adulto	Compañero	Adulto	Compañero	Adulto
1. Positivos	X	30	60	60	60	70
2. Negativos	X	50	40	40	50	60
3. Peticiones	20	40	70	70	90	90
4. Conversación	20	60	50	50	70	80
5. Sentimientos	20	60	80	80	90	90
Total correctas (%)	12	48	60	68	70	78

FIGURA 2. *Ejemplo de una tabla-resumen que representa algunas de las posibles puntuaciones de un niño en la Escala de observación de habilidades sociales. Los datos de la observación de la preenseñanza de este niño indican que la mayoría de las interacciones con los compañeros eran deficientes (incluso, eran inexistentes en los «enunciados positivos» y en los «enunciados negativos», codificados con una X), y las interacciones con los adultos eran moderadamente bajas. Progresó durante la enseñanza, y se observaron mayores progresos al finalizar ésta. En general, la utilización de habilidades sociales del niño se modificó del 12 al 70% con los compañeros, y del 48 al 78 % con los adultos. Se demuestra que la enseñanza fue efectiva y que no quedaron déficits importantes en habilidades sociales.*

Esta técnica de evaluación difiere del método de observación natural en que: 1) las situaciones de observación son sólo *role-plays* en los que el niño debe fingir que es una situación real; y 2) se presentan situaciones idénticas a cada niño utilizando «guiones» escritos que el compañero (C) o el adulto que hace de «pareja» (A) lee en cada escena (véanse las figuras 3 y 4). Puesto que la situación está controlada, es fácil grabar en una cinta magnetofónica o en una cinta de vídeo las respuestas del niño y que los observadores hagan las valoraciones a su conveniencia.

En esta sección también se incluye el Test de comportamiento asertivo para niños (BAT-C) a fin de proporcionar ejemplos de las escenas de *role-play* (véase la figura 5) y definiciones más elaboradas de los comportamientos objetivo (véase la figura 6). En el capítulo 2 se puede encontrar una discusión sobre el uso de este instrumento y en la obra de Bornstein, Bellack y Hersen (1977) se pueden obtener amplios datos sobre los procedimientos de la administración y puntuación.

Pasos para la evaluación del test de role-play de habilidades sociales

1. Para el Test de *role-play* de habilidades sociales se pueden utilizar las mismas hojas de observación que se emplean en la Escala de observación de habilidades sociales. Deben obtenerse copias de las hojas de observación para cada niño.
2. En cada hoja se debe escribir la fecha y señalar si se trata de la preenseñanza, durante la enseñanza o de la posenseñanza, dependiendo de si la evaluación se hace antes, durante o después de la enseñanza.
3. Los observadores y sus «parejas» (un adulto y/o un compañero) que vayan a interactuar con el niño deben leer los guiones del *role-play* de habilidades socia-

1. A. Expresar enunciados positivos

PAREJA: «Imagínate que he hecho algo que te gusta: ______ (por ejemplo, he hecho un dibujo bonito) y tú me das las gracias por ello».

NIÑO: (Darle 30 segundos para que inicie la respuesta y después continuar con el guión.)

B. Responder a enunciados positivos

PAREJA: «Ahora voy a hacerte un cumplido que puede que te merezcas, y tu me respondes. (Con contacto ocular.) Este ______ (prenda de vestir, por ejemplo, camisa, collar...) es muy bonito/a. Cuando te lo pones te favorece mucho. Posiblemente te harán más elogios».

NIÑO: (Darle 30 segundos para que inicie la respuesta y después continuar con el guión.)

2. A. Expresar enunciados negativos

PAREJA: «Imagínate que te hecho algo que te hace enfadar o que te molesta, como: ______ (por ejemplo, he roto tu lápiz) y te quejas por ello».

NIÑO: (Darle 30 segundos para que inicie la respuesta y después continuar con el guión.)

B. Responder a enunciados negativos

PAREJA: «Ahora te voy a expresar una queja. Imagínate que te la mereces, replícame. (Con contacto ocular.) La forma en que ______ (por ejemplo, hiciste tu trabajo hoy es horrible. Parece que no te importara y que no quisieras esforzarte.). ¿Qué piensas al respecto?».

NIÑO: (Puede que responda con una solución, una disculpa, que solicite una aclaración...)

PAREJA: «Creo que la solución sería ______ (por ejemplo, te esforzaras más en tu trabajo. Yo procuraré elogiarte cuando lo hagas.)».

3. A. Hacer peticiones y dar órdenes

PAREJA: «Imagina que quieres que haga algo por ti, como: ______ (por ejemplo, prestarte un libro). Pídemelo».

NIÑO: (Darle 30 segundos para que inicie la respuesta y después continuar con el guión.)

B. Seguir órdenes y peticiones

PAREJA: «¿Me haces un favor?».

NIÑO: (Puede que acceda a la petición o que pida una aclaración.)

PAREJA: (Darle 30 segundos para que inicie una respuesta.) «Me gustaría que ______ (por ejemplo, recogieras todos los papeles del suelo de la habitación. Así se verá todo más ordenado). ¿Qué te parece?».

NIÑO: (Darle 30 segundos para que inicie la respuesta, después continuar con el guión.)

4. A. Iniciar y mantener una conversación

PAREJA: «Vamos a conversar brevemente, durante unos minutos, sobre lo que *tú* quieras. Imagínate que acabo de entrar en la habitación y que me he sentado. Ahora *tú* inicias la conversación».

NIÑO: (Darle 30 segundos para que inicie una respuesta y después continuar con el guión.)

Nota: Si el niño le pregunta el nombre (o una opinión...) a la pareja, continuar con la conversación durante unos dos minutos.

B. Escuchar a los demás durante una conversación

PAREJA: «Ahora me toca a mí escoger un tema y me gustaría hablar sobre ______ (por ejemplo, mi programa favorito de televisión). Me gusta mucho *Barrio Sésamo*. ¿Qué opinas sobre este programa?».

NIÑO: (Darle 30 segundos para que inicie la respuesta y después continuar con el guión.)

FIGURA 3. *Guión del* role-play *de habilidades sociales.* (*Continúa*)

5. A. Expresar sentimientos/manifestaciones de empatía
PAREJA: «Imagínate que estás triste porque ______ (por ejemplo, has perdido en un juego). Intenta expresarme tus sentimientos».
NIÑO: (Darle 30 segundos para que inicie una respuesta y después continuar con el guión.)
Nota: Si el niño expresa sentimientos, dar respuesta a esos sentimientos y esperar 30 segundos para que el niño dé más respuestas.

B. Responder a sentimientos/manifestaciones de empatía
PAREJA: «Ahora te expresaré mis sentimientos. Me pone furioso que ______ (por ejemplo, nadie quiera hacer lo que yo quiero. Me hace sentir poco importante porque nadie me ayuda. Desearía que la gente prestara más atención a lo que yo necesito que se haga. Entonces estaría encantado de ayudarles en lo que necesitaran)».
NIÑO: (Darle 30 segundos para que inicie una respuesta y después continuar con el guión.)

Área de contenido	Fase de enseñanza					
	Preenseñanza		Durante la enseñanza		Posenseñanza	
	Compañero	Adulto	Compañero	Adulto	Compañero	Adulto
1. Positivos	43	57	100	100	86	100
2. Negativos	30	20	70	40	60	30
3. Peticiones	50	70	90	90	90	90
4. Conversación	66	100	100	100	100	100
5. Sentimientos	20	40	40	60	60	60
Total correctas (%)	42	57	80	78	79	76

FIGURA 4. *Ejemplo de una tabla-resumen que representa las posibles puntuaciones de un niño en el Test de role-play de habilidades sociales. Los datos de la observación de la preenseñanza de este niño indican que era deficiente en dos tipos de interacción, tanto con los compañeros como con los adultos («negativas» y «sentimientos»). Otras áreas de habilidades sociales eran moderadamente bajas (43 a 66%), y una, la «conversación con un adulto», era totalmente adecuada (100%). Los resultados durante la enseñanza mostraron mejoría en todas las áreas. Algunos de los resultados de la posenseñanza mostraron una ligera disminución con respecto a los resultados obtenidos durante la enseñanza (por ejemplo, los «enunciados positivos con los compañeros» disminuyeron del 100 al 86%, los «enunciados negativos» del 70 al 60%...). Esto puede indicar que la enseñanza fue demasiado breve y que las habilidades no fueron aprendidas de forma adecuada. Puede que se necesite más enseñanza o que se «repitan sesiones» en el seguimiento, a fin de mantener las habilidades sociales aprendidas en la enseñanza inicial. Otras áreas de habilidades alcanzaron elevados niveles de ejecución y se mantuvieron en esos niveles o próximas a ellas al finalizar la enseñanza.*

les que se presentan a continuación y familiarizarse con el contenido. Puede que la persona que los utilice desee cambiar los términos de los guiones o sustituir ítems por ejemplos relevantes para mejorar las condiciones simuladas. Por ejemplo, en lugar de decir «Imagina que he hecho algo que te ha gustado y que quieres hacerme un cumplido por esto», se podría ofrecer un ejemplo concreto, tal como «Mientras estaba en el edificio principal, te he comprado un refresco y te lo he traído». *Nota:* si se sustituyen los ejemplos *deben* utilizarse de idéntica forma en todos los niños (al menos si se lleva a cabo una investigación comparativa).

4. El observador y las «parejas» también deben fijar la fiabilidad, tal como se describe en los pasos del 3 al 7 de la observación natural (véase la sección anterior de la Muestra A). Esto se puede conseguir haciendo que una persona que *no* vaya a ser el sujeto (otro miembro del personal, un niño voluntario...) actúe como sujeto de práctica. Esto tiene un doble objetivo, las «parejas» pueden practicar la administración del guión mientras que los observadores valoran su fiabilidad y se dedican a la codificación exacta de las respuestas del niño.
5. Después de conseguir una fiabilidad interobservadores adecuada (80% de acuerdo) y de que las «parejas» dominen su papel, se puede iniciar el proceso de observación de *role-play*. Se debe señalar que la «pareja» debería utilizar exactamente las mismas palabras, ejemplos, instrucciones, tono de voz, contacto ocular... en todos los niños. Es importante que el modo de expresarse de la «pareja» sea consistente y se mantenga a lo largo de toda la evaluación.
6. Llevar a cabo las situaciones de *role-play* en cada niño debería durar, aproximadamente, de 5 a 20 minutos, dependiendo del número de escenas. Evitar, en la medida de lo posible que los niños comenten la situación con los demás hasta que todos los sujetos hayan sido evaluados. En caso contrario, puede que un sujeto influya en las respuestas de otro sujeto.
7. Los observadores registran las respuestas del sujeto escribiendo una A o una C bien en la casilla «sí», bien en la casilla «no» de la hoja de observación según sea la «pareja» que proporciona la instigación, un adulto o un compañero respectivamente. (Véase la explicación que se da en la Escala de observación de habilidades sociales, en la Muestra A.) Puesto que el guión de observación de *role-play* está creado para representar una sola vez a cada uno de los componentes en un orden específico, en cada componente específico debería haber marcada sólo una A o una C.
8. Cada vez que un sujeto entre en la habitación para la evaluación, el experimentador o la(s) «pareja»(s) deben explicar brevemente el procedimiento de evaluación y proporcionar al niño instrucciones generales de «responder rápidamente a las situaciones imaginadas o de *role-play* de la misma forma que lo haría en la vida cotidiana».
9. Una vez se termine la evaluación de los sujetos con el *role-play*, se deberían sumar y puntuar separadamente las respuestas dadas al adulto (A) y al compañero (C) de la hoja de observación. Por ejemplo, para las «respuestas dadas al adulto» esto se consigue contando el número de componentes de cada área de contenido (es decir, siete componentes en los «positivos») y estableciendo entonces el porcentaje de respuestas correctas dividiendo el número de componentes por el número de A en las casillas «sí» (por ejemplo, cinco A en las casillas «sí» sobre siete componentes resulta en el 71% de respuestas correctas en el área de contenido «enunciados positivos»). Este mismo procedimiento se repetiría con las C («respuestas dadas al compañero») para determinar el porcentaje de respuestas

1. NARRADOR: Imagina que estás en clase, sentado junto a un niño. Tú cuentas una historia. El niño piensa que es una buena historia, igual que tú. Dice:
   INSTIGACIÓN: «Es una historia muy ingeniosa».

2. NARRADOR: Imagínate que estás mirando tu programa favorito de televisión. Llega tu amigo y cambia de canal. Pone uno que a ti no te gusta. Dice:
   INSTIGACIÓN: «Voy a mirar esto».

3. NARRADOR: Haces un dibujo en la clase de dibujo y el niño que está a tu lado dice:
   INSTIGACIÓN: «¡Oh, es fabuloso!».

4. NARRADOR: Estás leyendo un tebeo durante el recreo. Un niño coge el tebeo y dice:
   INSTIGACIÓN: «Quiero leerlo».

5. NARRADOR: Imagínate que haces una carrera con un niño y que le ganas. El niño dice:
   INSTIGACIÓN: «Caramba, eres muy rápido».

6. NARRADOR: Imagínate que es tu turno para jugar con el juego de vídeo. Tu amigo te lo deja en la mesa para que juegues tú, pero alguien llega antes y dice:
   INSTIGACIÓN: «Voy a jugar yo».

7. NARRADOR: Imagínate que estás jugando a la pelota con unos amigos y que haces un buen lanzamiento. Uno de tus amigos dice:
   INSTIGACIÓN: «Caray, ______. ¡Has hecho una jugada fantástica!».

8. NARRADOR: Imagínate que estás cerca de la televisión. De pronto, tu hermano o tu hermana se acerca y te empuja diciendo:
   INSTIGACIÓN: «No te pongas en medio».

9. NARRADOR: Has trabajado mucho en un proyecto. Uno de los niños te dice:
   INSTIGACIÓN: «¡Es muy bueno el proyecto que has hecho!».

10. NARRADOR: Alguien comete un error y te echa las culpas. Dice:
    INSTIGACIÓN: «Lo has hecho tú».

11. NARRADOR: Imagínate que te vistes para una ocasión especial. Tu amigo te dice:
    INSTIGACIÓN: «______, estás muy guapo».

12. NARRADOR: Tu amigo se está burlando de ti. Todo el rato te está poniendo en ridículo. Te estás cansando. Dice:
    INSTIGACIÓN: «¿Qué pasa, no puedes aguantar una broma?».

13. NARRADOR: Imagínate que acabas de decorar tu habitación con cuadros y otras cosas. Un amigo te dice:
    INSTIGACIÓN: «¡Oh, ______, qué bien te ha quedado!».

14. NARRADOR: Te has olvidado de traer algo que tenías que haber traído y alguien dice:
    INSTIGACIÓN: «¡Eres tan estúpido! Olvidarías tu cabeza si no fuera porque la tienes atornillada!».

15. NARRADOR: Has trabajado mucho haciendo las palomitas para el cine. Alguien dice:
    INSTIGACIÓN: «¡___, está muy bien!».

16. NARRADOR: Intentas ver la televisión pero alguien está constantemente pasando delante de la pantalla. Cuando le pides que deje de hacerlo te dice:
    INSTIGACIÓN: «Tendrás que cogerme. ¡Venga, cógeme!».

17. NARRADOR: Le dejas prestado a un amigo un juguete y éste te dice lo mucho que te lo agradece.
    INSTIGACIÓN: «______, eres muy amable por prestarme este juguete».

FIGURA 5. *Escenas de* role-play *para el Test de comportamiento asertivo para niños (BAT-C). (Continúa)*

18. NARRADOR: Imagínate que estás sentado fuera, en el patio. Alguien se acerca, te da una patada y te dice:
INSTIGACIÓN: «Apártate. No me dejas pasar».

19. NARRADOR: Imagínate que acabas de hacer unos deberes muy difíciles y un amigo se acerca a ti y te dice:
INSTIGACIÓN: «______, parece que los has hecho muy bien».

20. NARRADOR: Imagínate que un niño de la clase te insulta. A ti no te gusta. Te dice:
INSTIGACIÓN: «Me apetece insultarte. Voy a continuar haciéndolo».

21. NARRADOR: Estás jugando con un amigo y dice:
INSTIGACIÓN: «Es muy divertido jugar contigo».

22. NARRADOR: Estás trabajando con otro niño de la clase y tenéis que compartir un mismo libro. Alguien coge el libro y dice:
INSTIGACIÓN: «Quiero mirar el libro».

23. NARRADOR: Imagínate que alguien que te cae bien, te dice:
INSTIGACIÓN: «Creo que eres una persona muy simpática».

24. NARRADOR: Estás jugando a un juego de mesa. Uno de tus amigos se acerca, coge el dado y dice:
INSTIGACIÓN: «Lo necesito».

correctas para cada área de contenido. Una vez finalizado el porcentaje de respuestas correctas para cada área de contenido, determinar el porcentaje de respuestas correctas de todas las áreas combinadas. Esto resultará en una puntuación porcentaje global que reflejará la capacidad general de habilidades sociales. En la figura 4 se presenta una tabla-resumen de ejemplos de puntuaciones porcentaje.

10. Las áreas de contenido con unas puntuaciones-porcentajes más bajas son las que precisan de mayor enseñanza. Se pueden identificar algunas puntuaciones que no precisen de ninguna enseñanza. El educador debe ser capaz de identificar el grado de deficiencia de la ejecución de las habilidades sociales de cada niño y proporcionar una enseñanza en profundidad para aumentar la eficacia.
11. Durante la enseñanza, y una vez terminada ésta, se deberían repetir los procedimientos de observación y comparar los resultados de la preenseñanza con los obtenidos durante la enseñanza y después de ésta. Este proceso de comparación se puede realizar presentando los datos en gráficos, cuadros... En la figura 4 se presenta un ejemplo de una tabla que permite las comparaciones de las puntuaciones-porcentajes de la preenseñanza, durante la enseñanza y posenseñanza.
12. Un método que utilizan los investigadores clínicos para comprobar si la enseñanza se ha generalizado a áreas de funcionamento social no entrenados consiste en administrar ciertas escenas sólo en la pre y posenseñanza (sin llevar a cabo ninguna enseñanza en estas escenas específicas) y medir el progreso.

1. *Contacto ocular*
Duración del tiempo, medido en segundos, en que el sujeto mantiene contacto ocular desde el inicio de la contestación verbal hasta la terminación de la respuesta del sujeto. Si el sujeto no da ninguna respuesta verbal, anotar únicamente un guión (—) para el contacto ocular. Si el sujeto hace una pausa de 3 o más segundos en su discurso (lo cual finaliza el tiempo apropiado de la duración del discurso), finaliza el cronometraje del contacto ocular hasta que el sujeto comience a hablar de nuevo.

2. *Duración de la respuesta*
Para cada escena se registra la cantidad de tiempo (en segundos) que el sujeto habla a su pareja. Las pausas en el discurso mayores de 3 segundos finalizan el cronometraje (es decir, se termina de cronometrar al final de la última palabra expresada) hasta que el sujeto empieza a hablar de nuevo.

3. *Entonación de la voz*
El tono afectivo de la voz del sujeto se puntúa en una escala de 5 puntos, indicando el 1 un tono de voz sin emoción, inexpresivo, y el 5 una entonación viva y apropiada a cada situación.

4. *Sonrisas*
Las comisuras de los labios se alargan y levantan, mostrando o sin mostrar los dientes. Se registra dicotómicamente en cada escena en base a la ocurrencia o no ocurrencia, después de proporcionar la instigación y hasta la terminación de la respuesta. Si el sujeto no hace ninguna respuesta verbal, anotar si hace alguna sonrisa durante los primeros 5 segundos después de presentar la instigación.

√ = se produce sonrisa   × = no se produce sonrisa

5. *Aceptación de ayuda*
En cada escena en la que sea aplicable, se registra el contenido verbal indicando aceptación de ayuda de manera dicotómica en base a su ocurrencia o no ocurrencia. A continuación, se presentan ejemplos de la ocurrencia del comportamiento objetivo: «Gracias», «Vale», «Eres muy amable», «Me gustaría que me ayudaras», «Sí». Ejemplos de la no ocurrencia del comportamiento objetivo comprenden manifestaciones de rechazo tales como: «Puedo hacerlo yo solo», «Déjame solo», «No, gracias». El sujeto debe mostrar pruebas verbales de su deseo de aceptar la ayuda ofrecida. Si no hace ninguna respuesta, o simplemente asiente con la cabeza, se puntúa como no ocurrencia del comportamiento objetivo.

√ = aceptación de ayuda   × = no aceptación de ayuda

6. *Agradecimiento*
Contenido verbal que indique que el sujeto expresa gratitud o agradecimiento por el comportamiento de su «pareja» (por ejemplo, si el sujeto agradece al instigador por ofrecerle su ayuda, por hacerle un favor o por hacerle un cumplido). «Vale» serviría como ejemplo de «aceptación de ayuda» pero *no* serviría como ejemplo de expresión de agradecimiento. «Gracias» vale de ejemplo *tanto* de aceptación de ayuda *como* de expresión de agradecimiento.

√ = expresión de agradecimiento   × = no expresión de agradecimiento

7. *Elogio*
Contenido verbal que indique que el sujeto expresa aprobación, admiración o que hace un cumplido al comportamiento del compañero (por ejemplo, el sujeto le dice a un compañero que su traje nuevo le sienta muy bien, o que es fantástico que haya ganado el premio por buen comportamiento).

√ = hace un elogio   × = no hace un elogio

8. *Expresiones de afecto*
Cualquier enunciado de un niño que describa o valore su propio estado (que no sea intelectual o fisiológico). La clase de respuesta comprende enunciados que empiezan con los pronombres *yo* (soy, estoy, me) o *nosotros* (nos), y manifestaciones que comienzan con *esto* o *aquello* pero que reflejan el afecto del niño. A continuación, se presentan ejemplos de manifestaciones del afecto: «Estoy satisfecho», «Estoy contento», «Nos gustó mucho», «Me gustas», «Esto no me gusta», «Estoy molesto», «Lo siento por ti», «Me siento bien», «Esto me pone contento», «Esto me hace sentir bien», «Esto me hace enfadar», «Aquello me molesta».

FIGURA 6. *Definiciones de las conductas para el Test de comportamiento asertivo para niños (BAT-C).*

Los enunciados incompletos (en el sentido de que el objeto del afecto no es mencionado), como por ejemplo, «Me encanta...» o «No nos gusta...», también son considerados enunciados de afecto. Sin embargo, las expresiones en las que el afecto está adscrito al que habla por otro individuo (por ejemplo, «Mi madre dijo que yo estaba enfadado») y las manifestaciones sin afecto (como por ejemplo «Era bonito» y «Lo quiero») no se toman como respuestas de esta clase.

√ = ocurrencia   X = no ocurrencia

9. *Disconformidad*
El contenido verbal que indique disconformidad adaptativa se valora dicotómicamente en base a su ocurrencia o no ocurrencia en cada escena en la que sea aplicable (negativa masculina/femenina). Se valora como disconformidad cuando el niño se opone a una petición irracional del instigador (por ejemplo, no permite al compañero que cambie de canal a mitad de un programa de televisión). Para que se puntúe, es necesario que la disconformidad se exprese de forma verbal y enérgica.

√ = se produce disconformidad   X = no se produce disconformidad

10. *Petición de un cambio de conducta*
El contenido verbal solicitando un cambio de conducta interpersonal del compañero se puntúa en base a su ocurrencia o no ocurrencia en cada escena en la que sea aplicable. Las respuestas que puntúan en esta categoría requieren más que una simple disconformidad, más que una simple petición de cese de respuesta o un cambio total de la conducta que molesta (por ejemplo, «Deja ya de hacer esto»; «Lo cogiste tú... devuélvelo»). El sujeto debe dar pruebas de que quiere que el compañero cambie su conducta (por ejemplo, el sujeto le pide al compañero que vaya a jugar a otro sitio, le pide al niño que se ha colado en la cola de la clase que espere su turno). Los paradigmas básicos en los que se basarán la mayoría de las peticiones de un cambio de conducta son los siguientes: «Discutámoslo», «Vete a otro sitio o lleva a cabo una conducta que compita con la que ahora realizas», «Compartámoslo», y «Espera y más tarde lo tendrás». Al proponer la petición, el niño no tiene que expresarla en forma de pregunta o mostrándose extremadamente educado: «¿Por qué no dejas de insultarme y entonces jugamos juntos?», «Podrás cogerlo cuando yo haya acabado de mirarlo», «Cuando termine de mirar mi programa, podrás mirar el tuyo», «Pídelo con educación», «Voy a mirar el programa de televisión que quiero ver; después cambiaré el canal y tú podrás mirar lo que quieras».

11. *Habilidad social global*
Todas las escenas se puntúan individualmente para obtener el total de habilidades sociales en una escala de 5 puntos, indicando el 1 una respuesta muy poco hábil socialmente y el 5 una respuesta muy hábil socialmente.

Muestra C: Guión conductual para niños (CBS)

El guión conductual para niños (CBS) es un método de evaluación de habilidades sociales de «cámara abierta» creado para obtener datos seminaturales de forma estandarizada. El CBS se puede utilizar como recurso de investigación para identificar a los niños socialmente incompetentes para la enseñanza, pues es muy fácil de realizar y altamente eficaz [por ejemplo, Wood, Michelson y Flynn (1978) evaluaron aproximadamente a 140 niños en cinco días]. Además de ser una entrevista «engañosa», esta técnica de evaluación es distinta por cuanto también intenta suministrar información sobre si el comportamiento social del niño es pasivo, asertivo o agresivo. (Para una mayor discusión, sobre esta técnica se remite al lector al capítulo 2.)

Básicamente, se expone al niño a una entrevista que contiene estímulos, instigaciones y preguntas para evocar respuestas sociales. También hay varias preguntas neutras, «de relleno», para reducir la sospecha y la ansiedad del niño, y permitir que se desarrolle la relación entre el entrevistador y el evaluado. Después que el niño entre en la habitación, el entrevistador le saluda con una cálida sonrisa, le da la mano y se presenta. Desde este momento y hasta que se va (unos 15 minutos más tarde), el desempeño social del niño se observa y valora cuidadosamente en varias dimensiones de habilidades sociales.

Durante la entrevista, el entrevistador (E) pone en acción un guión preparado (véase la figura 7) en un orden determinado. Este guión fue creado para evocar respuestas de habilidades sociales del niño que pudieran ser registradas y valoradas por observadores. Comprende saludar a los demás, hacer peticiones, dar y recibir elogios, expresar quejas, expresar empatía y sentimientos, rechazar peticiones irracionales y negar culpas injustificadas, e iniciar y terminar conversaciones.

Aunque el guión de la entrevista que se presenta en la figura 7 se ha validado empíricamente, los educadores deberían sentirse libres para modificar, añadir o suprimir ítems, para adaptar o «individualizar» la evaluación a las características o necesidades específicas de los niños, del marco o del programa. Puede que los entrevistadores también deseen modificar ligeramente algunos de los ejemplos, como pillarse un dedo al cerrar un maletín (dar un tropezón...) para reducir la posibilidad de que los niños comenten las similitudes de la entrevista fuera de la habitación. Esto se hizo bastante obvio para uno de los autores cuando examinaba al niño número 100 y éste le preguntó: «¿También se pillará el dedo conmigo?».

Pasos para la evaluación del guión conductual para niños

1. Sacar una copia de la hoja del guión/codificación del CBS (figura 7) para cada niño que se vaya a entrevistar.
2. Completar los pasos del 2 al 6 enumerados para el Test de *role-play* de habilidades sociales (Muestra B).
3. El observador(es) debería(n) rodear una puntuación (0, +, o −) para cada uno de los 20 componentes a medida que se van presentando durante la entrevista (o bien, grabar en vídeo el CBS y hacer más tarde la valoración).
4. Cuando el niño se vaya de la habitación, sumar todas las puntuaciones negativas (respuestas pasivas), todas las puntuaciones positivas (respuestas agresivas) y todas las puntuaciones 0 separadamente; escribir los totales en la última página del formato.

Nombre del niño: ______________________ Fecha: ______________________

Entrevistador: ______________________ Evaluación (rodear uno): Antes de la enseñanza
Durante la enseñanza
Después de la enseñanza

Guión del entrevistador (E)	Componentes de la respuesta y formato de codificación
Escena: El niño entra en una habitación de tamaño medio en la que el entrevistador está detrás de una mesa. Sólo hay una silla, y sobre ella está el maletín del entrevistador, colocado horizontalmente. Encima de la mesa hay papeles amontonados. El entrevistador va vestido informalmente, aunque no va dejado, y a lo largo de toda la entrevista tiene una expresión relativamente moderada.	Componentes: La escena proporciona una interacción uno-a-uno entre el niño y el adulto, en la que se deben observar y evaluar varias áreas de la conducta asertiva. Formato de codificación de la respuesta del niño y taxonomía: —2 = comportamiento muy pasivo —1 = parcialmente pasivo 0 = respuesta asertiva 1 = parcialmente agresiva 2 = comportamiento muy agresivo
E: (Dice, en tono neutro.) «Hola, me llamo ______ ______ (primer apellido) (último)	Componente: Responder a un saludo (1) Codificación de la respuesta: —2 = no responde —1 = mueve la cabeza y/o «Hola» 0 = gesto con la cabeza o «hola» y dice su nombre 1 = (respuesta grosera) «¿Y qué?» 2 = (muy grosera) «¡A quién le importa!»
E: «(Haya o no dicho su nombre el niño.) «¿Cómo se deletrea tu nombre?»	Comentario: La respuesta no se codifica de forma específica. La información sirve para comprobar el nombre del niño para la recogida de datos. Niño: (Deletrea el nombre) «______________».
E: «Formo parte de un grupo de gente que habla con los niños en los colegios sobre sus aficiones, el colegio y cosas por el estilo».	Comentario: La respuesta no se puntúa de forma específica. El entrevistador está dando una explicación sobre la entrevista.
E: (Empieza a mirar en los cajones de la mesa y entre los papeles buscando un formato.) «¿Por qué no te sientas mientras voy buscando?»	Componente: Hacer peticiones (2) Codificación de la respuesta: —2 = está de pie, no dice nada —2 = se sienta en el borde de la silla (mueve el maletín menos de 3 pulgadas) 0 = pide permiso para mover el maletín, lo retira y se sienta 1 = retira el maletín sin pedir permiso o exclama «¿qué hace esto aquí?» 2 = se sienta encima del maletín, o lo tira de la silla o exclama groseramente «¿Quién ha sido el idiota que ha puesto esto aquí?» Comentario: Si el niño no ha retirado el maletín y no se ha sentado en 30 segundos, se le pide que lo aparte y que se siente.

FIGURA 7. *Guión de la entrevista y codificación de las respuestas del Guión conductual para niños (CBS).* (*Continúa*)

E: «¿Cuál es tu afición preferida?»	Comentario: La respuesta no está específicamente codificada. La pregunta sirve de «relleno» de la entrevista.
E: «¿Puedes pensar en algo bueno de esta escuela y por qué?»	Componente: hacer enunciados positivos (3) Codificación de la respuesta: −2 = no responde o sacude la cabeza «No». −1 = «No demasiado», «Está bien», «Todo». 0 = «Me gusta _______________». 1 = «Está bien, pero no tanto como las otras». 2 = «Es buena porque estoy yo» o «Esta escuela es un asco».
E: «¿Puedes pensar en algo agradable a comentar sobre otro niño?»	Componente: Hacer enunciados positivos (4) Codificación de la respuesta: −2 = no responde −1 = «No sé», o «Algunos niños son simpáticos». 0 = cumplido específico. 1 = «______ es simpático, aunque yo lo soy más». 2 = «Sí, yo soy fantástico» o «Los otros alumnos son unos pelotas».
E: «Me parece que eres una persona muy simpática».	Componente: Recibir enunciados positivos (5) Codificación de la respuesta: −2 = «No, no lo soy». −1 = No responde o hace un comentario irrelevante. 0 = «Gracias». 1 = «Soy genial» o «más que la mayoría». 2 = «Soy el mejor» o desacredita a los demás.
E: «¿Qué deportes prefieres ver o practicar?».	Comentario: Esta respuesta no está codificada específicamente. Es una pregunta complementaria de la entrevista.
E: «¿Se te ocurre algo que no te guste de esta escuela y por qué?».	Componente: Hacer enunciados negativos (6) Codificación de la respuesta: −2 = no responde. −1 = «No se me ocurre nada». 0 = Hace una queja específica y da el motivo. 1 = Queja sin el motivo. 2 = «Es horrible».
E: «¿Puedes pensar en algo que no te guste de otro niño y por qué?»	Componente: Hacer enunciados negativos (7) Codificación de la respuesta: −2 = no responde. −1 = «Todos están bien». 0 = motivo específico, es decir «__________ dice muchas mentiras». 1 = «Esta escuela está llena de niños que son unos pelotas». 2 = «__________________ es muy pelota».

(Continúa.)

E: «¿Qué clase te gusta más?»	Comentario: Respuesta no codificada específicamente. Complementaria de la entrevista.
E: «Por cierto, me gusta mucho tu (algo de su apariencia física, por ejemplo, su camisa, vestido...)	Componente: Recibir elogios (8) Codificación de la respuesta: −2 = no responde o «¿Esto tan viejo?» −1 = «No está mal» 0 = «Gracias» 1 = «Es mi favorita» 2 = «Es la mejor»
E: (Mira en el cajón de la mesa buscando algo y se pilla el dedo en el cajón. Expresa dolor sin contacto ocular.) «¡Oh, qué daño!» (Sacude la mano y hace muecas durante 30 segundos.)	Componente: Expresar empatía (9) Codificación de la respuesta: −2 = no responde −1 = «¿Qué ha pasado?» 0 = «¿Se encuentra bien?» o «¿Le puedo ayudar?»... 1 = «¡Mala suerte!» 2 = Risas, «¡Qué tontería hacer esto!»
E: «Seguramente llevaremos a cabo un nuevo programa de limpieza de las escuelas. ¿Prescindirías cada día de tu recreo durante los próximos tres meses para recoger los papeles y la hojarasca del suelo?»	Componente: Responder a peticiones irracionales (10) Codificación de la respuesta: −2 = no responde −1 = «No parece muy divertido» 0 = «No, prefiero no hacerlo» 1 = «¡De ninguna manera!» 2 = «¡Está loco!»
E: (Le pide al sujeto que escriba su respuesta en una hoja en la que está escrito «sí» y «no». El entrevistador pone la hoja delante del sujeto.) «Necesito que marques sí o no para que podamos contarlo». (El entrevistador le da entonces un lápiz y una goma de borrar al sujeto y disimula que el lápiz que le ha dado está roto.)	Componente: hacer enunciados negativos (11) Codificación de la respuesta: −2 = no responde −1 = «Lo debo haber roto yo» 0 = «Este lápiz está roto» 1 = «¡Qué asco de lápiz!» 2 = «¡Me ha dado un lápiz roto!»
E: (Se da cuenta de que el lápiz está roto.) «Los niños siempre rompen mis lápices»	Componente: Responder a enunciados negativos (12) Codificación de la respuesta: −2 = «Lo siento» −1 = no responde 0 = «Yo no lo he roto» o «Ya estaba roto» 1 = «Lápiz asqueroso» 2 = «¡Está loco!»
E: «Bueno, no importa. No vamos a hacer que sean los niños los que recojan la hojarasca. Vamos a contratar gente para que lo haga, así que no tienes que presentarte voluntario. Olvida todo esto»	Comentario: Cuando el niño salga de la habitación no explicará a los demás que se les pedirá eso.

(Continúa.)

E: (Revuelve los papeles del cajón durante 30 segundos). Entonces dice «Bien, ¿cómo te sientes hoy?»	Componente: Expresar sentimientos (13) Codificación de la respuesta: —2 = no responde —1 = «Bien» 0 = «Bien» y hace la misma pregunta 1 = «¿Por qué quiere saberlo?» 2 = «¡A usted qué le importa!» o «Estoy perfectamente»
E: (Saca un paquete de chiclés en el que sólo quedan dos. Coge uno y se lo pone en la boca. Deja el otro chiclé en la mesa cerca del sujeto.)	Componente: Hacer peticiones (14) Codificación de la respuesta: —2 = no responde —1 = hace insinuaciones sobre el chiclé 0 = pide un chiclé 1 = exige el chiclé 2 = intenta coger el chiclé
(Si el sujeto pide el chiclé, el entrevistador le dice que lo guarda para más tarde y que es el único que le queda; si el sujeto no lo pide, entonces el entrevistador desenvuelve el último chiclé y también se lo come, al final de la entrevista).	Comentario: El niño se irá de la entrevista con la idea de que no hay más chiclé, por lo que no informará a los demás de la posibilidad de conseguirlo.
E: «¿Cuál es tu programa favorito de televisión?»	Comentario: La respuesta no está específicamente codificada.
E: «¿Te importa ir a la puerta y abrirla y cerrarla varias veces?» (Independientemente de la respuesta del niño.) «Esta puerta no iba muy bien antes y quería comprobar cómo iba ahora»	Componente: Responder a peticiones preguntando el porqué (15) Codificación de la respuesta: —2 = lo hace —1 = «Bueno, vale», y lo hace 0 = «¿Por qué?», antes de hacerlo 1 = «Parece una tontería» 2 = «Esto es estúpido» Comentario: La manifestación proporciona una explicación a la petición inusual.
E: «Si pudieras hacer algún cambio en esta escuela, ¿qué harías y por qué?».	Componente: Hacer peticiones (16) Codificación de la respuesta: —2 = no responde —1 = «Hay cosas que podrían estar mejor» 0 = petición específica 1 = «Este sitio apesta» 2 = «Quemarla»
E: «¿Qué te parece el tiempo que hace?» «¿Cuál es tu personaje favorito de televisión?» «¿Qué hacíais en la clase cuando te has ido?»	Comentario: La respuesta no está específicamente codificada. Estas preguntas sirven para completar y para terminar la entrevista.

(Continúa.)

E: «Gracias por hablar conmigo. Ahora vuelve a tu clase y que tengas un buen día» (El niño sale de la habitación para volver a la clase.)

Componente: Terminar una conversación

(17) Codificación de la respuesta:
—2 = no responde
—1 = «Lo intentaré»
0 = «Adiós»
1 = «Seguro»
2 = «Hasta luego, hombre»

Las respuestas a las preguntas complementarias que se dan a lo largo de la entrevista se valoran según los siguientes componentes.

Componente general: Iniciar conversaciones

(18) Codificación de la respuesta:
—2 = no la inicia
—1 = preguntas ocasionales
0 = preguntas, peticiones... apropiadas
1 = comentarios inapropiados
2 = respuestas groseras o muy inapropiadas

Componente general: comportamiento perturbador

(19) Codificación de la respuesta:
0 = ninguno o apropiado
1 = ocasional
2 = frecuente y muy inapropiado (fuera del tema o «asaltante»)

Componente general: Contestar a preguntas

(20) Codificación de la respuesta:
—2 = no contesta
—1 = «No sé»
0 = respuesta específica
1 = «¡Qué más da!»
2 = «No es de su incumbencia»

Puntuaciones/Valoraciones de la conducta social	— (Pasivo)	0 (Asertivo)	+ (Agresivo)
Áreas de contenido			
1. Enunciados positivos (ítems 3, 4, 5, 8)			
2. Enunciados negativos (ítems 6, 7, 11, 12)			
3. Peticiones/Órdenes (ítems 2, 10, 14, 15, 16)			
4. Conversaciones (ítems 1, 17, 18, 19, 20)			
5. Sentimientos/Empatía (ítems 9, 13)			
Totales			

	Fase de la enseñanza								
	Antes de la enseñanza			Durante la enseñanza			Después de la enseñanza		
Áreas de contenido	–	0	+	–	0	+	–	0	+
1. Enunciados positivos (3, 4, 5, 8)		3	+1		4			4	
2. Enunciados negativos (6, 7, 11, 12)	−8			−2	6			8	
3. Peticiones/Órdenes (2, 10, 14, 15, 16)	−1	3	+1		5			5	
4. Conversaciones (1, 17, 18, 19, 20)		5			5			5	
5. Sentimientos/Empatía (9, 13)	−4			−4			−4		
Totales	−13	11	+2	−6	20	+0	−4	22	+0

FIGURA 8. *Tabla-resumen del Guión conductual para niños (CBS). Las puntuaciones obtenidas antes de la enseñanza indican que el niño tiene importantes déficits en «hacer y responder a enunciados negativos» y en «expresar y responder a sentimientos/enunciados de empatía». En estos dos componentes de habilidades sociales, el niño presentó sólo respuestas «muy pasivas» (por ejemplo, −8, −4), que eran inapropiadas. Los resultados obtenidos durante y después de la enseñanza muestran una mejoría en el desempeño de las «negativas», aunque no se produce ningún cambio en sentimientos/enunciados de empatía. Este área en concreto necesita todavía más enseñanza.*

5. En la figura 8 se presenta un ejemplo de una tabla-resumen. Muestra las áreas de contenido en las que el niño obtuvo puntuaciones positivas, 0 y negativas. Destaca los déficits específicos y el grado de intensidad de los mismos.
6. *Nota:* Si los datos se recogen antes y después de la enseñanza, debería tratarse del mismo entrevistador en ambas ocasiones (para asegurar la consistencia).

Muestra D: Informe de otras personas sobre el comportamiento de los jóvenes—Escala de comportamiento asertivo para niños (CABS)

El método de informe de otras personas para evaluar las habilidades sociales infantiles se basa en las opiniones y valoraciones que suministran los miembros del medio social del niño. Los informantes suelen ser los maestros, vecinos, padres, amigos, compañeros de clase y miembros del personal, aunque cualquier persona puede ser informante mientras

En el cuestionario se describen varias situaciones y las posibles respuestas que daría un niño. De sus observaciones en los dos últimos meses, por favor, seleccione la respuesta que mejor describa la respuesta habitual del niño ante las situaciones dadas. Por favor, considere cada situación y sus respuestas alternativas de forma objetiva y precisa. Se le pedirá que conteste la forma en que respondería el niño ante 1) otro niño y 2) un adulto. De esta forma, se necesitan dos respuestas para cada pregunta; una en relación a la forma en que reacciona el niño ante otro niño y, la segunda, en relación a la forma en que reacciona ante un adulto (padres, maestros, miembros del personal, voluntarios...). Se mantendrá una discreción absoluta y toda la información será únicamente utilizada con propósitos clínicos. Por lo tanto, es esencial que sus respuestas estén basadas específicamente en el comportamiento del niño.

NO ESCRIBA EN EL CUADERNILLO DE PREGUNTAS. ESCRIBA SÓLO EN LA HOJA DE RESPUESTAS

1. Alguien le dice al niño: «Creo que eres una persona muy simpática». ¿Qué haría/diría, generalmente, el niño?:
   (a) Decir: «No, no soy tan simpático».
   (b) Decir: «Sí, creo que soy el mejor».
   (c) Decir: «Gracias».
   (d) No decir nada y ponerse colorado.
   (e) Decir: «Gracias, es cierto que soy muy simpático».

2. Alguien ha hecho algo que el niño cree que está muy bien.
   ¿Qué haría/diría, generalmente, el niño?:
   (a) Comportarse como si no estuviera tan bien y decir: «No está mal».
   (b) Decir: «Está bien, pero he visto mejores que éste».
   (c) No decir nada.
   (d) Decir: «Yo puedo hacerlo mucho mejor».
   (e) Decir: «Está muy bien».

3. El niño está haciendo algo que le gusta y cree que está muy bien. Alguien le dice: «No me gusta».
   ¿Qué haría/diría, generalmente, el niño?:
   (a) Decir: «Eres estúpido».
   (b) Decir: «Yo creo que está muy bien».
   (c) Decir: «Tienes razón», aunque en realidad no lo creyera.
   (d) Decir: «Creo que es fantástico. Además, ¿tú qué sabes?».
   (e) Sentirse herido y no decir nada.

4. El niño se olvida de llevar algo que se suponía debía llevar y alguien le dice: «¡Eres tan tonto! Olvidarías tu cabeza si no fuera porque la tienes atornillada!».
   ¿Qué haría/diría, generalmente, el niño?:
   (a) Decir: «De todas formas, yo soy más listo que tú; además, ¿tú que sabes?».
   (b) Decir: «Sí, tienes razón; algunas veces parezco tonto».
   (c) Decir: «Si hay alguien tonto, ese eres tú».
   (d) Decir: «Nadie es perfecto. No soy tonto sólo porque me haya olvidado algo».
   (e) No decir nada o ignorarlo.

5. Alguien con quien se tenía que encontrar el niño llega con media hora de retraso, hecho que hace que el niño esté molesto. Esa persona no da ninguna explicación de su retraso.
   ¿Qué haría/diría, generalmente, el niño?:
   (a) Decir: «Me molesta que me hagas esperar de esta manera».
   (b) Decir: «Me preguntaba cuándo llegarías».
   (c) Decir: «Es la última vez que te espero».
   (d) No decirle nada.
   (e) Decir: «¡Eres un fresco! ¡Llegas tarde!».

FIGURA 9. *Informe de otras personas sobre el comportamiento de los jóvenes — Escala del comportamiento asertivo para niños (CABS).* (*Continúa.*)

6. El niño necesita que alguien le haga un favor.
¿Qué haría/diría, generalmente, el niño?:
(a) No pedirlo.
(b) Decir: «Tienes que hacer esto por mí».
(c) Decir: «¿Me harías un favor?, y entonces explicaría lo que quiere.
(d) Hacer una pequeña insinuación de que necesita que le hagan un favor.
(e) Decir: «Quiero que hagas esto por mí».

7. El niño sabe que alguien está preocupado.
¿Qué haría/diría, generalmente, el niño?:
(a) «Pareces preocupado. ¿Puedo ayudarte?».
(b) Estar con esa persona y no hacerle ningún comentario sobre su preocupación.
(c) Decir: «¿Qué pasa contigo?».
(d) No decirle nada y dejarlo solo.
(e) Reírse y decirle: «Eres un crío».

8. El niño está preocupado y alguien le dice: «Pareces preocupado».
¿Qué haría/diría, generalmente, el niño?:
(a) No decir nada.
(b) Decir: «¡A ti qué te importa!».
(c) Decir: «Sí, estoy preocupado. Gracias por interesarte por mí».
(d) Decir: «No es nada».
(e) Decir: «Estoy preocupado. ¡Déjame solo!».

9. Alguien comete un error y culpan al niño.
¿Qué haría/diría, generalmente, el niño?:
(a) Decir: «¡Estás loco!.
(b) Decir: «No es culpa mía. Lo ha hecho otra persona».
(c) Decir: «No creo que sea culpa mía».
(d) Decir: «¡Yo no he sido! ¡No sabes de lo que estás hablando!».
(e) Aceptar la culpa o no decir nada.

10. Alguien le pide al niño que haga algo, pero el niño no sabe qué es lo que tiene que hacer.
¿Qué haría/diría, generalmente, el niño?:
(a) Decir: «Esto no tiene ningún sentido. No quiero hacerlo».
(b) Hacer lo que le pide la persona y no decir nada.
(c) Decir: «Esto es una tontería. ¡No voy a hacerlo!».
(d) Antes de hacerlo, diría: «No comprendo por qué quieres que haga esto».
(e) Decir: «Si esto es lo que quieres que haga» y hacerlo.

11. Alguien elogia al niño por algo que hizo diciéndole que es fantástico.
¿Qué haría/diría, generalmente, el niño?:
(a) Decir: «Sí, generalmente lo haga mejor que la mayoría».
(b) Decir: «No, no está tan bien».
(c) Decir: «Es cierto. Soy el mejor».
(d) Decir: «Gracias».
(e) Ignorarlo y no decir nada.

12. Alguien ha sido muy amable con el niño.
¿Qué haría/diría, generalmente, el niño?:
(a) Decir: «Has sido muy amable conmigo. Gracias».
(b) Comportarse como si la persona no hubiera sido tan amable y decirle: «Sí, gracias».
(c) Decir: «Me has tratado bien, pero me merezco mucho más».
(d) Ignorarlo y no decir nada.
(e) Decir: «¡No me tratas todo lo bien que debieras!».

(Continúa)

13. El niño está hablando muy alto con un amigo, y alguien le dice: «Perdona, pero haces mucho ruido».
¿Qué haría/diría, generalmente, el niño?:
(a) Dejar de hablar inmediatamente.
(b) Decir: «Si no te gusta, ¡lárgate!», y continuar hablando alto.
(c) Decir: «Lo siento. Hablaré más bajo», y entonces hablar en voz baja.
(d) Decir: «Lo siento», y dejar de hablar.
(e) Decir: «Muy bien», y continuar hablando alto.

14. El niño está haciendo cola y alguien se cuela delante de él.
¿Qué haría/diría, generalmente, el niño?:
(a) Hacer comentarios en voz baja, como por ejemplo: «Algunas personas tienen mucha cara», sin decir nada directamente a esa persona.
(b) Decir: «¡Vete al final de la cola!».
(c) No decir nada a esa persona.
(d) Decir en voz alta: «¡Imbécil, vete de aquí!».
(e) Decir: «Yo estaba primero. Por favor, vete al final de la cola».

15. Alguien hace algo que al niño no le gusta, lo que provoca su enfado.
¿Qué haría/diría, generalmente, el niño?:
(a) Gritar: «¡Eres un imbécil! ¡Te odio!».
(b) Decir: «Estoy enfadado. No me gusta lo que has hecho».
(c) Actuar como si se sintiera herido pero no decir nada a esa persona.
(d) Decir: «Estoy furioso. No me caes bien».
(e) Ignorarlo y no decir nada a esa persona.

16. Alguien tiene algo que el niño quiere utilizar.
¿Qué haría/diría, generalmente, el niño?:
(a) Decir a la persona que se lo diera.
(b) No pedírselo.
(c) Quitárselo (a esa persona).
(d) Decir a esa persona que le gustaría utilizarlo y entonces pedírselo.
(e) Hacer un comentario sobre ello, pero no pedirlo.

17. Alguien le pide algo prestado al niño, pero es nuevo y el niño no lo quiere prestar.
¿Qué haría/diría, generalmente, el niño?:
(a) Decir: «No, es nuevo y no quiero prestarlo. Quizá en otra ocasión».
(b) Decir: «No me hace mucha gracia prestarlo, pero puedes cogerlo».
(c) Decir: «No. ¡Cómprate uno!».
(d) Prestarlo aunque no quisiera hacerlo.
(e) Decir: «Estás loco!».

18. Alguien está hablando sobre un pasatiempo que al niño le gusta mucho. El niño quiere participar y decir algo.
¿Qué haría/diría, generalmente, el niño?:
(a) No decir nada.
(b) Interrumpir e inmediatamente empezar a contar lo bien que él hace ese pasatiempo.
(c) Acercarse al grupo y participar en la conversación cuando fuera posible.
(d) Acercarse al grupo y esperar a que se dieran cuenta de su presencia.
(e) Interrumpir e inmediatamente empezar a contar lo mucho que le gusta ese pasatiempo.

19. El niño está haciendo un pasatiempo y alguien le pregunta: «¿Qué haces?».
¿Qué haría/diría, generalmente, el niño?:
(a) Decir: «Oh, una cosa» o «Oh, nada».
(b) Decir: «No me molestes. ¿No ves que estoy ocupado?».
(c) Continuar haciendo el pasatiempo y no decir nada.
(d) Decir: «¡A ti no te importa!».
(e) Dejar de hacer el pasatiempo y explicar lo que hace.

(*Continúa.*)

20. El niño ve que alguien tropieza y cae al suelo.
¿Qué haría/diría, generalmente, el niño?:
(a) Reírse y decir: «¿Por qué no miras por dónde vas?».
(b) Decir: «¿Estás bien? ¿Puedo hacer algo?».
(c) Preguntar: «¿Qué ha pasado?».
(d) Decir: «Así son las caídas».
(e) No hacer nada e ignorarlo.

21. El niño se golpea la cabeza con una estantería y le duele. Alguien le dice: «¿Estás bien?».
¿Qué haría/diría, generalmente, el niño?:
(a) Decir: «Estoy bien. Déjame solo».
(b) No decir nada e ignorar a la persona.
(c) Decir: «¿Por qué no metes las narices en otra parte?».
(d) Decir: «No, me he golpeado la cabeza. Gracias por preguntar».
(e) Decir: «No es nada. Estoy bien».

22. El niño comete un error y culpan a otra persona.
¿Qué haría/diría, generalmente, el niño?:
(a) No decir nada.
(b) Decir: «Es culpa suya».
(c) Decir: «Es mi culpa».
(d) Decir: «No creo que sea culpa de esa persona».
(e) Decir: «Tiene mala suerte».

23. El niño se siente insultado por algo que ha dicho alguien.
¿Qué haría/diría, generalmente, el niño?:
(a) Irse y no decir nada sobre su enfado.
(b) Decir a esa persona que no lo vuelva a hacer.
(c) No decir nada a esa persona aunque se sintiera insultado.
(d) Insultar a esa persona.
(e) Decir a esa persona que no le gusta lo que ha dicho y pedirle que no vuelva a hacerlo.

24. Alguien interrumpe constantemente al niño mientras está hablando.
¿Qué haría/diría, generalmente, el niño?:
(a) Decir: «Perdona, me gustaría terminar de decir lo que estaba contando».
(b) Decir: «No es justo. ¿No puedo hablar yo?».
(c) Interrumpir a la otra persona empezando a hablar otra vez.
(d) No decir nada y dejar que la otra persona continuara hablando.
(e) Decir: «¡Cállate! ¡Estaba hablando yo!».

25. Alguien le pide al niño que haga algo que le impide hacer lo que realmente desea.
¿Qué haría/diría, generalmente, el niño?:
(a) Decir: «Tengo otros planes, pero haré lo que quieres».
(b) Decir: «¡De ninguna manera! Búscate a otro».
(c) Decir: «¡Oh, bueno! Haré lo que tú quieres».
(d) Decir: «Olvídate de eso. ¡Lárgate!».
(e) Decir: «Tengo otros planes. Quizá la próxima vez».

26. El niño ve a alguien con quien le gustaría encontrarse.
¿Qué haría/diría, generalmente, el niño?:
(a) Llamar a gritos a esa persona y pedirle que se acercase.
(b) Ir hacia esa persona, presentarse y empezar a hablar.
(c) Acercarse a esa persona y esperar para empezar a hablar.
(d) Ir hacia esa persona y empezar a hablarle sobre sus logros personales.
(e) No decir nada a esa persona.

(*Continúa*)

27. Alguien a quien no conoce el niño le para y le saluda.
¿Qué haría/diría, generalmente, el niño?:
(a) Decir: «¿Qué quieres?
(b) Decir: «No me molestes. ¡Lárgate!».
(c) No decir nada.
(d) Decir: «¡Hola!, presentarse y preguntar al desconocido quién es.
(e) Hacer un gesto con la cabeza, decir: ¡Hola! e irse.

tenga suficiente interacción con el niño o tenga oportunidades de observar el comportamiento y las reacciones del niño en situaciones sociales.

Tal como se indicó en el capítulo 2, los informes de otras personas se encuentran sujetos a varias limitaciones. Una de las principales preocupaciones que surgen al utilizar este procedimiento de evaluación es el grado de «sesgo en la información» de los que informan. Por ejemplo, puede que un maestro, al cual le caiga bien el niño, informe que todas sus respuestas son «asertivas», mientras que otro maestro, al cual no le caiga bien ese niño (quizá por un incidente previo), informe sobre ese mismo niño que siempre es agresivo. Actualmente, la única solución para resolver estas discrepancias consiste, en primer lugar, en dar instrucciones a todos los informantes de ser *objetivos* y tan exactos como les sea posible y, en segundo lugar, utilizar otras medidas de evaluación para comprobar tales informes.

Este informe (véase la figura 9) ha sido creado para que sea consistente con las muestras previas en relación a las áreas de contenido cubiertas. Se incluyen varios ítems para medir la expresión y recepción de respuestas en las mismas cinco áreas de habilidades sociales: enunciados positivos, enunciados negativos, peticiones/órdenes, conversaciones y sentimientos/enunciados de empatía. Por lo tanto, al utilizar una o más de las otras medidas, debería resultar fácil comparar las áreas de contenido y los totales de todas las medidas con las valoraciones de los informes de otras personas.

Pasos para la evaluación del informe de otras personas sobre el comportamiento de los jóvenes (CABS)

1. Leer las instrucciones de la primera página a los informantes y asegurarse de que se entienden con facilidad y de que se explican a cada informante.

2. Sacar una copia del cuadernillo de preguntas para cada informante, y bastantes hojas de respuesta (figura 10) para informar sobre todos los niños. Cada informante puede utilizar el mismo cuadernillo de preguntas para todos los niños contestando en una hoja de respuestas diferente para cada niño.

3. Dar instrucciones a los informantes de contestar con sinceridad y exactitud a cada una de las preguntas, y de no marcar aleatoriamente las respuestas en la hoja de respuestas. Recoger todo el material después de realizado el test.

4. Utilizando la clave de corrección (figura 11), puntuar cada respuesta de la hoja de respuestas.

Nombre del niño: ______________________ Fecha: ______________

Nombre del informante: ______________________ Evaluación: ______________

Cómo contestaría el niño si el «alguien» de la pregunta fuera 1) otro niño o 2) un adulto.

Otro niño	Un adulto
1. a, b, c, d, e	1. a, b, c, d, e
2. a, b, c, d, e	2. a, b, c, d, e
3. a, b, c, d, e	3. a, b, c, d, e
4. a, b, c, d, e	4. a, b, c, d, e
5. a, b, c, d, e	5. a, b, c, d, e
6. a, b, c, d, e	6. a, b, c, d, e
7. a, b, c, d, e	7. a, b, c, d, e
8. a, b, c, d, e	8. a, b, c, d, e
9. a, b, c, d, e	9. a, b, c, d, e
10. a, b, c, d, e	10. a, b, c, d, e
11. a, b, c, d, e	11. a, b, c, d, e
12. a, b, c, d, e	12. a, b, c, d, e
13. a, b, c, d, e	13. a, b, c, d, e
14. a, b, c, d, e	14. a, b, c, d, e
15. a, b, c, d, e	15. a, b, c, d, e
16. a, b, c, d, e	16. a, b, c, d, e
17. a, b, c, d, e	17. a, b, c, d, e
17. a, b, c, d, e	18. a, b, c, d, e
19. a, b, c, d, e	19. a, b, c, d, e
20. a, b, c, d, e	20. a, b, c, d, e
21. a, b, c, d, e	21. a, b, c, d, e
22. a, b, c, d, e	22. a, b, c, d, e
23. a, b, c, d, e	23. a, b, c, d, e
24. a, b, c, d, e	24. a, b, c, d, e
25. a, b, c, d, e	25. a, b, c, d, e
26. a, b, c, d, e	26. a, b, c, d, e
27. a, b, c, d, e	27. a, b, c, d, e

COMENTARIOS:

FIGURA 10. *Hoja de respuestas del informe de otras personas (CABS).*

5. Nótese que una *puntuación elevada significa no asertividad*, puesto que cada respuesta se puntúa con un −2 si la respuesta es muy pasiva, con un −1 si la respuesta es parcialmente pasiva, con un 0 si la respuesta es asertiva, con un 1 si la respuesta es parcialmente agresiva y con un 2 si la respuesta es muy agresiva. Por lo tanto, una puntuación negativa significaría una respuesta pasiva y una puntuación positiva denotaría una respuesta agresiva.

6. La puntuación del inventario del informe de otras personas es relativamente simple.
   a. Puntuación total: Sumar todos los valores brutos o absolutos de las puntuaciones en todas las respuestas, independientemente de los valores positivos o

Nombre del niño: ______________________ Fecha: ____________
Nombre del informante: ______________________

Cómo contestaría el niño si el «alguien» de la pregunta fuese (1) otro niño o 2) un adulto.

	Otro niño					Un adulto				
	a	b	c	d	e	a	b	c	d	e
1.	−2	2	0	−1	1	−2	2	0	−1	1
2.	−1	1	−2	2	0	−1	1	−2	2	0
3.	2	0	−1	1	−2	2	0	−1	1	−2
4.	1	−2	2	0	−1	1	−2	2	0	−1
5.	0	−1	1	−2	2	0	−1	1	−2	2
6.	−2	2	0	−1	1	−2	2	0	−1	1
7.	0	−1	1	−2	2	0	−1	1	−2	2
8.	−2	2	0	−1	1	−2	2	0	−1	1
9.	2	0	−1	1	−2	2	0	−1	1	−2
10.	1	−2	2	0	−1	1	−2	2	0	−1
11.	1	−2	2	0	−1	1	−2	2	0	−1
12.	0	−1	1	−2	2	0	−1	1	−2	2
13.	−2	2	0	−1	1	−2	2	0	−1	1
14.	−1	1	−2	2	0	−1	1	−2	2	0
15.	2	0	−1	1	−2	2	0	−1	1	−2
16.	1	−2	2	0	−1	1	−2	2	0	−1
17.	0	−1	1	−2	2	0	−1	1	−2	2
18.	−2	2	0	−1	1	−2	2	0	−1	1
19.	−1	1	−2	2	0	−1	1	−2	2	0
20.	2	0	−1	1	−2	2	0	−1	1	−2
21.	1	−2	2	0	−1	1	−2	2	0	−1
22.	−2	2	0	−1	1	−2	2	0	−1	1
23.	−1	1	−2	2	0	−1	1	−2	2	0
24.	0	−1	1	−2	2	0	−1	1	−2	2
25.	−1	1	−2	2	0	−1	1	−2	2	0
26.	2	0	−1	1	−2	2	0	−1	1	−2
27.	1	−2	2	0	−1	1	−2	2	0	−1

FIGURA 11. *Clave de corrección — Informe de otras personas (CABS).*

negativos. Esto da como resultado dos puntuaciones brutas, una para las respuestas a «otro niño» y otra para las respuestas a «otro adulto». Puesto que la puntuación máxima es de 54, dividir individualmente las dos puntuaciones totales obtenidas por 54, multiplicar cada total por 100 y restar a 100 cada total. De esta forma, se establecerán dos puntuaciones que representan el porcentaje de *respuestas correctas.* Ejemplo: Si la puntuación bruta a «otro niño» es igual a 38, dividirlo por 54; resulta en 0,71. Multiplicado por 100 resulta en 71%. Al restarlo a 100, da una valor igual a 29%. Por lo tanto, una puntuación bruta de 38 equivale al 29% de respuestas correctas a «otro niño». Es fácil determinar los porcentajes de varias puntuaciones ayudándose de una tabla de conversión de porcentajes.

b. Las puntuaciones pasivas y agresivas se pueden obtener sumando todas las puntuaciones brutas negativas para conseguir la puntuación total pasiva, y todas las puntuaciones brutas positivas en el caso de la puntuación total agresiva. Ejemplo: Una persona puede puntuar 34 en la respuesta a «otro niño», puntuación que se puede descomponer en una puntuación total pasiva de 30 y una puntuación total agresiva de 4. Esta información es útil por cuanto describe que el comportamiento inapropiado del sujeto es mayoritariamente pasivo con los «otros niños». Una vez se ha terminado la puntuación a las respuestas a «un adulto», se pueden hacer comparaciones entre los tipos pasivo y agresivo de respuesta del sujeto a los compañeros y adultos.

c. Se puede obtener más información descomponiendo la puntuación total en las cinco áreas de contenido de respuestas positivas, negativas, peticiones, empatía y conversaciones. Esto se logra utilizando los siguientes procedimientos para determinar las puntuaciones porcentaje de respuestas correctas en cada área de contenido.

Positivas =
1. Sumar las preguntas 1, 2, 11 y 12 (utilizando sólo los valores absolutos);
2. dividir el total por 8;
3. multiplicar lo que quede por 100;
4. restarle a 100 el resultado;
5. el resultado final es el porcentaje de respuestas correctas en este área de contenido.

Negativas =
1. Sumar las preguntas 3, 4, 5, 15, 23 y 24 (utilizando sólo los valores absolutos);
2. dividir el total por 12;
3. multiplicar el resto por 100;
4. restar el resultado a 100;
5. el resultado final es el porcentaje de respuestas correctas en este área de contenido.

Peticiones =
1. Sumar las preguntas 6, 10, 14, 16, 17 y 25 (utilizando sólo los valores absolutos);
2. dividir el total por 12;
3. multiplicar lo que quede por 100;
4. restar de 100 el resultado;
5. el resultado final es el porcentaje de respuestas correctas en este área de contenido.

Conversación = 1. Sumar las preguntas 13, 18, 19, 26 y 27 (usando sólo los valores absolutos);
2. dividir el total por 10;
3. multiplicar el resultado por 100;
4. restarle a 100 el resultado;
5. el resultado final es el porcentaje de respuestas correctas en este área de contenido.

Sentimientos = 1. Sumar las preguntas 7, 8, 9, 20, 21 y 22 (usando sólo los valores absolutos);
2. dividir el total por 12;
3. multiplicar el resultado por 100;
4. restar el resultado a 100;
5. el resultado final es el porcentaje de respuestas correctas en este área de contenido.

d. Un nivel adicional de análisis consistirá en determinar si las respuestas en cada área de contenido individual fueron agresivas o pasivas, considerando las puntuaciones positivas y negativas. Esto precisaría que se repitiesen los procedimientos de la sección c. para los totales positivos/agresivos y en los totales negativos/pasivos de cada área de contenido.

7. En la figura 12 se presenta un ejemplo completo de la descomposición y de los totales de las puntuaciones del inventario del informe de otras personas.

	Fase de la enseñanza											
	Antes de la enseñanza				Durante la enseñanza				Después de la enseñanza			
	Compañero		Adulto		Compañero		Adulto		Compañero		Adulto	
Área de contenido	+	−	+	−	+	−	+	−	+	−	+	−
Positivos	+2	0	0	0	+2	0	0	0	0	0	0	0
Negativos	+10	0	+4	−2	+6	0	+4	0	+2	0	0	0
Peticiones	+3	−1	+3	−6	+1	−1	+1	−2	+1	−2	+1	−1
Conversación	+2	0	+2	0	0	0	0	0	0	0	0	0
Sentimientos	+6	−2	+2	0	+4	−2	0	0	+4	2	0	0
Totales	+23	−3	+11	−8	+13	−3	+5	−2	+7	−4	+1	−1
Totales absolutos	26		19		16		7		11		2	
Total (%) correctas	52		65		71		88		80		97	

FIGURA 12. *Ejemplo de una tabla-resumen que describe las puntuaciones dadas a un niño en el informe de otras personas (CABS). Las puntuaciones totales obtenidas antes de la enseñanza indican que consideran que este niño se comporta bastante agresivamente con los compañeros y que presenta un comportamiento combinado de respuestas agresivas discretas y de respuestas pasivas con los adultos. El examen de las puntuaciones de las áreas de contenido específicas muestra que las áreas más problemáticas son los «enunciados negativos» al responder tanto a los compañeros como a los adultos, las respuestas pasivas en las «peticiones» que involucran a adultos y las respuestas agresivas a los compañeros en relación a los «sentimientos/enunciados de empatía». Las puntuaciones durante y después de la enseñanza reflejan un cambio hacia respuestas asertivas apropiadas en todas las áreas.*

8. No es necesario que se obtengan todas las puntuaciones posibles. Para las necesidades de evaluación puede resultar suficiente obtener únicamente los totales. Sea cual sea el nivel de análisis de las puntuaciones que se determine antes de la enseñanza, debería llevarse a cabo también después de la enseñanza y comparar ambos análisis para poder establecer los efectos del tratamiento. Resulta fácil hacer comparaciones de las puntuaciones «antes» *versus* «después» en gráficas, o bien utilizar la estadística deductiva (T-tests, Análisis de la Varianza...).

Muestra E: Cuestionario sociométrico de habilidades sociales

Una técnica sociométrica es otro tipo de informe realizado por otras personas, puesto que se basa en las valoraciones hechas por otros miembros del grupo de compañeros del niño. Generalmente, implica a otros compañeros, amigos, vecinos y demás, quienes sirven de «informantes» y proporcionan sus valoraciones sobre el estatus social del niño. Si bien no constituyen una medida directa de las habilidades sociales del niño, las valoraciones sociométricas pueden indicar cuáles son los niños que peor o mejor caen a la mayoría de los otros niños. En general, los niños que caen mal suelen tener déficits de habilidades sociales y viceversa con respecto a los niños que caen bien. De nuevo, estos informes de otras personas no son «absolutos», puesto que están influidos por otros factores (por ejemplo, prejuicios, apariencia física...), y tienen limitaciones (véase el capítulo 2). Por lo tanto, deberían utilizarse como evaluación para una investigación general rápida o junto con otras medidas de habilidades sociales que comprueben los resultados del cuestionario sociométrico.

Pasos para la evaluación del cuestionario sociométrico de habilidades sociales

1. Escribir los nombres de los compañeros (por ejemplo, compañeros de clase, compañeros de dormitorio, niños del vecindario, etc.) en el cuestionario sociométrico de habilidades sociales (figura 13).
2. Sacar bastantes copias (con todos los nombres enumerados) de los formatos de antes, durante y después de la enseñanza para todos los niños que vayan a contestar el cuestionario.
3. Leer detenidamente las instrucciones del cuestionario del niño. Efectuar las modificaciones que sean necesarias para transmitir las instrucciones de forma efectiva (por ejemplo, poner más ejemplos, comentarios...).
4. Disponer a los niños en un ambiente de evaluación adecuado (evitar distracciones, silencio, lugares adecuados para escribir...) y darles la hoja de respuestas y el cuadernillo de preguntas, así como lápices.
5. Leer las instrucciones a los niños y contestar a todas las preguntas que formulen.
6. Comprobar que no haya ningún niño que no pueda leer el material requerido. Si se diera el caso, será necesario administrar el test verbalmente en una sesión individual.
7. Hacer que los niños empiecen a contestar el cuestionario e ir niño por niño comprobando que contestan correctamente la hoja de respuestas. Dar instrucciones a los niños de contestar todas las preguntas y no marcar aleatoriamente las respuestas en la hoja. Finalizada la prueba, recoger *todo* el material.

Abajo se presenta una lista de otros niños. Debes rodear, al lado de cada nombre, el número que muestre lo mucho que te gusta esa persona. Rodea el 1 si esa persona *no te gusta nada*, rodea el 2 si esa persona *no te gusta demasiado o mucho*, y el 3 si *te gusta* esa persona.

Rodear uno			Nombre de la persona
No me gusta	No me gusta demasiado o mucho	Me gusta	
1	2	3	
1	2	3	
1	2	3	
1	2	3	
1	2	3	
1	2	3	
1	2	3	
1	2	3	
1	2	3	
1	2	3	
1	2	3	
1	2	3	
1	2	3	
1	2	3	
1	2	3	
1	2	3	
1	2	3	
1	2	3	

FIGURA 13. *Cuestionario sociométrico de habilidades sociales.*

8. Una vez terminada la sesión del test, puntuar cada hoja de respuesta. Para cada niño de la lista, recopilar la frecuencia de valoraciones 1, 2 y 3 y calcular la puntuación total de cada niño sumando todas las valoraciones. Calcular también la «media de la valoración» de cada niño dividiendo la valoración total por el número de personas que hacen la valoración. En la figura 14 se expone un ejemplo de la forma de presentar las puntuaciones y la media de las valoraciones en una tabla-resumen.
9. Las puntuaciones totales se pueden utilizar para identificar y seleccionar niños para una posterior evaluación y enseñanza de habilidades sociales. Por ejemplo, se podrían seleccionar para una futura evaluación y observación a los 3-5 niños con una frecuencia más elevada de valoraciones 1, o al 25% de niños que tengan la valoración total más baja, o a los niños con una media de valoración por debajo de 2,0. A través de las valoraciones de sus compañeros, estos niños han sido identificados como socialmente impopulares y pueden ser candidatos a la enseñanza de habilidades sociales. Las valoraciones durante y después de la enseñanza indican si los compañeros han cambiado de opinión sobre el comportamiento social del sujeto.

Muestra F: Autoinforme sobre el comportamiento social — Escala del comportamiento asertivo para niños (CABS)

La Escala del comportamiento asertivo para niños (CABS) tiene 27 situaciones (figura 9) que abarcan las mismas áreas de contenido que las observaciones naturales y los tests de *role-play*. Cada situación tiene cinco respuestas posibles de las que el niño debe escoger la que refleje de forma más exacta su comportamiento social habitual. Una respuesta es muy pasiva, otra parcialmente pasiva, otra es asertiva, otra parcialmente agresiva y otra muy agresiva. Por lo tanto, se ofrece un intervalo completo de respuestas, de la pasiva a la agresiva incluyendo la asertiva. Además, se pide al niño que conteste dos veces, una en la suposición de que la persona de la situación sea «otro niño» y otra en la suposición de que sea «un adulto». Esta última instancia es opcional, y se debería suprimir si el niño no es capaz de discriminar entre «otro niño» y «un adulto». En este caso, sólo se utilizaría la categoría «otro niño». Se remite al lector a la obra de Michelson y Wood (1982) para mayor información sobre los datos psicométricos y los baremos del CABS. Globalmente, la media del CABS es de 13 para niños de 4.º a 6.º curso de la escuela primaria, con una desviación estándar aproximada de 7.

Sujetos	Fase de la enseñanza														
	Antes de la enseñanza					Durante la enseñanza					Después de la enseñanza				
	Frecuencia de valoración			Valoración total	Media de la valoración	Frecuencia de valoración			Valoración total	Media de la valoración	Frecuencia de valoración			Valoración total	Media de la valoración
	1	2	3			1	2	3			1	2	3		
John G.	15	4	1	26	1,3	10	9	1	31	1,5	7	10	3	36	1,8
Bob F.	3	10	7	44	2,2	0	13	7	47	2,3	0	10	10	50	2,5
Susan L.	5	10	5	40	2,0	3	13	5	44	2,2	2	14	5	45	2,2
Karen M.	0	12	8	48	2,4	0	10	10	50	2,5	0	8	12	52	2,6
Liz M.	0	0	10	50	2,5	0	10	10	50	2,5	0	9	11	51	2,5

FIGURA 14. *Ejemplo de una tabla-resumen que representa las posibles puntuaciones de cinco sujetos en el Cuestionario sociométrico de habilidades sociales. En este ejemplo, 20 personas valoraron a los cinco niños antes, durante y después de la enseñanza. Al examinar la frecuencia de las valoraciones, la valoración total y la media de la valoración, se ve que un niño, John G., es valorado por la mayoría de los otros niños como que «no me gusta». Al seleccionar candidatos para la enseñanza de habilidades sociales, el primero de la lista sería John G. Otros dos niños, Bob F. y Susan L., reciben puntuaciones marginales, aunque se necesitaría más información de otras evaluaciones de las habilidades sociales para poder indicar si deberían o no recibir enseñanza. Puesto que este ejemplo indica que todos los niños participaron en la enseñanza, se pueden ver sus cambios en el estatus social y en la popularidad a lo largo de las fases de la enseñanza. Todos los niños mejoraron o mantuvieron sus valoraciones sociométricas, lo cual muestra que la enseñanza fue hasta cierto punto efectiva. Como anteriormente se mencionó, puede que el estatus sociométrico no varíe durante o inmediatamente después de la enseñanza debido al tiempo que los compañeros requieren para reconocer y responder a unas habilidades sociales más positivas de unos compañeros previamente impopulares.*

Pasos para la evaluación de la escala de comportamiento asertivo para niños (CABS)

1. Leer detenidamente las instrucciones de la primera página del test del niño. Efectuar las modificaciones que sean necesarias para transmitir las instrucciones de forma efectiva (poner más ejemplos, comentarios...).
2. Hacer copias suficientes de los cuadernillos de preguntas de antes y después de la enseñanza (figura 15) y hojas de respuesta (figura 16) para todos los niños.
3. Disponer a los niños en un ambiente de evaluación adecuado (evitar distracciones, silencio, en lugares apropiados para escribir...) y dar los cuadernillos de preguntas, las hojas de respuesta y lápices.
4. Leer las instrucciones a los niños y contestar a todas las preguntas que hagan.
5. Asegurarse de que no haya ningún niño que no pueda leer el material requerido. Si se diera el caso, sería necesario administrar el test verbalmente en una sesión individual.
6. Hacer que los participantes empiecen a contestar el cuestionario y entonces ir niño por niño comprobando que contestan correctamente la hoja de respuestas. Dar instrucciones a los niños de contestar todas las preguntas con sinceridad y de forma exacta, y no marcar las respuestas aleatoriamente. Después de la realización del test, recoger *todo* el material.
7. Puntuar cada respuesta de la hoja de respuestas con la ayuda de la clave de corrección (figura 17). Adviértase que una puntuación elevada significa poca asertividad puesto que cada respuesta se puntúa como un −2 si la respuesta es muy pasiva, con un −1 si es parcialmente pasiva, o con un 0 si es asertiva, con un 1 si es parcialmente agresiva y con un 2 si es muy agresiva. Por lo tanto, una puntuación negativa indicaría respuestas pasivas y una puntuación positiva respuestas agresivas.
8. La puntuación del inventario de autoinforme varía desde la simplicidad hasta la complejidad, dependiendo de la información específica que se quiera obtener. *Seguir los pasos del 6 al 10 proporcionados en la Muestra D: Informe de otras personas sobre el comportamiento de los jóvenes (CABS). Examinar también la tabla resumen (figura 12) que se expone, pues muestra tipos equivalentes de puntuación y de interpretación de los resultados.*
9. *Por favor, adviértase que, en general, las respuestas de los niños son más fiables y tienen menos errores cuando se les permite contestar las preguntas del CABS directamente en vez de transferir sus respuestas a la hoja de respuestas.*

Vas a contestar algunas preguntas sobre lo que haces en diversas situaciones. No existen respuestas «correctas» o «erróneas». Tan sólo debes contestar lo que de verdad harías. Por ejemplo, una pregunta podría ser:

«¿Qué haces si alguien no te escucha cuando le estás hablando?»

Debes escoger la respuesta que es igual a lo que tú, generalmente haces. Tú, generalmente:
(a) Le dirías a esa persona que te escuchara.
(b) Continuarías hablando.
(c) Dejarías de hablar y le pedirías a esa persona que te escuchara.
(d) Dejarías de hablar y te irías.
(e) Hablarías más alto.

FIGURA 15. *Instrucciones de la escala de comportamiento asertivo de los niños.* (*Continúa.*)

De estas cinco respuestas, decide cuál es la que se parece más a la que harías si ese «alguien» de la pregunta fuese 1) otro niño o 2) un adulto. Ahora, rodea la letra en la hoja de respuestas para cada pregunta. Una vez hayas marcado tu respuesta en una pregunta, pasa a la siguiente. Si no puedes entender una palabra, una pregunta o una respuesta, levanta la mano y te ayudarán. Recuerda que debes contestar con sinceridad como te comportarías. No hay límite de tiempo, pero procura contestar lo más rápido que puedas.

NO ESCRIBIR EN EL CUADERNILLO. ESCRIBIR SÓLO EN LA HOJA DE RESPUESTAS

1. Alguien te dice: «Creo que eres una persona muy simpática».
   ¿Qué harías/dirías, generalmente?
   (a) Decir: «No, no soy tan simpático».
   (b) Decir: «Sí, creo que soy el mejor».
   (c) Decir: «Gracias».
   (d) No decir nada y sonrojarme.
   (e) Decir: «Gracias, es cierto que soy muy simpático».

2. Alguien ha hecho algo que crees que está muy bien.
   ¿Qué harías/dirías, generalmente?
   (a) Comportarme como si no estuviera tan bien y decirle: «No está mal».
   (b) Decir: «Está bien, pero he visto mejores que éste».
   (c) No decir nada.
   (d) Decir: «Yo puedo hacerlo mucho mejor».
   (e) Decir: «Está muy bien».

3. Estás haciendo algo que te gusta y crees que está muy bien. Alguien te dice: «No me gusta».
   ¿Qué harías/dirías, generalmente?
   (a) Decir: «Eres estúpido».
   (b) Decir: «Yo creo que está muy bien».
   (c) Decir: «Tienes razón», aunque en realidad no lo creyeras.
   (d) Decir: «Creo que es fantástico. Además, ¿tú qué sabes?».
   (e) Sentirme herido y no decir nada.

4. Te olvidas de llevar algo que se suponía debías llevar y alguien te dice: «¡Eres tan tonto! Olvidarías tu cabeza si no fuera porque la tienes atornillada!».
   ¿Qué harías/dirías, generalmente?
   (a) Decir: «De todas formas, yo soy más listo que tú; además, ¿tú que sabes?».
   (b) Decir: «Sí, tienes razón; algunas veces parezco tonto».
   (c) Decir: «Si hay alguien tonto, ese eres tú».
   (d) Decir: «Nadie es perfecto. No soy tonto sólo porque me haya olvidado algo».
   (e) No decir nada o ignorarle.

5. Alguien con quien te tenías que encontrar llega con media hora de retraso, hecho que hace que estés molesto. Esa persona no da ninguna explicación de su retraso.
   ¿Qué harías/dirías, generalmente?
   (a) Decir: «Me molesta que me hagas esperar de esta manera».
   (b) Decir: «Me preguntaba cuándo llegarías».
   (c) Decir: «Es la última vez que te espero».
   (d) No decirle nada.
   (e) Decir: «¡Eres un fresco! ¡Llegas tarde!».

6. Necesitas que alguien te haga un favor.
   ¿Qué harías/dirías, generalmente?
   (a) No pedirle nada.
   (b) Decir: «Tienes que hacer esto por mí».
   (c) Decir: «¿Puedes hacerme un favor?», y explicar lo que quieres.
   (d) Hacer una pequeña insinuación de que necesitas que te hagan un favor.
   (e) Decir: «Quiero que hagas esto por mí».

(*Continúa.*)

7. Sabes que alguien está preocupado.
¿Qué harías/dirías, generalmente?
(a) Decir: «Pareces preocupado. ¿Puedo ayudarte?».
(b) Estar con esa persona y no hacerle ningún comentario sobre su preocupación.
(c) Decir: «¿Te pasa algo?».
(d) No decirle nada y dejarle solo.
(e) Reírme y decirle: «Eres un crío».

8. Estás preocupado y alguien te dice: «Pareces preocupado».
¿Qué harías/dirías, generalmente?
(a) Girar la cabeza o no decirle nada.
(b) Decir: «¡A ti no te importa!».
(c) Decir: «Sí, estoy preocupado. Gracias por interesarte por mí».
(d) Decir: «No es nada».
(e) Decir: «Estoy preocupado. ¡Déjame solo!».

9. Alguien te culpa por un error que ha cometido otra persona.
¿Qué harías/dirías, generalmente?
(a) Decir: «¡Estás loco!».
(b) Decir: «No es culpa mía. Lo ha hecho otra persona».
(c) Decir: «No creo que sea culpa mía».
(d) Decir: «¡Yo no he sido! ¡No sabes de lo que estás hablando!».
(e) Aceptar la culpa o no decir nada.

10. Alguien te pide que hagas algo y tú no sabes por qué se tiene que hacer.
¿Qué harías/dirías, generalmente?
(a) Decir: «Esto no tiene ningún sentido. ¡No quiero hacerlo!».
(b) Hacer lo que te piden y no decir nada.
(c) Decir: «¡Esto es una tontería. No voy a hacerlo!».
(d) Antes de hacerlo, decir: «No comprendo por qué quieres que haga esto».
(e) Decir: «Si es esto lo que quieres que haga», y entonces hacerlo.

11. Alguien te elogia por algo que has hecho diciéndote que es fantástico.
¿Qué harías/dirías, generalmente?
(a) Decir: «Sí, generalmente lo hago mejor que la mayoría».
(b) Decir: «No, no está tan bien».
(c) Decir: «Es cierto. Soy el mejor».
(d) Decir: «Gracias».
(e) Ignorarlo, y no decir nada.

12. Alguien ha sido muy amable contigo.
¿Qué harías/dirías, generalmente?
(a) Decir: «Has sido muy amable conmigo. Gracias».
(b) Comportarme como si la persona no hubiera sido tan amable y decirle: «Sí, gracias».
(c) Decir: «Me has tratado bien, pero me merezco mucho más».
(d) Ignorarlo y no decir nada a esa persona.
(e) Decir: «No me tratas todo lo bien que deberías».

13. Estás hablando muy alto con un amigo y alguien te dice «Perdona, pero haces demasiado ruido».
¿Qué harías/dirías, generalmente?
(a) Parar de hablar inmediatamente.
(b) Decir: «Si no te gusta, ¡lárgate!», y continuarías hablando alto.
(c) Decir: «Lo siento. Hablaré más bajo», y entonces hablar en voz baja.
(d) Decir: «Lo siento», y dejar de hablar.
(e) Decir: «Muy bien» y continuar hablando alto.

(*Continúa.*)

14. Estás haciendo cola y alguien se cuela delante tuyo.
¿Qué harías/dirías, generalmente?
(a) Hacer comentarios en voz baja, como por ejemplo: «Algunas personas tienen mucha cara», sin decir nada directamente a esa persona.
(b) Decir: «¡Vete al final de la cola!».
(c) No decir nada a esa persona.
(d) Decir, en voz alta: «¡Imbécil, vete de aquí!».
(e) Decir: «Yo estaba aquí primero. Por favor, vete al final de la cola».

15. Alguien te hace algo que no te gusta y te enfadas.
¿Qué harías/dirías, generalmente?
(a) Gritar: «Eres un imbécil. ¡Te odio!».
(b) Decir: «Estoy enfadado. No me gusta lo que has hecho».
(c) Actuar como si me sintiera herido pero no decir nada a esa persona.
(d) Decir: «Estoy furioso. Me caes mal».
(e) Ignorarlo y no decir nada a esa persona.

16. Alguien tiene algo que quieres utilizar.
¿Qué harías/dirías, generalmente?
(a) Decir a esa persona que me lo diera.
(b) No pedirlo.
(c) Quitárselo a esa persona.
(d) Decir a esa persona que me gustaría utilizarlo y entonces pedírselo.
(e) Hacer un comentario sobre eso pero no pedírselo.

17. Alguien te pide algo prestado pero es nuevo y tú no quieres prestarlo.
¿Qué harías/dirías, generalmente?
(a) Decir: «No, es nuevo y no quiero prestarlo. Quizá en otra ocasión».
(b) Decir: «No me hace mucha gracia prestarlo, pero puedes cogerlo».
(c) Decir: «No, cómprate uno».
(d) Prestárselo aunque no quisieras hacerlo.
(e) Decir: «¡Estás loco!».

18. Algunos niños están hablando sobre un pasatiempo que a ti te gusta mucho. Quieres participar y decir algo.
¿Qué harías/dirías, generalmente?
(a) No decir nada.
(b) Interrumpir e inmediatamente empezar a contar lo bien que haces ese pasatiempo.
(c) Acercarme al grupo y participar en la conversación cuando tuviera oportunidad de hacerlo.
(d) Acercarme al grupo y esperar a que se dieran cuenta de mi presencia.
(e) Interrumpir e inmediatamente comenzar a contar lo mucho que me gusta ese pasatiempo.

19. Estás haciendo un pasatiempo y alguien te pregunta: «¿Qué haces?».
¿Qué harías/dirías, generalmente?
(a) Decir: «Oh, una cosa» u «Oh, nada».
(b) Decir: «No me molestes. ¿No ves que estoy ocupado?».
(c) Continuar haciendo el pasatiempo y no decir nada.
(d) Decir: «A ti no te importa».
(e) Dejar de hacer el pasatiempo y explicarle lo que haces.

20. Ves cómo alguien tropieza y cae al suelo.
¿Qué harías/dirías, generalmente?
(a) Reírme y decir: «¿Por qué no miras por dónde vas?».
(b) Decir: «¿Estás bien? ¿Puedo hacer algo?».
(c) Preguntar: «¿Qué ha pasado?».
(d) Decir: «¡Así son las caídas!».
(e) No hacer nada e ignorarlo.

(*Continúa.*)

21. Te golpeas la cabeza con una estantería y te duele. Alguien te dice: «¿Estás bien?».
¿Qué harías/dirías, generalmente?
(a) Decir: «Estoy bien. ¡Déjame solo!».
(b) No decir nada e ignorar a esa persona.
(c) Decir: «¿Por qué no metes las narices en otra parte?».
(d) Decir: «No, me he golpeado la cabeza. Gracias por preguntar».
(e) Decir: «No es nada. Estoy bien».

22. Cometes un error y culpan a otra persona.
¿Qué harías/dirías, generalmente?
(a) No decir nada.
(b) Decir: «Es culpa suya».
(c) Decir: «Es culpa mía».
(d) Decir: «No creo que sea culpa de esa persona».
(e) Decir: «Tiene mala suerte».

23. Te sientes insultado por algo que ha dicho alguien.
¿Qué harías/dirías, generalmente?
(a) Irme y no decir nada sobre el enfado.
(b) Decirle a esa persona que no lo vuelva a hacer.
(c) No decir nada a esa persona aunque me sintiera insultado.
(d) Insultar a esa persona.
(e) Decir a esa persona que no me gusta lo que ha dicho y pedirle que no lo vuelva a hacer.

24. Alguien te interrumpe constantemente mientras estás hablando.
¿Qué harías/dirías, generalmente?
(a) Decir: «Perdona, me gustaría terminar de contar lo que estaba diciendo».
(b) Decir: «No es justo. ¿No puedo hablar yo?».
(c) Interrumpir a la otra persona empezando a hablar otra vez.
(d) No decir nada y dejar que la otra persona continuara hablando.
(e) Decir: «¡Cállate! ¡Estaba hablando yo!».

25. Alguien te pide que hagas algo que te impedirá hacer lo que realmente quieres hacer.
¿Qué harías/dirías, generalmente?
(a) Decir: «Tengo otros planes, pero haré lo que tú quieres».
(b) Decir: «¡De ninguna manera! Búscate a otro».
(c) Decir: «Bueno, haré lo que tú quieres».
(d) Decir: «Olvídate de eso. ¡Lárgate!».
(e) Decir: «Tengo otros planes. Quizá la próxima vez».

26. Ves a alguien con quien te gustaría encontrarte.
¿Qué harías/dirías, generalmente?
(a) Llamar a gritos a esa persona y pedirle que se acercase.
(b) Ir hacia esa persona, presentarme y empezar a hablar.
(c) Acercarme a esa persona y esperar a que me hablara.
(d) Ir hacia esa persona y empezar a contarle las grandes cosas que has hecho.
(e) No decir nada a esa persona.

27. Alguien a quien no conoces te para y te dice: «¡Hola!».
¿Qué harías/dirías, generalmente?
(a) Decir: «¿Qué quieres?».
(b) No decir nada.
(c) Decir: «No me molestes. ¡Lárgate!».
(d) Decir: «¡Hola!, presentarme y preguntarle quién es.
(e) Hacer un gesto con la cabeza, decir: «¡Hola!» e irme.

Nombre: ______________________ Fecha: ______________
Evaluación: ______________

¿Qué harías si el «alguien» de las preguntas fuese 1) otro niño o 2) un adulto?

Otro niño	Un adulto (opcional)
1. a, b, c, d, e	1. a, b, c, d, e
2. a, b, c, d, e	2. a, b, c, d, e
3. a, b, c, d, e	3. a, b, c, d, e
4. a, b, c, d, e	4. a, b, c, d, e
5. a, b, c, d, e	5. a, b, c, d, e
6. a, b, c, d, e	6. a, b, c, d, e
7. a, b, c, d, e	7. a, b, c, d, e
8. a, b, c, d, e	8. a, b, c, d, e
9. a, b, c, d, e	9. a, b, c, d, e
10. a, b, c, d, e	10. a, b, c, d, e
11. a, b, c, d, e	11. a, b, c, d, e
12. a, b, c, d, e	12. a, b, c, d, e
13. a, b, c, d, e	13. a, b, c, d, e
14. a, b, c, d, e	14. a, b, c, d, e
15. a, b, c, d, e	15. a, b, c, d, e
16. a, b, c, d, e	16. a, b, c, d, e
17. a, b, c, d, e	17. a, b, c, d, e
18. a, b, c, d, e	18. a, b, c, d, e
19. a, b, c, d, e	19. a, b, c, d, e
20. a, b, c, d, e	20. a, b, c, d, e
21. a, b, c, d, e	21. a, b, c, d, e
22. a, b, c, d, e	22. a, b, c, d, e
23. a, b, c, d, e	23. a, b, c, d, e
24. a, b, c, d, e	24. a, b, c, d, e
25. a, b, c, d, e	25. a, b, c, d, e
26. a, b, c, d, e	26. a, b, c, d, e
27. a, b, c, d, e	27. a, b, c, d, e

COMENTARIOS:

FIGURA 16. *Hoja de respuestas del Inventario de autoinforme (CABS).*

Nombre: ______________________________ Fecha: __________

Evaluación: __________

Forma en que contestaría el niño si el «alguien» de la pregunta fuera 1) otro niño o 2) un adulto.

	Otro niño						Un adulto				
	a	b	c	d	e		a	b	c	d	e
1.	−2	2	0	−1	1	1.	−2	2	0	−1	1
2.	−1	1	−2	2	0	2.	−1	1	−2	2	0
3.	2	0	−2	1	−1	3.	2	0	−2	1	−1
4.	1	−2	2	0	−1	4.	1	−2	2	0	−1
5.	0	−1	1	−2	2	5.	0	−1	1	−2	2
6.	−2	2	0	−1	1	6.	−2	2	0	−1	1
7.	0	−1	1	−2	2	7.	0	−1	1	−2	2
8.	−2	2	0	−1	1	8.	−2	2	0	−1	1
9.	2	0	−1	1	−2	9.	2	0	−1	1	−2
10.	1	−2	2	0	−1	10.	1	−2	2	0	−1
11.	1	−2	2	0	−1	11.	1	−2	2	0	−1
12.	0	−1	1	−2	2	12.	0	−1	1	−2	2
13.	−2	2	0	−1	1	13.	−2	2	0	−1	1
14.	−1	1	−2	2	0	14.	−1	1	−2	2	0
15.	2	0	−1	1	−2	15.	2	0	−1	1	−2
16.	1	−2	2	0	−1	16.	1	−2	2	0	−1
17.	0	−1	1	−2	2	17.	0	−1	1	−2	2
18.	−2	2	0	−1	1	18.	−2	2	0	−1	1
19.	−1	1	−2	2	0	19.	−1	1	−2	2	0
20.	2	0	−1	1	−2	20.	2	0	−1	1	−2
21.	1	−2	2	0	−1	21.	1	−2	2	0	−1
22.	−2	2	0	−1	1	22.	−2	2	0	−1	1
23.	−2	1	−1	2	0	23.	−2	1	−1	2	0
24.	0	−1	1	−2	2	24.	0	−1	1	−2	2
25.	−1	1	−2	2	0	25.	−1	1	−2	2	0
26.	2	0	−1	1	−2	26.	2	0	−1	1	−2
27.	1	−2	2	0	−1	27.	1	−2	2	0	−1

FIGURA 17. *Clave de corrección del Inventario de autoinforme (CABS). Véase la figura 12 para un ejemplo de una hoja-resumen (en las secciones del informe de otras personas) que se puede utilizar en el CABS.*

Bibliografía

Alba, E. y Alvarez, C. M., (1977), **Learned helplessness: Its implication to education.** Presentado en la Association for Advancement of Behavior Therapy Convention, Atlanta, Georgia, noviembre.

Alberti, R., Emmons, M., Fodor, I., Galassi, J., Galassi, M., Jakubowski, P. y Wolfe, J., (1976), **Ethical principles and guidelines for assertiveness training leaders and groups**. Presentado en la reunión de la Association for Advancement of Behavior Therapy, Nueva York, noviembre.

Alberti, R. E. y Emmons, M. L., (1970), **Your perfect right.** San Luis Obispo, California: Impact Publishers.

Allen, G. J., Chinsky, J. M., Larsen, S. W., Lockman, J. E. y Selinger, H. V., (1976), **Community psychology and the schools**. Hillsdale, Nueva Jersey: Erlbaum.

Allen, K. E., Hart, B., Buell, J. S., Harris, F. R. y Wolf, M. M., (1964), «Effects of social reinforcement on isolate behavior of a nursery school child.» *Child Development, 35*, 511-518.

Anastasi, A., (1982), **Psychological testing**. Nueva York: MacMillan.

Asher, S. R. y Parke, R. D., (1975), «Influence of sampling and comparison processes on the development of communication effectiveness.» *Journal of Educational Psychology*, *67*, 64-75.

Asher, S. R., Singleton, L. C., Tinseley, B. R. y Hymel, S., (1979), «The reliability of a rating scale sociometric method with preschool children.» *Developmental Psychology*, *15*, 443-444.

Baer, D. M. y Wolf, M. M., (1970), «Recent examples of behavior modification in preschool settings.» En C. Neuringer y J. L. Michael (eds.), **Behavior modification in clinical psychology**. Nueva York: Appleton-Century-Crofts.

Baer, D. M., Wolf, M. M. y Risley, T. R., (1968), «Some current dimensions of applied behavior analysis.» *Journal of Applied Behavior Analysis, 1*, 91-97.

Bandura, A., (1969), **Principles of behavior modification.** Nueva York: Holt, Rinehart & Winston.

Bandura, A., (1973), **Aggression: A social learning analysis.** Englewood Cliffs, Nueva Jersey: Prentice-Hall.

Bandura, A. y Walters, R. H. (1963), **Social learning and personality development.** Nueva York: Holt, Rinehart & Winston.

Barclay, J. R. (1966), «Interest patterns associated with measures of social desirability.» *Personnel and Guidance Journal, 45*, 56-60.

Beck, A. T., Weissman, A., Lester, D. y Trexler, L., (1974), «The measurement of pessimism: The Hopelessness Scale.» *Journal of Consulting Clinical Psychology, 42*, 861-865.

Beck, S., Forehand, R., Wells, K. C. y Quante, A., (1978), **Social skills training with children: An examination of generalization from analogue to natural settings.** Manuscrito no publicado, University of Georgia.

Beilin, H., (1959), «Teachers' and clinicians' attitudes toward the behavioral problems of children: A reappraisal.» *Child Development, 30*, 9-25.

Bellack, A. S., (1979), «Behavioral assessment of social skills.» En A. S. Bellack y M. Hersen (eds.), **Research and practice in social skills training.** Nueva York: Plenum Press.

Bellack, A. S. y Hersen, M. (eds.), (1978), **Research and practice in social skills training.** Nueva York: Plenum Press.

Bellack, A. S., Hersen, M. y Turner, S. M., (1978), «Role-play tests for assessing social skills: Are they valid?» *Behavior Therapy, 9*, 448-461.

Bellack, A., Hersen, M. y Lamparski, D., (1979), «Role-play tests for assessing social skills. Are they valid? Are they useful?» *Journal of Consulting and Clinical Psychology, 47*, 335-342.

Bornstein, M. R., Bellack, A. S. y Hersen, M., (1977), «Social-skills training for unassertive children: A multiple-baseline analysis.» *Journal of Applied Behavior Analysis, 10*, 183-195.

Bornstein, M., Bellack, A. S. y Hersen, H., (1980), «Social skills training for highly aggressive children in an inpatient psychiatric setting.» *Behavior Modification, 4*, 173-186.

Brown, D., «Factors affecting social acceptance of high school students.» *School Review, 62*, 151-155.

Bryan, T. S., (1974), «An observational analysis of classroom behaviors of children with learning disabilities.» *Journal of Learning Disabilities, 7*, 34-43.

Buell, J., Stoddard, P., Harris, F. R. y Baer, D. M., (1968), «Collateral social development accompanying reinforcement of outdoor play in a preschool child.» *Journal of Applied Behavior Analysis, 1*, 167-173.

Camp, B. W., Blom, G. E., Herbert, F. y van Doorninck, W. J., (1977), «Think aloud»: A program for developing self-control in young aggressive boys.» *Journal of Abnormal Child Psychology, 5*, 157-169.

Cartledge, G. y Milburn, J. F., (1978), «The case for teaching social skills in the classroom: A review.» *Review of Educational Research, 1*, 133-156.

Chance, J. E., (1965), **Internal control of reinforcements and the school learning process.** Presentado en el encuentro de la Society for Research in Child Development, Minneapolis, Minnesota.

Charlesworth, R. y Hartrup, W. W., (1967), «Positive social reinforcement in the nursery school peer groups.» *Child Development, 38*, 993-1.002.

Chittenden, G. F., (1942), «An experimental study in measuring and modifying assertive behavior in young children.» *Monograph of the Society for Research in Child Development, 7*, 1-87.

Clarfield, S. P., (1974), «The development of a teacher referral form for identifying early school maladaptation.» *American Journal of Community Psychology, 2,* 199-210.

Clark, H. B., Caldwell, C. P. y Christian, W. P., (1980), «Classroom training of conversational skills and remote programming for the practice of these skills in another setting.» *Child Behavior Therapy, 1,* 139-160.

Cohen, A. S. y de Van Tassell, E. A., (1978), «A comparison of partial and complete paired comparisons in sociometric measurement of preschool groups.» *Applied Psychological Measurement, 2*, 31-40.

Coleman, J. S., Campbell, E. Q., Hobson, C. J., McPartland, J., Wood, A. M., Weinfeld, F. D. y York, R. L., (1966), **Equality of educational opportunity**. Washington, D. C.: U. S. Government Printing Office.

Combs, M. L. y Slaby, D. A., (1977), «Social skills training with children.» En B. B. Lahey y A. E. Kazdin (eds.), **Advances in clinical child psychology** (vol. 1), Nueva York: Plenum Press.

Cone, J. D., (1977), «The relevance of reliability and validity for behavioral assessment.» *Behavior Therapy, 8,* 411-426.

Cone, J. y Foster, S. L., (1982), «Naturalistic observation methods.» En P. C. Kendall y J. N. Butcher (eds.), **Handbook of research methods in clinical psychology**. Nueva York: Wiley.

Cone, J. D. y Hawkins, R. P. (eds.), (1977), **Behavioral assessment: New directions in clinical psychology**. Nueva York: Brunner/Mazel.

Conger, J. C. y Keane, S. P., (1981), «Social skills intervention in the treatment of isolated or withdrawn children.» *Psychological Bulletin, 90*, 478-495.

Cooke, T. P. y Apolloni, T., (1976), «Developing positive social-emotional behaviors: A study of training and generalization effects.» *Journal of Applied Behavior Analysis, 9*, 65-78.

Cowen, E. L., (1973), «Social and community interventions». En P. Mussen y M. Rosenzweig (eds.), **Annual review of psychology** (vol. 24). Palo Alto: California, Annual Reviews, Inc.

Cowen, E. L., Dorr, D., Clarfield, S., Kreling, B., McWilliams, S. A., Pokracki, F., Pratt, D. M., Terrell, D. y Wilson, A., (1973), «The AML: A quick-screening device for early identification of school maladaptation.» *Journal of Community Psychology, 1*, 12-35.

Cowen, E. L., Pederson, A., Babigian, H., Izzo, L. D. y Trost, M. A., (1973), «Long-term follow-up of early detected vulnerable children.» *Journal of Consulting and Clinical Psychology, 41*, 438-446.

Crandall, V. C., Katkovsky, W. y Crandall, V. J., (1965), «Children/s beliefs in their own control of reinforcements in intellectual-academic achievement situations.» *Child Development, 36*, 91-109.

D'Amico, W., (1976), **Revised Rathus Assertiveness Scale for children, Grades 3-8.** Marblehead, Massachusetts: Educational Counseling and consulting Services.

Deluty, R. H., (1979), «Children's Action Tendency Scale: A self-report measure of aggressiveness, assertiveness, and submissiveness in children.» *Journal of Consulting and Clinical Psychology, 47*, 1.061-1.071.

Dorman, L., (1973), «Assertive behavior and cognitive performance in preschool children.» *The Journal of Genetic Psychology, 123*, 155-162.

Dorworth, T. R., (1973), «Learned helplessness and RET.» **Rational Living,** *8*, 27-30.

Drabman, R., Spitalnik, R. y Spitalnik, K., (1974), «Sociometric and disruptive behavior as a function of four types of token reinforcement programs.» *Journal of Applied Behavior Analysis, 7*, 93-101.

Dunnington, M. J., (1957), «Behavioral differences of sociometric status groups in a nursery school.» *Child Development, 28*, 103-111.

Durlak, J. A. y Mannarino, A. P., (1977), «The social skills development program: Description of a school-based, preventively-oriented mental health program for young children.» *Journal of Clinical Child Psychology, 6*, 48-52.

Dweck, C. S., (1972), «The role of expectations and attributions in the alleviation of learned helplessness in a problem solving situation.» (Tesis doctoral, Yale University, 1972). *Dissertation Abstracts International, 29*, 536.

Dweck, C. S. y Reppucci, N. D., (1973), «Learned helplessness and reinforcement responsibility in children.» *Journal of Personality and Social Psychology, 25*, 109-116.

Eisler R. M., (1976), «Behavioral assessment of social skills.» En M. Hersen y A. S. Bellack (eds.), **Behavioral assessment: A practical handbook,** Nueva York: Pergamon Press.

Eisler, R. M., Hersen, M. y Agras, W. S., (1974), «Videotape: A method for the controlled observation of non verbal interpersonal behavior.» *Behavior Therapy, 3*, 420-425.

Eisler, R. M., Hersen, M., Miller, P. M. y Blanchard, E. B. (1975), «Situational determinants of assertive behaviors.» *Journal of Consulting and Clinical Psychology, 43*, 330-340.

Ellis, A. (ed.), (1971), **Growth through reason.** Palo Alto, California: Science and Behavior Books.

Ellis, A. y Grieger, R., (1977), **RET handbook of rational-emotive therapy.** Nueva York: Springer.

Emmelkamp, P. M. G., (1979), «The behavioral study of clinical phobias.» En M. Hersen, R. M. Eisler y P. M. Miller (eds.), **Progress in behavior modification** (vol. 8). Nueva York: Academic Press..

Evers, W. y Schwarz, J., (1973), «Modifying social withdrawal in preschoolers: The effects of filmed modeling and teacher praise.» *Journal of Abnormal Child Psychology, 1*, 248-256.

Feldhusen, J. F., Thurston, J. R. y Benning, J. J., (1970), «Longitudinal analyses of classroom behavior and school achievement.» *Journal of Experimental Education, 38*, 4-10.

Feldhusen, J. F., Thurston, J. R. y Benning, J. J., (1973), «A longitudinal study of delinquency and other aspects of children's behavior.» *International Journal of Criminology and Penology, 1*, 341-351.

Foster, S. L. y Ritchey, W. L., (1979), «Issues in the assessment of social competence in children.» *Journal of Applied Behavior Analysis, 12*, 625-638.

Foster, S. L. y Ritchey, W. L., (1982), **A comparison of accepted, rejected, and ignored older elementary school children.** Manuscrito no publicado, West Virginia University.

Frey, W., (1976), «Generalization between areas of assertiveness: Assertiveness and depression.» *Doctoral Dissertation Abstracts International.*

Gesten, E. L., (1976), «A health resources inventory: The development of a measure of the personal and social competence of primary grade children. *Journal of Consulting and Clinical Psychology, 44*, 775-786.

Gerwitz, H. B. y Gerwitz, J. L., (1969), «Caretaking settings, background events and child-rearing environments: Some preliminary trends.» En B. M. Foss (ed.), **Determinants of infant behavior** (vol. 4). Londres: Methuen.

Goldfried, M. R. y D'Zurilla, R. J., (1969), «A behavioral analytic model for assessing competence.» En C. D. Spielberger (ed.), **Current topics in clinical and community psychology** (vol. 1). Nueva York: Academic Press.

Gottman, J. M., (1977), «Toward a definition of social isolation in children.» *Child Development, 48*, 513-517.

Gottman, J., Gonso, J. y Rasmussen, B., (1975), «Social interaction, social competence and friendship in children.» *Child Development, 46*, 709-718.

Graubard, P., Rosenberg, H. y Miller, M. B., (1971), «Student applications of behavior modification to teachers and environments or ecological approaches to social deviancy.» En E. Ramp y B. Hopkins (eds.), **A new direction for education: Behavior analysis.** Lawrence: University of Kansas.

Greenwood, C. R., Walker, H. M., Todd, N. M. y Hops, H., (1976), **Preschool teachers' assessments of social interaction: Predictive success and normative data** (reportaje núm. 26). Eugene: University of Oregon Press.

Greenwood, C. R., Walker, H. M. y Hops, H., (1977), «Some issues in social interaction/withdrawal assessment.» *Exceptional Children, 43*, 490-499.

Greenwood, C. R., Walker, H. M., Todd, N. M. y Hops, H., (1977), **Normative and descriptive analysis of preschool free play social interactions** (reportaje núm. 29). Eugene: University of Oregon Press.

Greenwood, C. R., Walker, H. M., Todd, N. M. y Hops, H., (1978), **Description of withdrawn children's behavior in preschool settings** (reportaje núm. 40). Eugene: University of Oregon Press.

Greenwood, C. R., Walker, H. M., Todd, N. M. y Hops, H., (1979), **Cost effective prediction and screening variables for preschool social withdrawal** (reportaje núm. 39). Eugene: University of Oregon Press.

Groundland, H. y Anderson, C., (1963), «Personality characteristics of socially accepted, socially neglected and socially rejected junior high school pupils.» En J. Seidman (ed.), **Educating for mental health.** Nueva York: Cromwell.

Guinourd, D. E. y Rychlak, J. F., (1962), «Personality correlates of sociometric popularity in elementary school children.» *Personnel and Guidance Journal, 40*, 438-442.

Harper, G. F., (1976), **Relationship of specific behaviors to the academic achievement and social competence of kindergarten, first and second grade children.** Tesis doctoral no publicada, Kent State University.

Hartup, W. W., (1970), «Peer interaction and social organization.» En P. H. Mussen (ed.), **Carmichael's manual of child psychology** (vol. 2). Nueva York: Wiley.

Hartup. W. W., Glazer, J. A. y Charlesworth, R., (1967), «Peer reinforcement and sociometric status.» *Child Development, 38*, 1.017-1.024.

Helton, G. B. y Oakland, T. D., (1977), «Teachers' attitudinal responses to differing characteristics of elementary school children.» *Journal of Educational Psychology, 69*, 251-265.

Henriques, M., (1977), **Measures of social skills. Head Start test collection.** Princenton, Nueva Jersey: Educational Testing Service.

Hersen, M. y Bellack, A. S. (eds.), (1976), **Behavioral assessment: A practical handbook.** Nueva York: Pergamon Press.

Hersen, M. y Bellack, A. S., (1977), «Assessment of social skills.» En A. R. Ciminero, K. S. Calhoun y H. E. Adams (eds.), **Handbook of behavioral assessment.** Nueva York: Wiley.

Hersen, M., Michelson, L. y Bellack, A. S. (eds.), **Issues in psychotherapy research.** Nueva York: Plenum Press (en prensa).

Hiroto, D. S., (1974), «Locus of control and learned helplessness.» *Journal of Experimental Psychology, 102,* 187-193.

Hops, H. y Greenwood, C. R., (1980), «Assessment of children's social skills.» En E. J. Mash y L. G. Terdal (eds.), **Behavioral assessment of childhood disorders.** Nueva York: Guilford Press.

Hops, H., Fleischman, D. H., Guild, J. J., Paine, S. C., Wahler, H. M. y Greenwood, C. R., (1978), «*PEERS (*Program for socially withdrawn children**). Eugene: University of Oregon Press.

Hops, H., Walker, H. N. y Greenwood, C. R., (1979), «PEERS: A program for remediating social withdrawal in the school setting: Aspects of a research and development process.» En L. A. Hamerlynck (ed.), **The history and future of the developmentally disabled: Problematic and methodological issues.** Nueva York: Brunner/Mazel.

Houston, B. K., (1971), «Control over stress, locus of control, and response to stress.» *Journal of Personality and Social Psychology, 21,* 249-255.

Hymel, S. y Asher, S. R., (1977), **Assessment and training of isolated children's social skills.** Presentado en el Biennial Meeting of the Society for Research in Child Development, Nueva Orleans, Luisiana.

Hynes, K., Feldman, J. F. y Widlak, F. W., (1975), **A comparison of peer rating and sociometric nomination data.** Presentado en el Annual Meeting of the National Council on Measurement in Education, Washington, D. C.

Israel, A. C. y O'Leary, K. D., (1973), «Developing correspondence between children's words and deeds.» *Child Development, 44,* 575-581.

Izard, C. E., (1971), **The face of emotion.** Nueva York: Appleton-Century-Crofts.

Jewett, J. F. y Clark, H. B., (1979), «Teaching pre-schoolers to use appropriate dinner-time conversation: An analysis of generalization from school to home.» *Behavior Therapy, 10,* 589-605.

Johnson, S. M. y Bolstad, O. D., (1973), «Methodological issues in naturalistic observation: Some problems and solutions for field research.» En L. A. Hamerlynck, L. C. Handy y E. J. Mash (eds.), **Behavior change: Methodology, concepts, and practice.** Champaing, Illinois: Research Press.

Jones, R. R. y Cobb, J. A., (1973), **Validity of behavioral scores derived from teachers' ratings vs. naturalistic observations.** Presentado en el Annual Meeting of the Western Psychological Association, Anaheim, California.

Kagan, J. y Moss, H. A., (1962), *Birth to maturity: A study in psychological development.* Nueva York: Wiley.

Kazdin, A. E., (1977), «Artifact, bias, and complexity of assessment: The ABC's of realibility.» *Journal of Applied Behavior Analysis, 10,* 141-150.

Kazdin, A. E., (1980), **Behavior modification in applied settings** (2.ª edición). Homewood, Illinois: Dorsey.

Kazdin, A. E. y Polster, R. (1973), «Intermittent token reinforcement and response maintenance in extinction.» *Behavior Therapy, 4,* 386-391.

Keller, M. y Carlson, P., (1974), «The use of symbolic modeling to promote social skills in preschool children with low levels of social responsiveness.» *Child Development, 45,* 912-919.

Kendall, P. C. y Hollon, S. D. (eds.), (1979), **Cognitive-behavioral interventions: Theory, research, and procedures.** Nueva York: Academic Press.

Kendall, P. C. y Hollon, S. D. (eds.), (1981), **Assessment strategies for cognitive-behavioral interventions.** Nueva York: Academic Press.

Kent, R. N. y Foster, S. L., (1979), «Direct observational procedures: Methodological issues in applied settings.» En A. R. Ciminero, K. S. Calhoun y H. E. Adams (eds.), **Handbook of behavioral assessment.** Nueva York: Wiley.

Kent, R. N., Kanowitz, J., O'Leary, K. D. y Cheiken, M., (1977), «Observer reliability as a function of circumstances of assessment.» *Journal of Applied Behavior Analysis, 10*, 317-324.

Kim, Y., Anderson, H. E. y Bashaw, W. L. (1968), «Social maturity achievement and basic ability.» *Educational and psychological Measurement, 28*, 535-543.

Kirby, F. D. y Toler, H. C., (1970), «Modification of preschool isolate behavior: A case study.» *Journal of Applied Behavior Analysis, 3*, 309-314.

Klien, S. S., (1971), «Student influence on teacher behavior.» *American Educational Research Journal, 8*, 402-421.

Kohn, M., (1977), **Social competence, symptoms and underachievement in childhood: A longitudinal perspective.** Nueva York: Holt, Rinehart & Winston.

Kohn, M. y Rosman, B., (1972a), «Relationship of pre-school social-emotional functioning to later intellectual achievement.» *Developmental Psychology, 11*, 445-452.

Kohn, M. y Rosman, B., (1972b), «A social competence scale and symptom checklist for the preschool child: Factor dimensions, their cross-instrument generality, and longitudinal persistence.» *Developmental Psychology, 6*, 430-444.

Ladd, G. W., (1979), **Social skills and peer acceptance: Effects of a social learning method for training verbal social skills.** Presentado en el Biennial Meeting of the Society of Research in Child Development, San Francisco.

Lange, A. J. y Jakubowski, P., (1976), **Responsible assertive behavior.** Champaign, Illinois: Research Press.

Laughlin, F., (1954), **The peer status of sixth and seventh grade children.** Nueva York: Bureau of Publications, Teachers College, Columbia University.

Lazarus, A. A., (1968), «Behavior therapy in groups.» En G. M. Gazda (ed.), **Basic approaches to group psychotherapy and group counseling.** Springfield, Illinois: Charles C Thomas.

Lazarus, A. A., (1971), **Behavior therapy and beyond.** Nueva York: McGraw-Hill.

Lazarus, A. A., (1973), «On assertive behavior: A brief note». *Behavior Therapy, 4*, 697-699.

Lazarus, A. A., (1976), **Multimodal behavior therapy.** Nueva York: Springer.

Lesbock, M. S. y Salzberg, C. L., (1978), **The use of role-playing techniques in the development of generalized adaptive social behavior with emotionally disturbed behavior disordered adolescents.** Presentado en el Annual Meeting of the Association for Advancement of Behavior Therapy Convention, Chicago, noviembre.

Lewinsohn, P. M., (1975), «The behavioral study and treatment of depression.» En M. Hersen, R. M. Eisler y P. M. Miller (eds.), **Progress in behavior modification** (vol. 1). Nueva York: Academic Press.

Libet, J. M. y Lewinsohn, P. M., (1973), «Concept of social skill with special references to the behavior of depressed persons.» *Journal of Consulting and Clinical Psychology, 40*, 304-312.

Mannarino, A. P., Michelson, L., Beck, S. y Figueroa, J., (1982), «Treatment and research in a child psychiatric clinic: Implementation and evaluation issues.» *Journal of Clinical Child Psychology, 11*, 50-55.

Mannarino, A. P., Michelson, L., Marchione, K. y Martin, P., (1982), **Relative and combined efficacy of behavioral social skills training and interpersonal problem-solving for elementary schoolchildren.** Manuscrito presentado para su publicación.

Marchione, K., Michelson, L. y Mannarino, A., (1983), **Behavioral, cognitive, and combined treatments for socially maladjusted school children.** Manuscrito no publicado, University of Pittsburgh.

Marshall, R. J. y McCandless, B. R., (1957), «A study in prediction of social behavior of preschool children.» *Child Development, 28*, 149-159.

Mash, E. J. y McElwee, J. D., (1974), «Situational effects on observer accuracy: Behavioral predictability, prior experience, and complexity of coding catagories.» *Child Development, 43*, 367-377.

McCandless, B. R. y Marshall, H. R., (1957), «Sex differences in social acceptance and participation of preschool children.» *Child Development, 28*, 421-425.

McFall, R. M. y Marston, A. R., (1970), «An experimental investigation of behavior rehearsal in assertiveness training.» *Journal of Abnormal Psychology, 76*, 295-303.

McFall, R. M. y Twentyman, C. T., (1973), «Four experiments on the relative contributions of rehearsal, modeling, and coaching to assertion training.» *Journal of Abnormal Psychology, 81*, 100-218.

McGhee, P. E. y Crandall, V. C., (1968), «Beliefs in internal-external control of reinforcements and academic performance.» *Child Development, 39*, 91-102.

McPhail, G. W., (1977), «Developing adolescent assertiveness.» En R. E. Alberti (ed.), **Assertiveness**. San Luis Obispo, California: Impact.

Meichenbaum, D., (1977), **Cognitive-behavior modification: An integrative approach.** Nueva York: Plenum Press.

Meighan, M. y Birr, K., (1979), **The infant and its peers.** Manuscrito no publicado, University of Kansas Medical Center, Kansas City, Kansas.

Meyer, W. y Thompson, G., (1956), «Sex differences in the distribution of teacher approval and disapproval among sixth-grade children.» *Journal of Educational Psychology, 47*, 385-396.

Michelson, L., (1981), «Behavioral approaches to prevention.» En L. Michelson, M. Hersen y S. M. Turner (eds.), **Future perspectives in behavior therapy.** Nueva York: Plenum Press.

Michelson, L. y DiLorenzo, T. M., (1981), «Behavioral assessment of peer interaction and social functioning in institutional and structured settings.» *Journal of Clinical Psychology, 87*, 499-504.

Michelson, L. y Mannarino, A. T., «Social skills training with children: Research findings and clinical issues.» En P. S. Strain, J. M. Guralnick y H. Walker (eds.), **Children's social behavior: Development, assessment, and modification.** Nueva York: Academic Press (en prensa).

Michelson, L. y Wood, R., (1980 a), «A group assertive training program for elementary school children.» *Child Behavior Therapy, 2*, 1-9.

Michelson, L. y Wood, R., (1980b), «Social skills assessment and training with children and adolescents.» En M. Hersen, R. M. Eisler y P. Miller (eds.), **Progress in behavior modification** (vol. 9). Nueva York: Academic Press.

Michelson, L. y Wood, R., (1982), «Development and psychometric properties of the Children's Assertive Behavior Scale.» *Journal of Behavioral Assessment, 4*, 3-14.

Michelson, L., Wood, R. y Flynn, J., (1978), **Development and evaluation of an assertive training program for elementary school children.** Presentado en el Annual Meeting of the Association for Advancement of Behavior Therapy, Chicago.

Michelson, L., Foster, S. y Ritchey, W., (1981), «Behavioral assessment of children's social skills.» En B. B. Lahey y A. E. Kazdin (eds.), **Advances in clinical child**

psychology: (vol. 3), Nueva York: Plenum Press.

Michelson, L., Hersen, M. y Turner, S. M. (eds.), (1981), **Future perspectives in behavior therapy.** Nueva York: Plenum Press.

Michelson, L., Andrasik, F., Vucelic, J. y Coleman, D., (1981), «Temporal stability and internal reliability of measures of children's social skills.» *Psychological Reports, 48*, 678.

Michelson, L., DiLorenzo, T., Calpin, J. y Ollendick, T., (1982), «Situational determinants of the BAT-C.» *Behavior Therapy, 13,* 724-734.

Michelson, L., Mannarino, A. P., Marchione, K., Stern, M., Figueroa, J. y Beck, S., «A comparative outcome study of behavioral social skills training, cognitive problem solving, and Rogerian treatments for child psychiatric outpatients: Process, outcome, and generalization effects.» *Behaviour Research and Therapy,* (en prensa).

Miller, L. C., (1972), «School Behavior Checklist: An inventory of deviant behavior for elementary school children.» *Journal of Consulting and Clinical Psychology, 38*, 134-144.

Moore, S., (1967), «Correlates of peer acceptance in nursery school children.» En W. Hartup y W. Smothergill (eds.), **The young child: Review of research** (vol. 2). Washington, D. C.: National Association for the Education of Young Children.

Morris, H. H., (1956), «Aggressive behavior disorders in children: A follow-up study». *American Journal of Psychiatry, 112,* 991-997.

Muma, J. R., (1965), «Peer evaluation and academic performance.» *Personnel and Guidance Journal, 44,* 405-409.

Muma, J. R., (1968), «Peer evaluation and academic achievement in performance classes.» *Personnel and Guidance Journal, 46*, 580-585.

Myers, C. E., Atwell, A. A. y Orbet, R. E., (1968), «Prediction of fifth grade achievement from kindergarten test and rating data.» *Educational and Psychological Measurement, 28*, 457-463.

Nay, R. W., (1977), «Analogue measures.» En A. R. Ciminero, K. S. Calhoun y H. E. Adams (eds.), **Handbook of behavior assessment.** Nueva York: Wiley.

Noble, C. G. y Nolan, J. D., (1974), «Effect of student verbal behavior on classroom teacher behavior.» *Journal of Educational Psychology, 68*, 342-346.

Nowicki, S. y Roundtree, J., (1971), «Correlates of locus of control in a secondary school population.» *Developmental Psychology, 4,* 477-478.

Nowicki, S. y Strickland, B. R., (1971), **A locus of control scale for children.** Presentado en el Annual Meeting of the American Psychological Association, Washington, D. C.

Nowicki, S. y Strickland, B. R., (1973), «A locus of control scale for children.» *Journal of Consulting and Clinical Psychology*, *40*, 148-154.

O'Connor, R. D., (1969), «Modification of social withdrawal through symbolic modeling». *Journal of Applied Behavior Analysis, 2,* 15-22.

O'Connor, R. D., (1972), «The relative efficacy of modeling, shaping and the combined procedures for the modification of social withdrawal.» *Journal of Abnormal Psychology, 79*, 327-334.

Oden, S. y Asher, D. R., (1977), «Coaching children in social skills for friendship making.» *Child Development, 48*, 495-506.

O'Leary, K. D. y Kent, R., (1973), «Behavior modification for social action: Research tactics and problems.» En L. A. Hamerlynck, L. C. Handy y E. J. Mash (eds.), **Behavior change: Methodology, concepts and practice.** Champaign, Illinois: Research Press.

Ollendick, T. H. y Hersen, M., (1980), «Social skills training for juvenile delinquents.» *Behaviour Research and Therapy, 17*, 547-554.

Palmer, P., (1977), **Linking myself, and the mouse, the monster, and me.** San Luis Obispo, California: Impact.

Patterson, G. R. (1964), «An empirical approach to the classification of disturbed children.» *Journal of Clinical Psychology, 20*, 326-337.

Patterson, G. R., (1971), **Families: Applications of social learning to family life.** Champaign, Illinois: Research Press.

Patterson, G. R. Reid, J. G., Jones, R. R. y Congber, R. E., (1975), **A social learning approach to family intervention** (vol. 1). Eugene, Oregón: Castaglia.

Payne, P. A., Halpin, G. W., Ellett, C. D. y Dale, J. B., (1975), «General personality correlates of creative personality in academically and artistically gifted youth.» *Journal of Special Education, 9*, 105-108.

Pekarik, E. G., Prinz, R. J., Liebert, D. E., Weintraub, S. y Neale, J. M., (1976), «The Pupil evaluation Inventory: A sociometric technique for assessing children's social behavior.» *Journal of Abnormal Child Psychology, 4*, 83-97.

Percell, L. P., Bewick, P. T. y Beigel, A., (1974), «The effects of assertive training on self-concept and anxiety», *Archives of General Psychiatry, 31*, 502-504.

Pinkston, E. M., Reese, N. M., Le Blanc, J. M. y Baer, D. M., (1972), «Independent control or a preschool child's aggression and peer interaction by contingent teacher attention.» *Journal of Applied Behavior Analysis, 6*, 115-124.

Porterfield, D. V. y Schlichting, G. F., (1961), «Peer status and reading achievement.» *Journal of Educational Research, 54*, 291-297.

Prociuk, T. J., Breen, L. J. y Lussier, R. J., (1976), «Hopelessness, internal-external locus of control, and depression.» *Journal of Clinical Psychology, 32*, 299-300.

Quay, H., (1972), «Patterns of aggression, withdrawal and immaturity.» En H. Quay y J. Werry (eds.), **Psychopathological disorders of childhood.** Nueva York: Wiley.

Quay, H. C. y Peterson, D. R., (1967), **Manual for the behavior problem checklist.** Manuscrito no publicado, University of Miami.

Rachman, S. y Hodgson, R., (1980), **Obsessions and compulsions.** Englewood Cliffs, Nueva Jersey: Prentice-Hall.

Rathus, S. A., (1973), «A 30-item schedule for assessing assertive behavior.» *Behavior Therapy, 4*, 398-406.

Reardon, R. C., Hersen, M., Bellack, A. S. y Foley, J. M., (1979), «Measuring social skill in grade school boys.» *Journal of Behavioral Assessment, 1*, 87-105.

Rehm, L. P. y Marston, A. R., (1968), «Reduction of social anxiety through modification of self-reinforcement: An instigation therapy technique.» *Journal of Consulting and Clinical Psychology, 32*, 565-574.

Reid, J. B. (ed.), (1973), **A social learning approach to family intervention (vol. 2). Observation in home settings.** Eugene, Oregón: Castaglia.

Reimanis, G., (1973), «School performance, intelligence, and locus of reinforcement control scales.» *Psychology in the Schools, 10*, 207-211.

Rie, E. D. y Friedman, D. P., (1978), **A survey of behavior rating scales for children.** Columbus, Ohio: Office of Program Evaluation and Research, Division of Mental Health and Mental Retardation.

Rinn, R. C. y Markle, A., (1979), «Modification of social skill deficits in children.» En A. S. Bellack y M. Hersen (eds.), **Research and practice in social skills training.** Nueva York: Plenum Press.

Rinn, R. C. , Mahia, G., Markle, A., Barnhart, D., Owen, D. L. y Supernick, J., (1978),

Analogue assessment of social skills deficits in children. Manuscrito no publicado, Huntsville, Alabama.

Risley, T. y Hart, B., (1976), «Developing correspondence between the nonverbal and verbal behavior of preschool children.» *Journal of Applied Behavior Analysis, 9,* 335-354.

Robbins, L. N., (1966), **Deviant children grown up**. Baltimore: Williams & Wilkins.

Rodgers-Warren, A. y Baer, D. M., (1976), «Correspondence between saying and doing: Teaching children to share and praise.» *Journal of Applied Behavior Analysis, 9,* 335-354.

Roff, M., (1961), «Children social interactions and young adult bad conduct.» *Journal of Abnormal Social Psychology, 63,* 333-337.

Roff, J. E. y Hasazi, J. E., (1977), «Identification of preschool children at risk and some guidelines for primary intervention.» En G. W. Albee y J. M. Joffe (eds.), **Primary prevention of psychopathology** (vol. 1), Hanover, Nueva Hampshire: University Press of New England.

Roff, M., Sells, B. y Golden, M. M., (1972), **Social adjustment and personality development in children.** Minneapolis: University of Minnesota Press.

Romanczyk, R. G., Kent, R. N., Diament, C. y O'Leary, K. D., (1973), «Measuring the reliability of observational data: A reactive process.» *Journal of Applied Behavior Analysis, 6,* 175-186.

Rosenthal, T. L. y Bandura, A., (1978), «Psychological modeling: Theory and practice.» En S. L. Garfield y A. E. Bergin (eds.), **Handbook of psychotherapy and behavior change: An empirical analysis** (2.ª edición). Nueva York: Wiley.

Ross, A. O., Lacey, H. M. y Parton, D. A., (1965), «The development of a behavior checklist for boys.» *Child Development, 36,* 1.013-1.027.

Ross, D. M., Ross, S. A. y Evans, T. A., (1971), «The modification of extreme social withdrawal by modeling with guided participation.» *Journal of Behavior Therapy and Experimental Psychiatry, 2,* 273-279.

Rotter, J. B., (1966), «Generalized expectancies for internal versus external control of reinforcement.» *Psychological Monograph, 80,* 1-28.

Rotter, J. B. y Mulry, R. C., (1965), «Internal versus external control of reinforcement and decision time.» *Journal of Personality and Social Psychology, 2,* 598-604.

Salter, A., (1949), **Conditioned reflex therapy.** Nueva York: Farrar, Straus & Giroux.

Schindler, P., (1941), «The psychogenesis of alcoholism.» *Quarterly Journal of the Study of Alcoholism, 2,* 277-292.

Seligman, M. E., (1975), **Helplessness.** San Francisco, California: W. J. Freeman.

Seligman, M. E. y Groves, D., (1969), «Non-transient learned-helplessness.» *Psychonomic Science, 19,* 191-192.

Seligman, M. E. y Maier, S. F., (1976), «Failure to escape traumatic shock.» *Journal of Experimental Psychology, 74,* 1-9.

Seligman, M. E., Maier, S. F. y Solomon, R. L., (1969), «Unpredictable and uncontrollable aversive events.» En F. R. Brush (ed.), **Aversive conditioning and learning.** Nueva York: Academic Press.

Shure, M. B. y Spivack, G., (1974a), **A mental health program for kindergarten children: A cognitive approach to solving interpersonal problems.** Filadelfia Departament of Mental Health Sciences, Hahnemann Community Mental Health/Mental Retardation Center.

Shure, M. B. y Spivack, G., (1974b), **Preschool Interpersonal Problem Solving**

(PIPS) Test: Manual. Filadelfia: Departament of Mental Health Sciences, Hahnemann Community Mental Health/Mental Retardation Center.

Spivack, G. y Shure, M. B., (1974), **Social adjustment of young children: A cognitive approach to solving real life problems.** San Francisco: Jossey-Bass.

Spivack, G. y Shure, M. B., (1982), «The cognition of social adjustment: Interpersonal cognitive problem solving thinking.» En B. B. Lahey y A. E. Kazdin (eds.), **Advances in clinical child psychology** (vol. 5). Nueva York: Plenum Press.

Spivack, G., Platt, J. J. y Shure, M., (1976), *The problem-solving approach to adjustment.* San Francisco: Jossey-Bass.

Stengel, E., (1971), «Suicide and attempted suicide.» Middlesex, Inglaterra: Penguin.

Stephens, T. M., (1978), **Social skills in the classroom.** Columbus, Ohio: Cedar Press.

Stewart, N., (1949), concepts of «behavior problems.» En **Growing points in education research.** Washington, D. C.: American Educational Research Association.

Stokes, T. F. y Baer, D. M., (1977), «An implict technology of generalization.» *Journal of Applied Behavior Analysis, 10*, 349-367.

Strain, P. S., (1977), «An experimental analysis of peer social initiations on the behavior of withdrawn preschool children: Some training and generalization effects.» *Journal of Abnormal Child Psychology,* 5, 445-455.

Strain, P. S. y Fox, J. J., (1981), «Peers as behavior change agents for withdrawn classmates.» En B. B. Lahey y A. E. Kazdin (eds.), *Advances in clinical child psychology* (vol. 4). Nueva York: Plenum Press.

Strain, P. S., Shores, R. E. y Kerr, M. M., (1976), «An experimental analysis of «spillover» effects on the social interactión of behaviorally handicapped preschool children.» *Journal of Applied Behavior Analysis, 9,* 31-40.

Strain, P. S., Shores, R. E. y Timm, M. A., (1977), «Effects of peer social initiation on the behavior of withdrawn preschool children.» *Journal of Applied Behavior Analysis, 10*, 298-298.

Strain, P. S. y Timm, M. A., (1974), «An experimental analysis of social interaction between a behaviorally disordered preschool child and her classroom peers.» *Journal of Aplied Behavior Analysis, 7,* 583-590.

Sugai, D. P., (1978), **The implementation and evaluation of a social skills training program for preadolescents: A preventive approach.** Presentado en el Annual Meeting of the Association for Advancement of Behavior Therapy, Chicago, noviembre.

The Ohio State University Research Foundation, (1979), **Adaptive behavior scale development.** Columbus: Ohio State University Press.

Thornton, J. W. y Jacobs, P. D., (1972), «Learned helplessness in human subjects.» *Journal of Experimental Psychology, 87*, 367-372.

Trower, P. M., (1969), «Fundamentals of interpersonal behavior: A social-psychological perspective». En A. S. Bellack y M. Hersen (eds.), **Research and practice in social skills training.** Nueva York: Plenum Press.

Trower, P., Bryant, B. y Argyle, M., (1978), **Social skills and mental health.** Pittsburgh, Pennsylvania: University of Pittsburgh Press.

Ullmann, C. A., (1957), «Teachers, peers and tests as predictors of adjustment.» *Journal of Educational Psychology, 48*, 257-267.

Urbain, E. S. y Kendall, P. C., (1980), «Review of social-cognitive problem-solving interventions with children.» *Psychological Bulletin, 88*, 109-143.

Vaal, J. J. y McCullagh, J., (1975), «The Rathus Assertiveness Schedule: Reliability at the junior high school level.» *Behavior Therapy, 6*, 566-567.

Van Hasselt, V. B., Hersen, M., Bellack, A. S. y Whitehill, M. B., (1979), «Social skill assessment and training for children: An evaluative review.» *Behavior Research and Therapy, 17*, 413-438.

Wahler, R. G., (1975), «Some structural aspects of deviant child behavior.» *Journal of Applied Behavior Analysis, 8*, 27-42.

Waldrop, M. F. y Halverson, C. F., (1975), «Intensive and extensive peer behaviors. Longitudinal and cross sectional analyses.» *Child Development, 46*, 19-26.

Walker, H. M., (1970), *Walker Problem Behavior Identification Checklist.* Los Ángeles, California: Western Psychological Services.

Walker, H. M., Greenwood, C. R., Hops, H. y Todd, N. M., (1979), «Differential effects of reinforcing topographic components of social interaction: Analysis and direct replication.» *Behavior Modification, 3*, 291-321.

Walls, R. T., Werner, T. J., Bacon, A. y Zane, T., (1977), «Behavior checklists.» En J. D. Cone y R. P. Hawkins (eds.), **Behavioral assessment: New directions in clinical psychology**. Nueva York: Bruner-Mazel.

Winder, C. y Rau, C., (1962), «Parental attitudes associated with social deviance in preadolescent boys.» *Journal of Abnormal Social Psychology, 69*, 418-424.

Wolf, M. M., (1978), «Social validity: The case for subjetive measurement or how applied behavior analysis is finding its heart.» *Journal of Applied Behavior Analysis, 11*, 203-214.

Wolpe,. J., (1971), «Neurotic depression: Experimental analog, clinical syndromes and treatment.» *American Journal of Psychotherapy, 25*, 362-368.

Wolpe, J., (1973), **The practice of behavior therapy.** Nueva York: Pergamon.

Wood, R., Michelson, L. y Flynn, J., (1978), **Assessment of assertive behavior in elementary school children.** Presentado en el Annual Meeting of the Association for Advancement of Behavior Therapy, Chicago, noviembre.

Zax, M., Cowen, E. L., Izzo, L. D. y Trost, M. A., (1964), «Identifying emotional disturbance in the school setting.» *American Journal of Orthopsychiatry, 34*, 447-454.

Zax, M., Cowen, E. L., Rappaport, J., Berch, D. y Laird, J., (1968), «Follow-up study of children identified early as emotionally disturbed.» *Journal of Consulting Psychology 32,* 369-373.

Zold, A. C. y Speer, D. C., (1971), «Follow-up study of child guidance clinic patients by means of the Behavior Problem Checklist.» *Journal of Clinical Psychology, 27*, 519-525.

4. Aprende a pedir disculpa.

4.1 Hay q. tratar a la niña como persona de verdad.

4.2. ¿Qué lecciones -

Que lección sacan los niños de las disculpas de sus padres?

4.3 ¿Cuándo se debe pedir disculpa.

4.4 El respeto hacia uno mismo surge del hecho de ser respetado.

Repetic

5 Presta atención a los detalles

5.1 Evite la mala costumbre.

6. La carta de un hijo a todos los padres del mundo

7. Bibliografía

David Haslam
TRASTORNOS DEL SUEÑO INFANTIL
Normas prácticas de tratamiento

Sueño y trastornos del sueño. Por qué surgen los problemas. — Problemas menores del sueño y algunas de sus soluciones: ambiente, trastornos emocionales, cansancio, hambre, eructos, cólicos, dentición, pañales húmedos, eccema. — Los problemas de la hora de acostarse. — Noches problemáticas: el despertar nocturno, el despertar temprano. — El sueño inquieto; sueños y pesadillas, terrores nocturnos, sonambulismo, hablar dormido, rechinar de dientes y movimiento excesivo. — La enuresis. — Casos especiales: niños disminuidos, niños superdotados, niños hiperactivos. — Dormir con los padres. — Terapia de la conducta. — Medicación para dormir.

Martha Davis, Matthew McKay y Elizabeth R. Eshelman
TÉCNICAS DE AUTOCONTROL EMOCIONAL
Respiración, relajación, autohipnosis, entrenamiento asertivo...

Cómo reacciona usted ante el estrés. — Relajación progresiva. — Respiración. — Meditación. — Imaginación. — Autohipnosis. — El tratamiento autógeno. — Detención del pensamiento. — Rechazo de ideas irracionales. — Desarrollo de técnicas de afrontamiento. — Entrenamiento asertivo. — Administración del tiempo. — Biorretroalimentación. — Nutrición. — Ejercicio físico. — Solución a los obstáculos y dificultades más frecuentes. — Formularios y hojas de recogida de datos.

Joseph R. Cautela y June Groden
TÉCNICAS DE RELAJACIÓN
Manual práctico para adultos, niños y educación especial
Introducción de **Jaume Vila** y **M.ª Carmen Fernández**

El papel del refuerzo en el aprendizaje y en la relajación. — Procedimientos de autorrelajación para adultos. — Relajación sin tensión. — Relajación en diversas posiciones. — La relajación como procedimiento de autocontrol. — Procedimientos de relajación para enseñar a adultos y niños mayores. — Procedimientos para la enseñanza de la relajación a niños pequeños o niños con necesidades especiales. — El niño con necesidades especiales y trastornos físicos. — Formularios y hojas de recogida de datos.

Matthew McKay, Martha Davis y Patrick Fanning
TÉCNICAS COGNITIVAS PARA EL TRATAMIENTO DEL ESTRÉS
Síntomas, evaluación y tratamiento del estrés

Síndromes y síntomas del estrés. — Cómo combatir los pensamientos deformados. — La aserción encubierta. — La solución de problemas. — La desensibilización sistemática. — La inoculación del estrés. — La sensibilización encubierta. — La visualización. — El reforzamiento encubierto. — El modelamiento encubierto. — La clarificación de valores. — La intención paradójica. — El recondicionamiento orgásmico. — La solución a los obstáculos y dificultades más frecuentes. — Formularios y hojas de recogida de datos.

Ira Mother y Alan Weitz
CÓMO ABANDONAR LAS DROGAS
Normas prácticas para liberarse de las drogas
Prólogo de **P. A. Soler Insa**

Qué necesita saber para abandonar las drogas. — Por qué se consumen drogas. — El coste del consumo de drogas. — Vulnerabilidad y personalidad de los adictos. — Minimizando riesgos. — Respuesta a las drogas e interacciones. — Algunos consejos sobre cómo dejar las drogas. — Desintoxicación. — Tratamiento en residencia, sin fármacos. — Tratamiento ambulatorio, sin fármacos. — Mantenimiento con metadona. — Otros métodos de tratamiento. — Elección del tratamiento. — Cómo enfrentarse a la ansiedad y a la depresión. — Consejos para la pareja o los padres del consumidor. — Cómo liberarse de cada droga: cocaína; heroína; anfetaminas; tranquilizantes; alcohol; marihuana; alucinógenos; disolventes; otras drogas. — Los fraudes de la droga. — Interacción entre drogas. — Consumidores de alto riesgo. — El SIDA. — Enfermedades infecciosas frecuentes entre los consumidores de drogas. — Centros informativos sobre drogodependencia en España y América latina.

B. F. Skinner y M. E. Vaughan
DISFRUTAR LA VEJEZ
Guía práctica para la vida cotidiana de la tercera edad

Pensar en la vejez. — Qué puede hacerse con respecto a la vejez. — Mantenerse en contacto con el mundo: la vista; el oído; el gusto y el olfato; el tacto; el equilibrio. — Mantenerse en contacto con el pasado. Recordar. — El olvido: de un nombre propio; de cómo decir las cosas; de hacer las cosas; de hacer las cosas en el momento oportuno; del lugar donde se han dejado las cosas; de las citas. — Pensar con claridad. — Estrategias para pensar con claridad. — Mantenerse ocupado. — ¿Qué tiene de bueno el trabajo? — Retirarse del retiro. — Disfrutar de la vida. — Dieta y ejercicio. — Ocio. — El juego. — Ser un buen compañero. — Evitar el azoramiento. — Entendimiento con los jóvenes. — Entendimiento con los niños. — El enojo. — La sexualidad. — El miedo. — La suspicacia. — La indefensión. — El temor a la muerte. — La eutanasia. — La grandeza y exquisitez de la vejez. — Tranquilidad. — Sabiduría. — Libertad. — Dignidad. — Sentido del humor. — Una buena vejez.

N. H. Azrin y R. Gregory Nunn
TRATAMIENTO DE HÁBITOS NERVIOSOS
Tartamudez, tics, morderse las uñas, arrancarse el cabello, etc.
Prólogo de **R. Bayés**

Desarrollo y puesta a prueba del nuevo método. — Anotación de los progresos en la superación del hábito. — Identificación de las acciones asociadas con el hábito. — Identificación de las situaciones que tienden a ocasionar el hábito. — La reacción de competencia. — Morderse las uñas. — Arrancarse el cabello. — Tics nerviosos. — Tartamudeo. — Otros hábitos nerviosos: temblor de manos, ceceo, rechinar de dientes, golpear con pies y manos, carraspeo, tos nerviosa, bizqueo, parpadeo y movimiento espasmódico de los ojos, morderse el interior de la mejilla y el labio. — Ensayo del control del hábito. — El apoyo social. — Aplicación del método a los niños: consejos a los padres.

Larry Michelson, Don P. Sugai, Randy P. Wood y Alan E. Kazdin
LAS HABILIDADES SOCIALES EN LA INFANCIA
Evaluación y tratamiento

Habilidades sociales y desarrollo del niño. — Evaluación de las habilidades sociales. — Métodos de enseñanza de las habilidades sociales. — Perspectiva general: módulos de enseñanza. — Módulos de enseñanza de habilidades sociales. — Aspectos clínicos y logísticos de la enseñanza de habilidades sociales infantiles. — Muestra de los instrumentos de evaluación. — Bibliografía. — Índice temático.

Donald Meichenbaum
MANUAL DE INOCULACIÓN DE ESTRÉS

Modelo conceptual que fundamenta el adiestramiento en inoculación de estrés. — El papel del comportamiento. — El papel de los otros. — El papel de la cognición. — Directrices clínicas para los programas de prevención y reducción del estrés. — Adiestramiento en inoculación de estrés: generalidades y aplicaciones. — Fase de conceptualización. — Los factores de la relación personal. — Recogida e integración de los datos. — El proceso de reconceptualización. — Adquisición de habilidades y fase de ensayo. — Adiestramiento en relajación. — Estrategias cognitivas. — Adiestramiento en resolución de problemas. — Adiestramiento en autoinstrucciones o autodiálogo dirigido. — Papel de la negación. — Fase de aplicación y consolidación. — Ensayo imaginado. — Exposición *in vivo* graduada. — Prevención de recaídas. — Consolidación. — Aplicaciones específicas del adiestramiento en inoculación de estrés. — Aplicación en grupos laborales específicos. — Tratamiento de las víctimas de acontecimientos vitales graves estresantes. — Bibliografía. — Índice temático.

Hendrie D. Weisinger
TÉCNICAS PARA EL CONTROL DEL COMPORTAMIENTO AGRESIVO

Tres cosas que se pueden saber sobre la ira. — Evaluación de la ira. — Evitar la trampa de la ira. — Cómo oír el mensaje que le transmite su organismo. — Cómo mantenerse frío y en calma. — Influencia de las expectativas en el comportamiento agresivo. — Una estrategia de solución de problemas para cualquier problema y cualquier situación. — Cómo ayudar a su pareja a evitar la ira. — Cómo mejorar las relaciones con sus hijos. — Cómo superar las situaciones laborales más corrientes que desencadenan un comportamiento agresivo. — Cómo enfocar los problemas de forma racional, fría y eficaz.

L. Kent-Udolf y E. R. Sherman
LENGUAJE COTIDIANO
Un programa para la enseñanza del lenguaje funcional en educación especial
Edición a cargo de **María José del Río**

«Lenguaje cotidiano» es un programa modelo para establecer y desarrollar la comunicación interpersonal en niños y muchachos retrasados. El programa está ideado para ser aplicado a partir de los 10 años de edad, teniendo en cuenta que son muchos los deficientes que llegan a su adiestramiento laboral sin los requisitos verbales mínimos. El programa se divide en 5 módulos de adiestramiento, que son los siguientes: Fórmulas rutinarias de la comunicación social. Información sobre identificación personal. Habilidades verbales básicas. Conceptos relacionados con el lenguaje. Componentes cognitivos.

E. B. Blanchard y F. Andrasik
TRATAMIENTO DEL DOLOR DE CABEZA CRÓNICO
Un enfoque psicológico

Naturaleza y magnitud del problema de la cefalea crónica. — Historia clínica. — Diagnóstico. — Entrenamiento en relajación. — Terapia cognitiva. — Predicción de los resultados terapéuticos. — Formas alternativas de administración del tratamiento. — Seguimiento y mantenimiento. — Tratamiento de la cefalea en la infancia. — Cefalea en racimos. — Tratamiento global del paciente. — Referencias. — Índice temático.

Arnold P. Goldstein, Robert P. Sprafkin, N. Jane Gershaw y Paul Klein
HABILIDADES SOCIALES Y AUTOCONTROL EN LA ADOLESCENCIA
Un programa de enseñanza

Una introducción preceptiva. — El Aprendizaje Estructurado: origen y evolución. — Procedimientos de Aprendizaje Estructurado para adolescentes. — Selección y agrupamiento de los alumnos. — Aprendizaje Estructurado de habilidades para adolescentes. — El empleo del Aprendizaje Estructurado: transcripción de una sesión inicial. — Manipulación de conductas problemáticas en un grupo de Aprendizaje Estructurado. — Investigación sobre Aprendizaje Estructurado: una bibliografía comentada. — Referencias.